U0550347

會談技巧
社會工作與長期照護實務

Interviewing Skills: Social Work and Long-Term Care Theory and Practice

鍾惠娥、蔡元隆 / 主編

余錦芬、呂怡慧、高辰吉、曾秀雲、蔡元隆、鍾惠娥 / 著

張　序

　　在全球進入高齡化社會的背景下，社會結構與家庭功能發生深刻變化，社會工作與長期照護的重要性日益凸顯。然而，隨之而來的需求與挑戰，也對相關從業人員的專業知識、實務技巧及倫理意識提出了更高要求。在這樣的時代浪潮中，《會談技巧——社會工作與長期照護實務》一書，無疑成為回應此現實挑戰的一部重要著作，為相關專業的學習者與實務者提供了不可或缺的指導資源。

　　本書由多位領域內專家學者精心編撰，內容系統且深刻，涵蓋會談技巧的理論基礎、實務應用與倫理考量，同時結合臺灣特有的社會與長照脈絡，進行了詳實的探討與剖析。書中全面回顧了會談技巧的歷史發展，洞察其未來趨勢，並聚焦於實務應用的多元場域，包括家庭服務、跨專業合作、特殊群體的照護以及虛擬會談技巧等關鍵議題，具有極高的學術價值與實用性。

　　更值得一提的是，本書以案例為核心，結合理論與實務，透過具體實例的分析與分享，幫助讀者將抽象的專業知識，轉化為實務操作的具體步驟與策略。不僅如此，書中強調的批判性思維與問題解決能力的培養，亦為提升專業服務品質提供了更高層次的助益。這種兼具學術性與應用性的編撰方式，不僅對學術研究者有極大啟發，更為從業者在實務場域中的應用提供了切實可行的指導。

　　身為一名大學教授與長期關注社會工作與長照領域的研究者，筆者深刻體會到會談技巧在促進有效溝通、建立信任關係及增強服務效能中的關鍵角色。這些技巧不僅是社工專業能力的重要組成部分，更是提升長期照護服務品質、促進個人與社會福祉的關鍵要素。本書的出版，恰如其分地填補了理論與實務之間的空隙，為專業人士提供了

一個系統化的參考框架，也為立志投身社會工作與長照領域的學子們指明了努力的方向。

我相信，《會談技巧——社會工作與長期照護實務》一書將不僅是一本專業的參考工具書，更是一座指引專業實務與教育發展的燈塔。它將為提升專業服務品質、深化學術研究內涵及促進社會整體福祉作出不可忽視的貢獻。在此，筆者誠摯推薦此書，期盼更多專業人士及學子能夠從中受益，並在實務場域中實現知識的價值與影響力。

國立嘉義大學輔導與諮商學系教授暨系主任

張高賓 謹識

湯　序

　　當今社會正迎來高齡化的挑戰，長期照護需求日益增長，如何透過專業溝通技巧提升社會工作與照護服務的品質，已成為重要的實務課題。《會談技巧——社會工作與長期照護實務》一書，在此背景下應運而生，可謂是一本兼具理論與實踐的佳作。

　　本書由多位致力於社會工作與長期照護領域的學者及實務工作者共同執筆，憑藉豐富的經驗與深厚的學術造詣，深入剖析會談技巧在社會工作與長期照護之應用，並涵蓋了會談準備、基礎技巧、跨專業合作、評估會談成效以及倫理與法律議題等面向。閱讀本書，不僅能幫助讀者掌握專業溝通的知識與技能，亦傳遞出以服務對象為中心的關懷理念，十分契合現代社會對社會工作和長期照護專業化的需求。

　　筆者特別欣賞本書在虛擬會談、大數據應用等創新技術的探討，充分展現了作者們與時俱進的思維，為未來的社會服務領域提供了新的可能性。此外，對於特殊群體會談技巧的專章分析，也體現了對多元需求的高度重視，讓人看見服務的深度與溫度。

　　身為福添福基金會及王李基金會的執行長，我深刻體認到專業人才培訓的重要性。福添福基金會長期關注弱勢族群的需求，致力於提升專業服務的效能；而王李基金會除積極推動各類社會福利事業外，也專注於提供具品質的居家照顧服務。因此，本書的內容與我們的使命相契合，筆者深信它不僅能帶來實質啟發，更能進一步促進全方位照護服務的品質與效率提升。

　　筆者深信，本書的出版將為社會工作專業的進一步發展提供重要助力，也是社會工作者、長照服務提供者，以及相關領域研究者的重要參考書。它不僅能協助從業者學以致用，更能促進跨領域專業間的

合作與交流，共同為服務對象創造更友善、更有效益的服務體系。

感謝鍾惠娥主編及其團隊在社會工作與長期照護實務上的貢獻，誠摯推薦本書給所有對社會工作與長期照護議題有興趣的讀者。

福添福社會福利慈善事業基金會執行長
王李社會福利慈善事業基金會執行長

湯宏忠 謹識

主編序

　　隨著臺灣正式邁入高齡社會，長期照護已然成為當代社會政策與實務操作中不可忽視的關鍵議題。根據內政部統計資料顯示，六十五歲以上老年人口比例已超過20%，邁入超高齡社會的現實，使得第一線助人工作者不僅需面對高齡者失能、失智、慢性病與社會孤立等挑戰，更需在多元、複雜且快速變動的照護場域中，展現其專業應變能力。

　　在此脈絡下，「會談技巧」不再僅是助人工作的基本工具，更是一項穿越制度限制、連結人與人、搭建支持網絡的關鍵能力。如何透過有效的會談策略與專業倫理，與服務對象建立信任關係、準確評估問題、適切擬定介入計畫，乃至在跨專業合作中清楚表達專業立場，已成為社工實務者與準備投入現場的新生代必須面對的重要課題。

　　本書正是在這樣的時代需求下編撰而成。全書共分為十二章，自會談的基本理論與階段架構出發，層層鋪陳至實務現場中的應用策略，內容涵蓋基礎個別會談、情緒處遇、創傷知情照顧、倫理反思、多元文化敏感度、家庭與團體會談技術，乃至與跨專業團隊互動之策略等核心面向。書中不僅強調理論基礎與知識建構，更透過大量情境案例與對話模擬，貼近照護現場脈動，呈現助人專業在「真實情境中的樣貌與抉擇」。

　　本書的撰寫歷時近一年，特別邀集長期深耕於社會工作、長期照護領域的學者與實務專家共同參與撰稿。全書內容設計兼具學理深度與實務廣度，期盼成為相關學習場域的教學資源與專業依據。

　　本書之每一章節皆可獨立閱讀，也可依據課程進度與實務訓練目標彈性選用。更重要的是，書中強調「情境感」與「實作力」，透

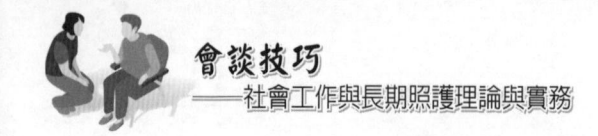

過角色扮演指引與案例引導，協助學生與實務工作者在理解理論的同時，也能將技巧應用於照顧現場。我們衷心感謝每一位參與本書撰寫、編輯與校稿的夥伴，感謝您們在專業知識與教育熱忱間持續耕耘，使本書的每一章節都扎根於真實、回應於實務，也反映出臺灣當前照顧服務現場的多元與挑戰。

誠摯期盼本書能成為助人工作者在實踐旅程中的知識地圖與陪伴指南——無論您是初入社會工作的學習者，抑或是深耕照護領域多年的專業實踐者，都能在這本書中找到共鳴、反思與前行的力量。

謹以此書，獻給每一位在人與人之間持續築橋、真誠傾聽的助人專業者。

鍾惠娥、蔡元隆 謹識

2025年4月1日

目　錄

張　序　i

湯　序　iii

主編序　v

第一章　會談技巧在臺灣社會工作與長期照護之發展／呂怡慧　1

　　第一節　臺灣社工體系簡介　2
　　第二節　長期照護需求和挑戰　9
　　第三節　會談技巧之歷史發展　15
　　第四節　會談技巧的運用　19

第二章　會談前的準備與訪視注意事項／鍾惠娥、蔡元隆、余錦芬　25

　　第一節　服務使用者資料蒐集和分析　26
　　第二節　臺灣文化和家庭價值觀的特殊性　35
　　第三節　訪視準備工作和注意事項　45

第三章　會談中的基本技巧 I／余錦芬、鍾惠娥、蔡元隆　53

　　第一節　自我揭露與沉默　54
　　第二節　探問與情感反映　61
　　第三節　一般化與簡述語意　70

第四章　會談中的基本技巧 II／余錦芬　83

　　第一節　澄清　84
　　第二節　肯定與鼓勵　89
　　第三節　積極回饋與確認理解　98

第五章　非語言溝通／高辰吉　109

　　第一節　肢體語言的理解和應用　110
　　第二節　表情、眼神與聲調語調的運用　117
　　第三節　臺灣特有的非語言溝通技巧與肢體語言的應用　128

第六章　問題提問／高辰吉　137

　　第一節　問題提問和共鳴　138
　　第二節　封閉式問題的適當應用　143
　　第三節　開放式問題的使用　150
　　第四節　問題重述和澄清　159

第七章　虛擬的會談技巧／蔡元隆、鍾惠娥、余錦芬　167

　　第一節　虛擬的會談技巧　168
　　第二節　管理虛擬會談的挑戰　174
　　第三節　安全性和保護考慮　178

第八章　特殊群體的會談技巧／蔡元隆　187

　　第一節　特殊群體會談技巧的重要性　188
　　第二節　長者和臺灣傳統家庭的會談技巧　211

第三節　身心障礙和長照需求者的會談技巧　224
　　第四節　移工和跨文化會談技巧　228
　　第五節　非自願服務對象的會談技巧　236

第九章　家庭與資源整合的會談技巧／呂怡慧　249
　　第一節　家庭資源的應用和整合　250
　　第二節　家庭成員的會談技巧　260

第十章　照護計畫和跨專業合作的會談技巧／呂怡慧　277
　　第一節　制定個別化的照護計畫　278
　　第二節　跨專業團隊合作的溝通與談判技巧　289

第十一章　評估會談成效／曾秀雲　303
　　第一節　評估會談的有效性　304
　　第二節　量化和質化評估方法　312
　　第三節　長照會談成效評估之專業發展與展望　321

第十二章　會談的倫理和法律問題／鍾惠娥　329
　　第一節　社會工作與長照會談的倫理原則　330
　　第二節　社會工作與長照會談的法律問題和規範性　345

第一章

會談技巧在臺灣社會工作與長期照護之發展

呂怡慧

- 臺灣社工體系簡介
- 長期照護需求和挑戰
- 會談技巧之歷史發展
- 會談技巧的運用

在當今快速變遷的社會中，臺灣的社會工作（以下簡稱「社工」）體系正面臨日益嚴峻的挑戰。隨著人口結構老化以及家庭組成形式的變遷，對於長期照護（以下簡稱「長照」）的需求急速攀升，使得社工在支持和服務提供方面肩負了更加重要的責任與使命。因此，本章先將針對臺灣現行的社工體系進行重點式概述，內容涵蓋其結構與功能，並聚焦於社工在應對社會環境、政策演變及市場需求變化過程中所面臨的挑戰。同時，探討社工如何有效運用會談技巧，改善與服務對象之間的溝通，進而增強信任感與服務成效。

為了更全面地理解會談技巧的角色與意義，本章節將回顧其歷史發展，並分析其在社工及長照領域中的應用與進展。會談技巧不僅協助社工更準確地掌握服務使用者的需求與情感，還能提升服務品質，從而滿足多元且複雜的社會需求。透過對會談技巧在實務操作中的重要性進行深入探討，本章希望讀者能更深刻地認識到這些技巧對於強化社工專業能力與提升長照服務整體品質的關鍵作用，同時為未來的專業實踐提供思考與啟示。

第一節　臺灣社工體系簡介

臺灣社工體系是一個由政府機構、非政府組織（NGOs）和私人機構組成的複雜系統，旨在提供社會服務、社會保障和社會福利等支持。該體系的組成與運作模式通常被劃分為中央政府機構、地方政府機構以及相關非政府組織。

在臺灣，中央政府的社工體系主要由衛生福利部和其他相關部會所管轄，負責制定社會福利政策、規劃社會服務發展、提供資源支持等（衛生福利部，2016）。地方政府在社工體系中扮演著執行和實施的角色，負責管理當地的社會服務機構、社工專業人員以及相關資源

第一章　會談技巧在臺灣社會工作與長期照護之發展

的分配與協調。此外，許多非政府組織和私人機構也參與到社工體系中，提供各種社會服務、諮詢和支持，以滿足不同群體的需求。

臺灣社工體系的功能和任務涵蓋了多個領域，包括：兒童福利、老人照顧、身心障礙者支援、家庭服務、社區發展、就業服務等。這些工作通常由專業的社工、心理諮詢師、臨床心理師、護理師等專業人士負責執行（張富勝等，2021）。在運作模式和程序方面，臺灣社工體系通常遵循一套作業手冊的服務流程和評估標準，以確保服務的效率和品質。

一、臺灣社會工作體系的組成

臺灣的社工體系由多個主要組成部分構成，包括：政府機構、非政府組織、學術機構以及相關專業團體，以下是這些主要組成部分的概述。

(一)政府機構——衛生福利部

主要負責臺灣社工領域的政府機構之一，衛生福利部負責規劃、制定和監督社會福利政策。

(二)地方政府機構

臺灣社工體系中地方政府扮演著重要角色，他們負責管理和提供各種社會服務，以滿足本地區居民的需求，以下是臺灣社工體系中常見的地方政府機構：

1. 社會局／處：地方政府設立的社會福利部門，負責規劃、執行和監督本地區的社會福利政策和專案。他們管理社工，提供各種福利服務，如經濟援助、老人福利、兒童保護等。

2.社福中心：地方政府設立的機構，致力於推動社區發展和提高居民生活品質。他們組織社區活動、義工服務、社區教育等，加強社區凝聚力，促進社區的健康發展。
3.心理衛生中心：地方政府或社會團體管理的機構，提供社工服務，包括：心理諮詢、家庭服務、兒童保護等。他們為個人和家庭提供支援和指導，解決他們面臨的心理和衛生問題。
4.長照服務中心：地方政府設立的機構，負責管理和提供長照服務。他們協調居家護理、日間照護、長照機構等服務，評估老年人和患有慢性疾病的人士獲得照料和關懷（吳麗蘭等，2019）。

這些地方政府機構在臺灣社工體系中起著至關重要的作用，通過他們的努力和服務，促進社會的公平正義，提升居民的生活品質，推動社區和社會的全面發展。

(三)非政府組織

1.社會福利機構：許多非政府組織致力於提供各種社會服務，包括：兒童福利、老人照顧、家庭輔導、身心障礙者支援等（Griffith, 1996）。
2.志願者組織：各種志願者組織也在社工中扮演著重要角色，他們提供志願者服務、社區活動和社會關懷等支持，例如：巡守隊、清潔義工隊。

(四)學術機構

許多大學和研究機構提供社工相關的學位課程和研究項目，培養專業社工人員和研究人才。

第一章　會談技巧在臺灣社會工作與長期照護之發展

(五)專業團體

1. 社工專業協會：各種社工專業協會致力於促進社工專業的發展和交流，提供培訓、研討會和專業支持服務。
2. 社工職業工會：社工職業工會則是為了保障社工人員的權益和福利而成立的組織，代表社工人員與政府和雇主進行協商。

總的來說，臺灣的社工體系是一個由政府、非政府組織、學術機構和專業團體共同組成的多元化體系，他們共同致力於提供社會服務、保障弱勢群體的權益，促進社會福祉的發展。

二、臺灣社會工作體系的功能

臺灣社工體系是一個多層面、多功能的系統，旨在促進社會福利、心理健康、教育、家庭服務等各方面的發展和提升。社工體系提供廣泛的社會服務，包括：經濟援助、就業輔導、住房援助等，滿足個人和家庭的基本需求。社會福利機構致力於促進社會公平與正義，通過減少貧困、不平等和歧視，保障弱勢群體的權益，實現社會的公平與正義。此外，社工體系還致力於預防問題行為，通過教育、諮詢和支持等手段，預防青少年犯罪、家庭暴力等問題的發生，提升社會安全和穩定。同時，社會福利機構提供心理健康支持，幫助個人應對各種心理健康挑戰，促進個人的心理健康和幸福感。社工體系還為家庭提供支持和指導，解決家庭關係問題、育兒挑戰等困擾，促進家庭和睦與穩定。通過這些功能，臺灣社工體系為社會的全面發展和個人的全面成長提供了重要支援和保障，茲列說明如下：

(一)社會服務提供

臺灣社工體系通過各種服務專案，如經濟援助、就業輔導、住房

援助等，為個人、家庭和群體提供社會服務，滿足他們的基本需求。臺灣社工體系中的社會服務提供功能，是其重要組成部分之一。社會服務提供不僅是說明個人、家庭和群體解決實際問題的手段，也是社工實踐的核心。根據已往的研究，社工通過提供社會服務，能夠滿足個人和家庭的基本需求，包括：經濟援助、就業輔導、住房援助等（吳劍雄，2011）。此外，社會服務的提供還有助於彌補社會資源的不平等分配，促進社會公平與正義的實現。在臺灣社工體系中，社會服務的提供不僅是對於個體問題的直接回應，更是對於整體社會發展的重要貢獻之一，有助於建設更加和諧、穩定的社會環境。

(二)社會公平與正義促進

　　社會福利機構致力於減少貧困、不平等和歧視現象，通過提供資源和支援，保障弱勢群體的權益，促進社會公平與正義的實現。在臺灣社工體系中，促進社會公平與正義是其重要功能之一。社工通過提供資源和支持，致力於減少貧困、不平等和歧視現象，保障弱勢群體的權益，進而推動社會公平與正義的實現。例如：社會福利機構通過經濟援助、教育支持等措施，幫助弱勢群體擺脫貧困困境，縮小社會經濟差距，促進社會的整體公平與正義。臺灣社工體系通過宣導人權、性別平等理念，致力於消除各種形式的歧視和不公平對待，推動社會向著更加公正、平等的方向發展。因此，臺灣社工體系在促進社會公平與正義方面發揮著重要作用，為社會的持續發展和人們的福祉提供了重要支援。

(三)問題行為預防

　　通過教育、諮詢和支持等手段，社會福利機構致力於預防問題行為的發生，例如：青少年犯罪、家庭暴力等，提升社會安全和穩定。臺灣社工體系在問題行為預防方面發揮關鍵作用。社工通過教育、諮

第一章　會談技巧在臺灣社會工作與長期照護之發展

詢等手段，有效預防青少年犯罪、家庭暴力等問題的發生。社工的干預可以改變個體的行為模式，減少問題行為對社會造成的負面影響，有助於維護社會的安全和穩定。

(四)心理健康支持

社工提供心理健康諮詢及轉介服務，說明個人應對焦慮、抑鬱、暴力受害、家庭問題等心理健康挑戰因應，也促進個人心理健康和幸福感。臺灣社工體系通過心理健康支持功能，為個體提供重要幫助（吳致廷，2018）。這種支持有助於提升個體的心理健康水準，增強其應對壓力和挑戰的能力，促進整體社會的心理健康和幸福感。

(五)家庭服務

為家庭提供支援和指導，幫助他們解決家庭關係問題、育兒挑戰、家庭暴力等困擾，促進家庭和睦和成員間的互助關係。臺灣社工體系的家庭服務功能對家庭的穩定和發展至關重要。社工通過提供家庭關係諮詢、育兒支援等服務，說明家庭解決內部矛盾與問題，促進家庭成員之間的和諧與互助關係（游以安、姜兆眉，2017）。這種家庭服務有助於提升家庭的功能性，加強家庭內部的凝聚力，為家庭成員的健康成長創造良好環境。

(六)社區發展

臺灣社工體系通過社區發展功能，加強社區內部的凝聚力與發展。社工通過社區組織活動、促進社區教育與義工服務等方式，推動社區的全面發展。這種社區發展有助於提升社區居民的生活品質，增強社區的自主性與參與性，促進社會的整體繁榮與進步。促進社區的發展和增強社區凝聚力，通過社區活動、義工服務、社區教育等方式，加強社區聯繫和合作，提升社區居民的生活品質（李易駿，2017）。

7

(七)危機干預

臺灣社工體系的危機干預功能對於應對突發事件和危機情況至關重要。社工在自然災害、家庭危機等緊急情況下，提供緊急援助和干預服務，協助受災群體渡過難關，維護生命和財產安全。這種危機干預有助於緩解危機帶來的影響，恢復受災群體的生活秩序，維護社會的穩定與安全。

(八)政策制定與宣導

通過研究和實踐經驗，向政府提供政策建議，宣導社會福利政策的制定和改進，以更好地滿足社會需求，推動社會的全面發展。臺灣社工體系的政策制定與宣導功能是其重要職責之一。社工通過研究和實踐經驗，向政府提供社會福利政策的建議，宣導政策的制定和改進，以更好地滿足社會需求。這種政策制定與宣導有助於推動社會福利政策的落實與改善，促進社會的公平與正義，推動社會向著更加公正、平等的方向發展（江大樹，2006）。

臺灣的社工體系是一個多功能、多層面的系統，其功能包括：社會服務提供、促進社會公平與正義、問題行為預防、心理健康支援、家庭服務、社區發展、危機干預、政策制定與宣導、教育與培訓以及社會參與與宣導等。通過提供社會服務，滿足個人和家庭的基本需求，促進社會公平與正義的實現。在預防問題行為和提供心理健康支持，幫助個體應對挑戰，保障個人和家庭的穩定與幸福。讓家庭服務，加強家庭功能，促進家庭和睦與發展。另在社區發展上，增強社區凝聚力，促進社區和諧穩定。因著危機干預，對應突發事件，維護社會秩序與安全。最後是政策制定與宣導，推動社會福利政策的制定與改進，促進社會全面發展。然而教育與培訓，也能提升社工隊伍的專業水準與服務品質。社區社會參與及宣導，激發公眾參與社會事務

第一章　會談技巧在臺灣社會工作與長期照護之發展

的熱情，共同推動社會的進步與發展（江大樹等，2014）。綜合而言，臺灣社工體系在各個方面發揮著重要作用，為社會的和諧穩定、個人的全面發展以及社會的持續進步提供了重要支援和保障。

第二節　長期照護需求和挑戰

一、長期照護的發展

臺灣的長照體系隨著社會結構變化、人口高齡化等因素，不斷調整和發展。以下分為過去、現在和未來的三個階段，來探討長照的發展。

(一)過去：基礎形成階段

臺灣的長照概念在過去以家庭為核心，主要由家人負責照顧高齡者或失能者。傳統家庭結構較為穩定，家庭成員之間的支持較為普遍，因此政府的介入相對有限。然而，隨著人口高齡化、都市化及家庭小型化，家庭照護能力下降，且照護負擔逐漸加重，需求逐漸顯現（蘇建仁，2018）。

在一九九〇年代，隨著國內外對社會福利的重視，臺灣開始建立基本的長照體系。一九九七年，內政部啟動《老人福利政策白皮書》，首次明確提出了老人長照的必要性。之後的一些政策嘗試主要集中在提升社區老人日間照顧服務、短期照顧等，並開始考量如何在家庭照顧之餘，提供輔助性的政府支持。

(二)現在：系統擴充與專業化階段

二〇一六年起，臺灣開始推行「長照2.0」，將原有的長照服務擴大範圍，服務對象涵蓋六十五歲以上失能老人、失智症患者和身心障礙者等。長照2.0系統提供多元化的服務，包括：居家照護、日間照護、機構照護、社區服務據點（如巷弄長照站）、喘息服務等，並推動「ABC」三級照護模式，即A級的專業評估組織、B級的社區照顧服務和C級的巷弄長照站，讓資源更貼近民眾需求。

現階段長照的資金主要來自政府經費、部分自費和健保體系的補助。隨著需求增加，政府也正不斷加強對長照資源的投入，以減輕家庭的負擔。社工、照顧服務員和護理人員等等，社區服務人力的專業訓練也在強化，確保服務品質的穩定。

(三)未來：智慧化與整合化的發展方向

隨著科技發展與醫療技術進步，未來的長照服務將朝智慧化和整合化發展。例如：運用人工智慧（artificial intelligence, AI）與物聯網技術（internet of things, IoT）的結合，可以實現即時監測、智能輔助等功能，提升照護的效率和安全性。未來的照顧模式還將更加重視家庭、社區、醫療等多方合作，打造一個無縫銜接的照護體系，以減輕家屬負擔。同時，臺灣政府也可能進一步調整政策，以應對人口結構變遷，確保長照的資源供應和服務持續性（鄭惠之，2016）。

總結來說，臺灣的長照從早期的家庭依賴模式，逐步發展到多層次的服務體系，並正朝向智能化與整合化的方向前進，以因應未來更為複雜的照護需求。

二、全球長期照護的需求趨勢

全球對長照的需求正在加速上升,各國在應對長照需求方面的措施,整理說明如下:

(一)挪威:全民健康照護與高品質服務

挪威以其全面的社會福利制度聞名,提供良好的長照服務。政府透過公共資金為老年人提供居家照護和機構照護,確保所有老年人都能獲得所需的服務。挪威的長照模式強調社區照護,並且在政策上支持家庭照護者,提供培訓和資源。此外,挪威也在積極探索使用數位化技術,如電子健康記錄和智慧居家設備,以提升照護品質和效率。

(二)德國:長照保險制度的支撐

德國早在一九九五年就建立了「社會長照保險」,成為全球第一個提供全面長照保險的國家。這項保險由雇主和雇員共同分攤,保障所有投保人的長照需求,包括:居家照護、日間照護、機構照護等等。隨著需求不斷增加,德國在二〇二〇年進行了長照保險制度的改革,以提高資金來源和服務的可持續性。

(三)法國:綜合長期照護模式

法國的長照體系傳統上以家庭為主,但隨著老年人口比例上升,政府正積極推動長照制度的改革。法國的長照服務包括:居家照護和機構照護,並通過國家健康保險系統(Assurance Maladie)提供資金支持。政府也在推動健康照護的整合,確保長照服務與醫療服務之間的協調,以提高老年人的生活品質和照護效率。

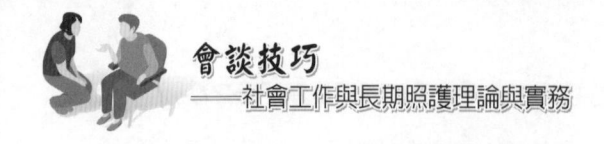

(四)日本：超高齡社會的挑戰

日本是全球老齡化最嚴重的國家之一，超過四分之一的人口年齡在六十五歲以上。為了應對老齡化帶來的長照需求，日本政府在二○○○年推出了「長照保險制度」（LTCI），由政府和居民共同分擔經費（游曉微等，2020）。該保險提供包括：居家照護、日間照護、機構照護等多元服務，並通過養老社區、智慧型長照科技來減輕照護負擔。日本的長照體系被認為是全球老齡化國家的典範，為其他面臨同樣挑戰的國家提供了參考模式。

(五)韓國：加速發展的長照服務體系

韓國在二○○八年建立了「長照保險制度」，應對迅速增加的老年人口。該制度設有專門的長照保險資金，用於資助居家護理和機構照護。韓國政府還透過政策補貼鼓勵家屬參與長照，並引進智慧長照技術，如遠距監控系統，來提升照顧效率。

(六)美國：私人保險與政府支持的多元模式

美國的長照體系較為多元，以私營市場為主，並由聯邦和州政府提供補助計畫，如醫療補助（medicaid）。醫療補助目前主要是為低收入、高需求的長照提供經費的計畫，但因其覆蓋範圍有限，許多中產階級家庭需依靠自費或購買私人長照保險。美國的長照服務也很多樣化，包括：居家照護、養老社區等。近年來，隨著需求的增加，美國正積極探索遠距醫療和智能居家科技，以降低長照的成本和提高服務的便利性。

(七)澳洲：強調社區與居家照護

澳洲面臨快速老齡化的挑戰，預計到二○六○年，六十五歲以上的老年人口將達到總人口的22%。為了應對這一挑戰，澳洲政府推行

了多項改革，尤其是二〇一七年推出的「長照系統改革」。這一改革強調居家照護和社區支援，允許高齡者在熟悉的環境中接受照護。澳洲的長照系統還注重提供選擇和控制權給予老年人，讓他們能選擇適合自己的服務方式。

隨著全球長照需求的增加，各國根據自身的社會、經濟和文化背景，探索不同的應對策略。無論是通過政策推動、資金支持還是科技創新，各國的長照體系都在努力應對人口老化帶來的挑戰，以確保老年人能夠享有尊嚴和高品質的生活。

三、長期照護的挑戰

長照面臨著多種挑戰，這些挑戰來自於社會、經濟、技術和政策等多方面的因素，以下是一些主要挑戰。

(一)人口老化

隨著全球老年人口的增加，對長照服務的需求急劇上升。許多國家面臨著如何有效滿足不斷增長的老年人照護需求的挑戰。

(二)人力資源短缺

長照行業面臨資金和人力資源的短缺。許多國家的長照服務主要依賴政府資助，但財政資源有限，導致服務的覆蓋面和品質無法達到需求。此外，專業照護人員的缺乏也是一大問題，許多國家難以吸引和留住足夠的照護工作者（Brosig-Koch et al., 2011）。

(三)財務可持續性

長照往往需要龐大的資金投入，但許多家庭無法承擔高額的照護

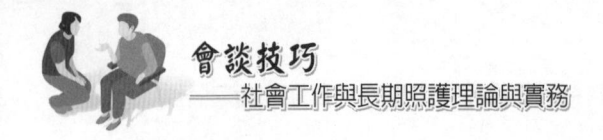

費用。政府的資助往往無法滿足需求，導致服務資源不足。這也使得許多國家需要探索可持續的長照保險或基金制度。

(四)服務品質不均衡

長照服務的品質在不同地區和不同類型的機構之間可能存在顯著差異，包含在偏遠或經濟較為落後的地區，服務的可及性和品質可能不足。

(五)技術應用的適應

儘管科技在長照中扮演愈來愈重要的角色，但實際應用仍面臨一些挑戰，包括：高昂的技術成本、技術接受度低和數據隱私問題。很多老年人對新技術不熟悉，導致無法充分利用數位照護服務。

(六)照護者的心理健康

許多家庭照護者面臨著巨大的心理壓力，可能導致焦慮、抑鬱等心理健康問題。如何為照護者提供支持和資源，以減輕他們的負擔，成為一項重要任務。

(七)法律與政策框架

長照的法律和政策框架在不同國家存在差異，可能導致服務的不一致性。在一些國家，缺乏明確的長照政策可能會限制服務的發展和品質提升。

(八)文化與社會認知

不同的社會文化背景會影響長照的接受程度和方式。在某些文化中，家庭照護是主要模式，對於專業照護服務的接受度較低，而在其他文化中，機構照護則較為普遍。這種差異使得提供適合不同文化需

求的服務變得更加複雜。

面對這些挑戰，長照系統需要尋求創新解決方案，包括：政策改革、資源配置、人才培養和科技應用，以提升服務品質和可永續性。各國在面對長照需求時，需採取綜合性措施，增強公共和私營部門的協作，並加強對照護者的支持，才能應對不斷變化的挑戰。

第三節　會談技巧之歷史發展

一、會談技巧之起源與發展

會談技巧的起源，以時間軸的方式說明其發展歷程，分別陳敘如下：

(一)史前時期（公元前數千年）

在古代，人類以口頭交流為主，社會互動需要有效的溝通來解決問題、協商資源和建立社會關係。部落或社群的首領常常使用說服和協商技巧來維護秩序和團結，這些最早的交流方式可以視為後來會談技巧的基礎（林萬億，2013）。

(二)古代文明（公元前四千年至公元前五百年）

隨著西方哲學和修辭學的發展，包含：在古希臘時期，許多思想家如蘇格拉底（Socrates）、柏拉圖（Plato）和亞里斯多德（Aristotle）開始探討有效的溝通和辯論技巧。反詰式的問答法（即蘇格拉底法）強調了提問和傾聽的重要性，而亞里斯多德則在其著作《修辭學》中詳細闡述了說服的藝術和方法，這些為現代會談技巧奠

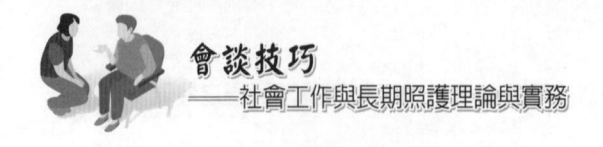

定了理論基礎（郭依菁，2012）。

(三)公元前四世紀至公元前一世紀：羅馬時期

隨著政治制度和法律體系的建立，會議和辯論成為決策過程中的重要組成部分。法律程序中對於辯護和辯論的要求促進了會談技巧的專業化，法律專業人士需掌握有效的溝通和說服技巧以達成案件的成功。由於法律與政治的影響，在羅馬，法律程序和政治辯論的發展，使得會談技巧變得更加專業化。法律家和政治家需要掌握說服和協商的技巧，以進行有效的辯論和決策。

(四)文藝復興時期（公元十四世紀至十七世紀）

人文主義的興起，隨著文藝復興，對於人類理性的重視促進了討論和辯論的復興，會談技巧進一步發展，強調理性和邏輯。

(五)啟蒙時期（公元十七世紀至十九世紀）

1. 二十世紀，社會科學的發展，包含：心理學、社會學和人類學，對會談技巧的研究提供了新的視角。人們開始關注溝通過程中的心理動力、非語言行為及其對交流效果的影響。這些研究促使會談技巧不僅限於語言表達，還考慮情感、文化和社會背景等多方面的因素。
2. 社會科學的起源：啟蒙運動（Enlightenment）期間，哲學和社會科學的興起，開始有了對人類行為、社會互動及其影響的研究，進一步豐富了會談技巧的理論基礎。

(六)二十世紀初期：心理學與社會學的發展

科學研究的引入，使心理學和社會學的研究開始分析溝通中的人際互動，強調情感、非語言表達和文化差異對交流的影響，進一步完

善了會談技巧的框架。

(七)二十世紀八〇年代：人際溝通與衝突解決

專業化與系統化，隨著人際溝通和衝突解決研究的增長，會談技巧的學習和應用逐漸專業化，形成了相關課程和培訓，以應對工作環境中的複雜挑戰。

(八)二十一世紀初：數位科技的進步

1. 進入二十一世紀，隨著數位科技的進步，會談技巧的表現形式也發生了變化。線上會議、遠距溝通等新形式的出現，促使人們重新思考和適應溝通方式，發展出新的技巧以適應不同的溝通環境。
2. 科技進步的影響：線上會議和遠距溝通的普及促使會談技巧進一步演變。人們開始學習如何在虛擬環境中進行有效的溝通，並適應不同文化背景的交流（Gerlinger, 2010）。

(九)當前：全球化與多元文化

文化差異的影響，在全球化背景下，會談技巧需要考慮文化差異，增強對多元文化的理解，適應不同社會背景和價值觀的參與者。

會談技巧的起源和演變是一個持續的過程，從早期的口頭交流到現代的多元溝通形式，反映了人類社會、文化、政治和科技的變遷。有效的會談技巧在不同歷史時期的發展中，不斷適應和演變，以應對不斷變化的社會需求。

二、會談技巧之未來

會談技巧的未來將受到多種因素的影響，包括：技術進步、社會

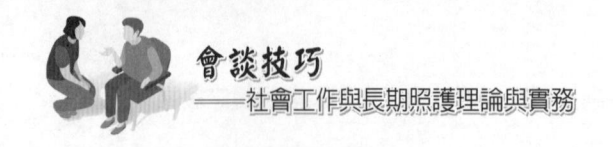

變遷和全球化的發展。以下是會談技巧未來,可能的趨勢與變化:

(一)人機協作

1. 人工智慧(AI)的輔助:AI助手將在會談中扮演重要角色,如即時翻譯、會議記錄和情緒分析等,幫助參與者更好地理解和應對溝通情境。
2. 自動化工具的應用:自動化工具將提高會議的效率,例如:安排會議、追蹤議程進度等,讓參與者能專注於內容本身。

(二)數位化與虛擬會議

1. 遠距會議技術的進步:隨著視頻會議、即時消息和虛擬協作工具的普及,會談技巧將愈來愈多地融入數位平台。未來的會議可能會結合虛擬實境(VR)和增強實境(AR)技術,使參與者能夠以更沉浸式的方式互動。
2. 靈活的溝通方式:各種線上工具和應用程序將使會議更加靈活,參與者可以根據需求隨時參與,並利用技術來記錄、回顧和分析會議內容。

(三)跨文化與多樣性意識

1. 全球化背景下的溝通:隨著國際合作的增加,會談技巧將更加重視跨文化溝通。理解不同文化背景、價值觀和溝通風格將成為成功會談的關鍵。
2. 包容性與多樣性:企業和組織將更加重視多樣性與包容性,會談技巧將包括如何有效地管理多樣化團隊,促進不同聲音的表達與共識的達成。

(四)情感智慧的強調

1. 重視人際關係：隨著對情感商數（EQ）重視程度的增加，未來的會談技巧將更加強調情感管理、同理心和非語言溝通的重要性，幫助參與者建立良好的互信關係（吳佳珍、林秋菊，2009）。
2. 心理健康的考量：在會議中關注參與者的心理健康和情感需求，創造支持性環境將成為一個重要趨勢，以增強團隊的凝聚力和合作效率。

(五)自動化與數據驅動

1. 數據分析的引入：在會議中，數據驅動的決策將成為主流，會談技巧將包括：如何有效地分析和解釋數據，並將其融入討論中。
2. 會議記錄和決策自動化：利用自動化工具來生成會議記錄、任務分配和決策跟進，提高會議效率，減少人力資源的浪費。

會談技巧的未來將是一個結合科技、人際關係和文化敏感性的複雜體系。隨著全球化和數位化的發展，會議的形式和內容將持續演變，要求參與者具備更高的適應能力和溝通技巧。未來的會議不僅是信息交流的平台，更是促進合作、建立關係和實現目標的重要空間。

第四節　會談技巧的運用

會談技巧應用廣泛，涵蓋商業、教育、醫療、心理健康、社工及長照等領域。各領域的會談技巧皆具特殊性，根據對象和目的進行調整，基本目的是促進有效溝通、建立信任、解決問題及促進行動（莫

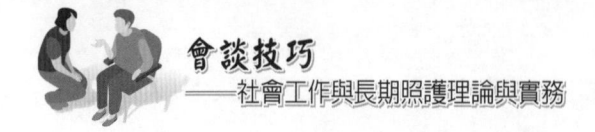

藜藜等，2023）。在社工和長照中，會談技巧是核心能力，有助於支持個人、家庭和社區發展，幫助服務對象處理情感、生活困難和社交問題，並在多元環境中實現有效的社會支持和資源配置。以下從不同的社工領域深入探討會談技巧的使用對象及其作用。

一、服務使用者與個案管理

1. 使用對象：受困於家庭暴力、失業、心理健康問題、成癮、孤立等情況的個人和家庭，此外，包括需要長照的個體及其家庭。
2. 作用：透過專業的會談技巧，社工能與服務使用者建立信任關係，促使其更願意開放自己並接受專業支持。此外，會談技巧使社工能夠幫助服務使用者釋放壓力，提供情感支持並協助自我探索。在涉及長照的情況下，社工特別能幫助照顧者減少心理負擔，改善照顧品質。在此基礎上，社工可根據服務對象的需求，共同制定切實可行的計畫，進而改善生活品質，解決社會問題，包含在支持長照體系的資源配置與使用方面。

二、家庭與照顧者

1. 使用對象：家庭成員及家庭照顧者（家照者）。
2. 作用：社工運用會談技巧來調解家庭成員間的衝突，特別是在長照的情境中，幫助家庭成員理解彼此的需求，這些技巧對照顧者尤為重要，因為他們經常面臨情感壓力。會談技巧也協助家庭找到合適的社會服務和支援，如長照服務和心理支持，最關鍵的是，這些技巧幫助家庭成員建立積極的關係，促進整體家庭健康。透過有效溝通，家庭能更好地應對長照的挑戰，增

強團結與合作，提高照顧品質和生活滿意度。

三、團隊協作與同事間的交流

1. 使用對象：其他專業人員（如心理學家、醫療人員、教育工作者等）。
2. 作用：會談技巧有助於建立共同的理解和目標，促進多領域專業人士的高效合作。社工運用這些技巧解決可能出現的分歧和衝突，進而促進團隊的有效運作。在定期的案例討論中，會談技巧同樣能促進知識交流與專業成長，幫助團隊共同探討改進方案。臺灣的社安網便是一個需要強烈團隊協作的範例。

四、社會政策與政府機構

1. 使用對象：政府部門及非政府組織（NGO）。
2. 作用：社工能夠以清晰且有力的方式表達服務使用者的需求，進而促進政策改善或創新社會服務。使用會談技巧可幫助展示項目的需求和價值，以爭取所需的資金和支持。此外，與決策者的會談能提升社工的影響力，促進對弱勢群體的關注與支持。

五、專業督導與自我反思

1. 使用對象：社工者及其督導者。
2. 作用：社工可以利用會談技巧進行自我反思，探討處理個案的挑戰及倫理問題，並尋求專業指導。這些技巧同樣有助於幫助

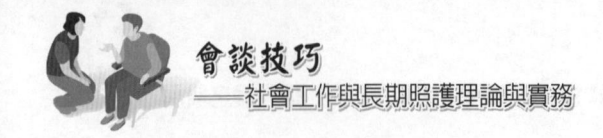

社工表達困惑，減少工作中的情感耗竭，最終提升其心理健康和專業成長。

在社工領域中，會談技巧是一種多用途的工具，無論是在個案管理、家庭支援、團隊協作、政策倡導，還是自我反思中，都發揮著關鍵作用。有效的會談技巧有助於社工建立信任關係、促進溝通、解決問題並推動改變，進而有效地幫助服務對象改善生活條件，提升社會整體福祉。

第一章　會談技巧在臺灣社會工作與長期照護之發展

參考文獻

江大樹（2006）。〈建構地方文官培訓藍海策略網絡治理觀點〉。《研習論壇月刊》，72，1-21。

江大樹、張力亞、梁鎧麟（2014）。〈深耕地方災害防救網絡治理能力——協力與培力策略分析〉。《民主與治理》，1（1），1-31。

吳佳珍、林秋菊（2009）。〈動機式會談於護理之應用〉。《護理雜誌》，56（2），89-93。

吳來信、張淑英、王秀燕、詹秀員、張玲如（2008）。《社會個案工作》。國立空中大學。

吳致廷（2018）。《初探新手團體領導者在協同領導關係中的隱而未說經驗——以國中、小情緒團體為例》。國立臺灣師範大學碩士論文。

吳劍雄（2011）。〈身心障礙福利服務機構教保人員背景變項、社會支持、角色知覺和組織承諾關係之研究〉。《特殊教育與復健學報》，24，1-25。

吳麗蘭、黃美齡、董恩璇、楊婉君、林雅真、俞克弘、張庭卉、胡慧蘭（2019）。〈運用高效能照護模式提升長照個管師的整合照護服務〉。《北市醫學雜誌》，16（10），75-82。

李易駿（2017）。〈小型長照服務單元的利基與挑戰——「巷弄長照站」的專業服務與籌辦想像〉。《臺灣社區工作與社區研究學刊》，7（2），183-198。

林萬億（2013）。《當代社會工作——理論與方法》。五南。

張富勝、黃思齊、卓美伶、古翠珍（2021）。〈運用團隊整合模式銜接長照2.0服務之成效研究〉。《秀傳醫學雜誌》，20（1），15-19。

莫藜藜、徐錦鋒、許臨高、曾麗娟、張宏哲、黃韻如、顧美俐（2023）。《社會個案工作——理論與實務》（第四版）。五南。

郭依菁（2012）。《修辭法融入歷程導向寫作教學之研究》。國立臺灣師範大學碩士論文。

曾秀雲、王浩威（2023）。〈精神暴力自我評估量表編制〉。《中華心理衛生學刊》，36（3），293-322。

游曉微、林佩欣、陳玉澤（2020）。〈長照復能服務跨專業協作的現況與未來挑戰〉。《長期照護雜誌》，24（2），111-119。

詹麗珠（2017）。〈切膚之愛基金會導入長照服務策略分享〉。《切膚之愛季刊》，35，4-5。

衛生福利部（2016）。「長期照顧十年計畫2.0（106~115年）」。

鄭惠之（2016）。〈迎接幸福的高齡社會〉。《會計研究月刊》，365，11-11。

蘇建仁（2018)。〈從地方看滾動式修正的長照2.0政策及跨部門整合〉。《臺灣社會研究季刊》。109，187-197。

游以安、姜兆眉（2017）。Reflections on Professional Collaboration: Social Workers＇ Perspectives of Counseling Psychologists＇ Practice in the Field of School Guidance。《輔導與諮商學報》，38（2），53-73。

Brosig-Koch, J., Helbacha, C., Ockenfelsb, A. & Weimann, J. (2011). Still different after all these years: Solidarity behavior in East and West Germany. *Journal of Public Economics, 95*(11), 1373-1376.

Gerlinger, T. (2010). Health care reform in Germany. *German Policy Studies, 6*(3),107-142.

Griffith, J. R. (1996). Managing the transition to integrated health care organizations. *Frontiers of Health Services Management, 12*(4), 4-50.

第二章

會談前的準備與訪視注意事項

鍾惠娥、蔡元隆、余錦芬

- 服務使用者資料蒐集和分析
- 臺灣文化和家庭價值觀的特殊性
- 訪視準備工作和注意事項

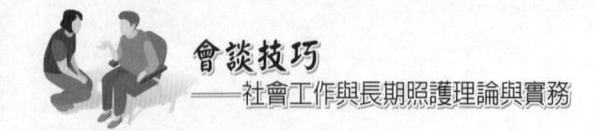

隨著臺灣高齡人口的持續增長，長照需求日益增加，社工的角色愈加重要。有效的會談是提供高品質照護服務的關鍵，而充分的準備和注意事項能顯著提升會談的成效。本章將探討會談前的準備工作，重點聚焦於三個核心方面：首先，社工需具備扎實的專業基礎，以進行服務使用者資料的蒐集與分析，這不僅有助於全面理解服務使用者的背景與需求，更為會談提供關鍵資訊；其次，探討臺灣文化及家庭價值觀的特殊性，因為文化背景對家庭期望、互動方式及溝通風格有深遠影響；最後，介紹訪視前的準備工作及注意事項，以確保會談順利進行。

第一節　服務使用者資料蒐集和分析

　　服務使用者資料的蒐集與分析對於社工、長照服務領域而言是不可或缺的。這過程不僅是數據蒐集，更重要的是深入瞭解服務使用者的獨特需求與挑戰（Liu, 1997）。透過系統性整理和分析，專業人員能夠全面瞭解服務使用者的實際狀況，這是制定有效服務計畫和介入策略的基礎。透過詳細的需求評估與持續的資料分析，專業人員可更深入掌握服務使用者的個別差異及需求，提升服務品質與有效性（林萬億，2022）。這不僅增強機構的專業性與可信度，還能增進使用者的滿意度與參與感，促進社會和諧與福祉。

　　此外，資料的蒐集與分析有助於提升社會對弱勢群體的認識，推動社會公平與正義（周永新、陳沃聰，2024）。因此，需持續完善資料蒐集與分析的方法，以確保服務的改進與創新。

第二章　會談前的準備與訪視注意事項

一、服務使用者資料蒐集

(一)資料蒐集的目的

確認資料蒐集的目的與用途是關鍵步驟。清晰地確認這一目的不僅能引導我們的資料蒐集行為，還能確保所蒐集的資訊能有效達成預期結果。以下是資料蒐集的三個主要目的：

◆**需求評估**

資料蒐集可用於制定需求評估，深入瞭解服務使用者的具體需求，從而提升服務的適切性與有效性（林勝義，2023）。根據社會學家Albert Bandura提出的自我效能（self-efficacy），理解個體需求及其背景是提升自我效能的前提。這使我們能更好地對應服務使用者的身體機能、生活自理及心理支持需求，增加參與感與滿意度。

◆**後續追蹤**

這些資料同樣可以幫助瞭解服務使用者的後續情況。透過定期的資料蒐集與分析，我們可以觀察服務使用者在接受服務後的變化及進步程度。根據心理學家Carl Rogers（1961）以人為本的方法，持續的回饋與後續追蹤能促進服務使用者的自我覺察與成長，尤其在恢復獨立生活能力及改善生活品質的過程中，建立更有效的服務關係。

◆**服務成效**

資料蒐集亦可使用於評估社工與長照服務的成效。我們能瞭解所提供服務是否解決了使用者的健康與社會參與問題，是否達到預期效果（Engel & Schutt, 2005）。評估不僅是測量結果，也是完善社工與長

照服務的重要環節，幫助辨別有待改進事宜，持續提升服務品質，以滿足使用者在身心健康、社交互動及情感支持方面的需求。

(二)申請與開案會談

在資料蒐集的初步階段，社工需與服務對象面談，確定其需求與機構所能提供服務的程度。開案會談的重點包括：

1. 初步建立關係：當服務對象前來求助時，社工應開始建立信任關係，使服務對象感受到安全與受到重視（林萬億，2022）。
2. 初步探索問題與困境：瞭解服務對象的訴求，包括其日常生活中的困難、健康狀況、照護需求及其對問題的看法，並探討過去曾採取的應對方式及希望機構提供的協助。
3. 社工說明所能提供的服務：釐清服務對象對於服務的期待，特別是在長照服務中能提供的資源、支持和照顧範疇，以便提供合適的選擇。
4. 確認服務提供：若服務對象的需求不符合服務範疇，則應協助轉介至合適的單位或連結其他相關資源，以確保服務對象獲得持續的照護支持。
5. 確定開案指標：社工需明確瞭解服務對象的資格條件，以便有效篩選，這些指標也是後續介入策略的重要依據（莫藜藜等，2023）。
6. 轉案程序：若因社工離職或調職需更換服務對象的提供者，此變動應稱為「轉案」，而非「轉介」，這樣可維持服務的連續性，避免用詞不當導致誤解。

(三)資料蒐集方法

在社工的實務工作中，選擇適當的資料蒐集方法非常關鍵，主要方法包括面談、問卷調查、焦點團體、觀察和文件審查（Marlow,

1992; Engel & Schutt, 2005）。說明如下：

◆面談（Interview）

進行一對一的深度訪談是重要資料蒐集方式，社工可瞭解服務對象的背景與需求。在臺灣長照的情境中，面談地點常會調整，通常包括機構、家庭及醫療院所。其中家庭訪視是常用的方式，因能在服務對象熟悉的環境中建立信任，獲得更有效的資料。透過半結構式面談，社工可深入探討服務使用者的經歷及需求，也能觀察其生活環境和照護條件，瞭解家庭系統及成員互動。

◆問卷調查（Questionnaire Survey）

社工常透過問卷蒐集量化與質性資料。問卷多為結構式設計，例如對生活滿意度和心理健康的評估。在問卷中，常納入Smilkstein（1978）的APGAR家庭功能評估量表，包括以下五個向度：

1. 適應度（adaptability）：評估家庭成員在壓力或變化下的調整能力。
2. 合作度（partnership）：瞭解家庭成員合作解決問題的程度，特別是在照護服務的共同決策。
3. 成長度（growth）：探查家庭成員面對新挑戰時的支持能力。
4. 情感度（affection）：評估家庭成員間的情感表達及關心程度，尤其在長照中，這種情感支持非常關鍵。
5. 解決度（resolve）：分析家庭成員之間的親密互動與信任，顯示出關係的隱藏面向和深度，有助於確定家庭在面對挑戰時的合作和解決問題的能力，進而確定家庭在照護方面的協同程度。

透過這些量表的結果，社工能在服務介入前迅速蒐集和分析資

料，幫助精準掌握服務對象的需求，以制定更具針對性的服務方案和介入策略。

◆焦點團體（Focus Group）

在特定的社區及長照服務中，社工會邀請多位服務對象或主要照顧者組成焦點團體進行討論，以蒐集共同的需求與意見。這有助於增進參與感，讓服務對象互相學習和分享經驗，並發現服務改善的可能方向（潘淑滿，2022）。

◆觀察（Observation）

社工可運用觀察法，分析服務對象在社交或家庭環境中的行為模式，提供第一手資料。特別是在家庭訪視中，觀察家庭成員的互動可評估支持系統的有效性。

◆文件審查（Document Review）

社工會查閱服務對象的歷史檔案和記錄，包括過去的服務紀錄及社會支持系統，以獲得必要的背景資訊。在長照中，檔案審查有助於全面瞭解服務對象的歷史，制定更具針對性的服務計畫。

(四)標準化工具的重要

在社工及相關領域中，運用經過驗證的測量工具和量表（如心理健康量表、社會支持量表等）是提升資料可靠性和有效性的重要策略。對於長照服務而言，標準化工具的應用能有效支持高齡者及其家庭在需求評估和照護計畫中的決策，並促進科學研究與實務的整合（徐永德，2021）。

周永新與陳沃聰（2024）指出，運用標準化測評工具可獲得可靠資訊，並為後續介入提供科學依據。社工能據此制定針對性的介入策

第二章　會談前的準備與訪視注意事項

略，確保照護計畫的有效性和適應性。這些工具經過嚴格測試，能客觀衡量服務使用者的心理健康狀況、社會支持程度及其他關鍵變數。例如，社工可利用日常生活活動量表（activities of daily living, ADLs）評估基本生活能力，如進食、上下床、洗澡等；也可運用工具性日常生活活動量表（instrumental activities of daily living, IADLs）評估更複雜的生活技能，如購物、洗衣和財務管理等，這有助於維持個人的獨立生活能力，進而瞭解高齡者的需求，制定適切的長照方案。

另一方面，使用標準化量表能有效減少資料蒐集中的主觀判斷，這些工具的系統化特點提高了資料分析的準確性與效率，從而提升整體評估品質（林勝義，2023）。在解決服務使用者問題及制定相關政策時，確保數據的客觀性與可靠性是非常關鍵的。

(五)尊重隱私和保密性

在資料蒐集過程中，遵循倫理原則以保護服務使用者的隱私和保密性非常重要。在社工及心理健康研究領域，倫理考量不僅涉及法律遵從，還關乎服務使用者的基本權益與尊嚴（Liamputtong, 2007）。一九七九年，美國倫理學大師Tom L. Beauchamp及James F. Childress提出的生命倫理四原則中，尊重個人自主性（autonomy）是核心。社工在資料蒐集時，必須確保服務使用者在充分瞭解訊息的基礎上，自主同意參與，對於高齡者及其家庭尤為重要，因為健康狀況及照護需求往往涉及敏感個人資料。

美國社工人員協會（National Association of Social Workers, NASW）明確指出，社工需在蒐集資料之前獲得服務使用者的知情同意，並清楚說明服務使用者的權利及其行使方式。這種透明性不僅是倫理要求，也是促進服務使用者及其家庭參與照護決策的重要環節，能增強對照護服務的信任與滿意度。

同時，資料的保密性同樣重要。根據利安普東（Liamputtong,

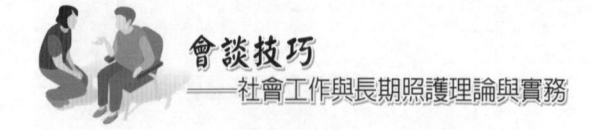

2007）的研究，社工必須清楚告知服務使用者及其家庭，對於資料的使用方式及保障措施。在社工及長照中，這有助於建立信任，使服務使用者及其家庭願意分享需求，進而提高社工與照護計畫的有效性。

二、服務使用者資料分析

在社工實務中，服務使用者資料分析是理解需求的重要步驟。這一過程不僅涉及數據整理，還需深入探索服務使用者的獨特背景、需求與挑戰。透過有效的資料分析，社工能為服務設計更具針對性的計畫，提升服務品質與效果。這一過程首先要求社工在資料整理和分析之前，進行清晰的資料預估與分析，以便選擇適當的切入點並確定具體目標（林萬億，2022）。預估是一個持續過程，隨著服務推進，社工將獲得新資訊，可能影響問題判斷，尤其是高齡者的健康變化或照護需求調整。同時，這一過程具雙向性，服務對象及其家庭與社工的共同參與，有助於彼此理解，幫助服務使用者認識自己的狀況與需求。在長照背景下，良好的社工與照護者互動可促進照護計畫的順利實施與調整。最後，在進行資料分析時，社工必須考量多面向因素，包括服務使用者的年齡、健康狀況、生活能力、面對的問題、家庭支持系統、社會資源及資源運用等。這將幫助全面理解服務對象需求，並制定相應的介入策略（徐永德，2021），以確保長照服務的有效性與適切性。

(一)分析的目的

資料分析的主要目的是準確掌握服務使用者的需求與情況，以制定有效解決方案。透過分析背景資料、需求及回饋，社工能及早辨識潛在問題並調整、改進服務策略（林萬億，2022）。此分析有助於瞭

第二章　會談前的準備與訪視注意事項

解高齡者的健康狀況與生活自理能力，識別照護過程中的挑戰，提供更貼切的照護。

(二)資料整理與分析的步驟

1. 資料整理：蒐集服務使用者資料後，需系統性整理包括問卷結果、面談記錄及觀察筆記，以便後續分析（林萬億，2022）。對於長照則特別關注功能性評估結果，確保資料反映服務對象的實際需求。
2. 實用工具的使用：社工可運用常用工具（如Excel或簡單的統計軟體）整理和分析數據，快速掌握資料的趨勢與變化，特別是高齡者的健康指標及日常功能，以制定精確的照護計畫。
3. 情況評估：整理數據後，社工需分析主要挑戰和需求，考量家庭照護者的支持，設計個別化介入方案，提供全面照護策略。

(三)提升資料分析的有效性

1. 質性與量化資料結合：社工在分析資料時，需將質性資料（如個人經歷、感受回饋）與量化資料（如健康評估結果、活動能力分數）結合，這樣可更全面瞭解服務使用者的狀況，並針對長照中可能的實際需求進行評估。
2. 持續的回饋機制：在服務過程中，應建立回饋機制，定期蒐集服務使用者的意見，並根據需求變化進行資料更新與分析。這確保服務方案符合使用者需求，定期評估與回饋有助於調整照護計畫，增強服務的適應性。

三、應用與回饋

在社工實務中，資料分析的結果能夠有效指導後續的處遇策略並

持續改進服務品質。

(一)根據分析結果設計介入策略

社工應根據資料分析結果設計針對特定需求的介入方案（周永新、陳沃聰，2024）。這些策略可能包括個別輔導、團體支持或社區資源連結，以解決服務使用者的具體問題。例如，若分析顯示服務使用者對情緒支持的需求明顯，社工可考慮轉介心理諮商或支持團體。在長照中，應設計合適的介入方案，如日間照顧服務或社區活動，以提升高齡者的生活品質。

(二)實施監測與評估

實施介入策略後，社工應定期監測效果，持續蒐集服務使用者的意見和感受。根據回饋，不斷評估服務效果是否符合預期，必要時調整方案以因應變化需求。在長照中，需同時跟進健康狀況和照護者的支持。

(三)建立有效的回饋機制

在服務過程中，社工應建立持續的回饋機制，鼓勵服務使用者分享體驗與建議。透過定期的滿意度調查和非正式交流獲取意見，讓服務使用者感受到重視，並為社工提供改善服務的重要依據，在長照中，聆聽服務對象及照護者的聲音是改善服務的關鍵。

(四)針對性培訓與教育

所獲得的資料與回饋可應用於社工的在職培訓。根據不同需求提供針對性技能提升訓練，如老年照護、家庭介入技巧及跨專業合作，增強社工專業能力，以更有效服務使用者，提升整體服務品質。

在社工與長照實務中，服務使用者的資料蒐集與分析是瞭解需

求的基礎。透過系統性的方法，專業人員能深入掌握服務使用者的獨特背景及挑戰，制定有效的服務計畫和介入策略。確定蒐集目的、進行需求評估、後續追蹤及服務成效評估，使社工能清楚識別使用者需求，提升服務質量。

良好的資料管理和分析不僅可強化機構的可信度，還能改善使用者的參與感，促進社會和諧與福祉。另外，這一過程亦可增進社會對弱勢群體的認識，推動公平與正義。因此，持續優化資料蒐集與分析的方法，對未來的服務改進與創新是極其重要的，確保社工能在面對多變的社會需求時，提供高效且適切的支持。

四、小結

本節強調了服務使用者資料蒐集與分析在社工及長照服務中的重要性。透過系統性的資料蒐集，專業人員能深入瞭解服務使用者的獨特需求與挑戰，並制定針對性的服務計畫及介入策略。清晰確定蒐集目的、實施需求評估，以及建立有效的回饋機制，有助於提升服務質量和使用者的滿意度。同時，尊重隱私與資料保密性，確保服務過程的透明，將進一步增強使用者的參與感與信任。總之，持續精進資料蒐集與分析的方法是提供高效支持的關鍵，有助於推動社會的和諧與公平。

第二節　臺灣文化和家庭價值觀的特殊性

臺灣的文化和家庭價值觀深受歷史、地理和多元族群的影響，形成了獨特的文化特點。這些文化背景對於社工實務、長照和家庭服務中，具有重要意義。社工在會談中應運用多種技巧，以有效理解和支

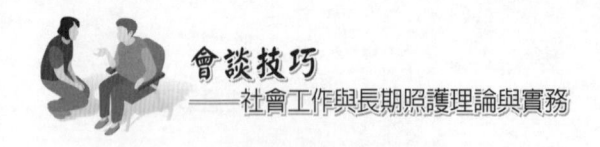

持不同類型的家庭。以下是社工應注意的幾個要點：

一、瞭解臺灣家庭結構的多樣性

根據行政院主計總處二〇二〇年的家庭型態調查結果，目前臺灣主要家庭型態包括：

(一)核心家庭（Core Family）

1. 配偶家庭：由配偶（婚姻或同居）組成的家庭。這類型在二〇二〇年普查中占所有家庭的13.3%。
2. 父母與未婚子女家庭：由有配偶的父母及其未婚子女組成的家庭，在二〇二〇年占比30.6%。

(二)單身家庭（Single-person Household）

這類家庭僅包含單一成員，這一家庭類型的比例在二〇二〇年上升至25.9%，顯示出愈來愈多的人選擇獨居的生活方式，其中以年輕人獨立生活及年長者的獨居尤為顯著。

(三)多代家庭（Multi-generational Family）

1. 三代同堂家庭：由祖父母、父母及未婚子女組成的家庭，顯示在某些社區中依然存在，這類家庭在二〇二〇年占比10.5%。
2. 隔代家庭：以祖父母與未婚孫子女組成的家庭，這類形式亦在當前社會中扮演著重要角色，占比約為1.3%。

(四)單親家庭（Single-parent Family）

由單親（母親或父親）與其未婚子女組成的家庭。在二〇二〇年，上述家庭的比例約為7.4%，並以單親母親為主。

1. 單親母親家庭：大部分家庭都是由單親母親及未婚子女組成。
2. 單親父親家庭：相對少數。

(五)有親屬關係的其他家庭（Other Relatives' Family）

包括兄弟姐妹同住、祖父母與已婚孫子女同住的家庭，這些家庭類型顯示了家庭結構的多樣性，按照二〇二〇年的統計，其占比約5.6%。

(六)無親屬關係的其他家庭（Unrelated Others' Household）

無親屬關係家庭：包括室友、寄居者和所僱員工等非家庭成員所組成的家庭，這些家庭的數量雖少，但至二〇二〇年占比已達1.2%，主要由隱居人口或者和所僱員工共同生活的形式存在。

臺灣家庭型態結構的近年變遷，以核心家庭、單身家庭和多代家庭為主，且隨著社會環境的變化，單親家庭亦逐漸增多，這反映出整體社會結構的多元化現象。在長照方面，社工在與不同家庭類型進行會談時，需調整介入策略，以適應各類家庭的照護需求。有效的會談能幫助社工深入瞭解高齡者及其家庭成員的具體情況，確保他們獲得適當的支持和資源，並促進照護計畫的成功實施。

二、臺灣傳統的特殊性

臺灣的傳統受儒家思想影響深遠，並融入了道教和佛教等多元文化，這些文化共同塑造了臺灣社會的特色，尤其在家庭、社會互動及角色定位上。在社工會談中，社工面對這些傳統時，須特別留意以下幾個重要方面：

(一)尊重長輩與權威

在臺灣傳統中，長輩是家庭與社會的權威，其意見和需求受到高度重視。因此，社工在與家庭成員會談時，應謹慎對待長者的想法。在涉及重要決策時，社工應使用恰當的語言和態度引導對話，尊重長者的觀點，並鼓勵年輕成員參與討論，以促進不同年齡層的有效溝通，尋找共同理解與解決方案，特別是在長照計畫中。

(二)面子文化的挑戰

面子文化影響了臺灣社會人際的互動，家中每位成員重視形象和尊嚴。社工在會談中應謹慎選擇用詞，避免讓服務對象感到羞愧或尷尬，特別是在討論家庭問題或經濟困擾時。建立不帶評價的環境有助於服務對象自由表達，增加信任感，從而促進順利的交流，尤其在長照的需求評估中。

(三)性別角色的影響

臺灣傳統中，性別角色的定位對家庭結構與功能亦有影響性。社工在進行會談時，需要充分理解這些傳統性別角色可能對服務對象的影響。例如，傳統上男性被視為家庭的經濟支柱，而女性則常常承擔較多的家務與子女教育工作。社工在與服務對象溝通時，需對這些性別角色期待保持敏感，並支持服務對象在性別角色轉換的過程中尋找平衡。

(四)地域性文化的變遷

臺灣不同地區的傳統存在差異，社工在介入過程中需理解各地文化特色，包括語言和社會互動方式。某些偏遠地區家庭或許會保留傳統觀念，而城市則可能更為開放和多元。社工對地域文化的敏感性有

助於理解服務對象背景，進行適切的交流和介入，確保長照服務的有效性。

(五)慎重處理家庭傳承

臺灣家庭文化的傳承與親情、儀式及傳統活動息息相關。家庭成員對文化傳承的期望影響服務對象的生活選擇，尤其在育兒方式和家庭聚會的安排上。社工在會談中應瞭解這些背景，以協助服務對象在現代生活與傳統文化間找到平衡，順利融入當代社會，特別是在長照的支持上。

三、臺灣家庭價值觀的特殊性

臺灣的家庭價值觀隨著社會結構的變遷亦連動產生轉變。傳統上，家庭的核心價值主要圍繞著集體主義、長輩尊重及家庭責任。然而近年來，以下幾個因素導致了家庭價值觀的逐漸轉變：

(一)核心家庭增加

相較於多代家庭，核心家庭（如配偶與未婚子女的組合）逐漸成為主流，強調個體自由與私密性，這使家庭成員的角色和責任逐漸多樣化。

(二)單身家庭的興起

隨著人們對個人獨立與自我實現的重視，單身家庭的比例逐年上升。這反映出對於個人生活選擇的接受度增加，社工在會談中需特別關注單身人士的情感需求和社交支持，以協助他們獲得必要的資源和支持。

(三)性別角色的變遷

隨著性別平等意識提升,女性在家庭中的角色發生變化,她們不僅是照顧者,還積極參與經濟活動。男性承擔家務的觀念逐漸被接受,促使家庭結構趨向平等。在長照計畫中,社工需理解這些角色的轉變,以協助各性別角色的成員彼此支持。

(四)多樣家庭形式的接受

對隔代家庭、單親家庭及無親屬關係的非傳統家庭形式的接受度上升,體現出社會對於家庭功能和價值的更大包容性。在會談中,社工應尊重和理解這些多樣化的家庭結構,並針對不同家庭類型調整介入策略,以促進有效的交流和支持。

以上的轉變使臺灣家庭的價值觀從傳統的集體主義逐漸向個人主義和多元化轉換,這反映了社會對個人身分和自我實現的重視。家庭成員間的溝通變得更加開放,促進了對多樣家庭形式的接受,進一步深化了長照的需求與服務。

四、社工應關注的要點

在社工實踐中,社工需認識並尊重臺灣家庭價值觀的這些特殊性,以下是在會談時應特別注意的幾點:

(一)尊重家庭多樣性

社工應認識各類家庭型態的獨特性,對不同結構(如單親家庭、多代家庭、核心家庭)保持開放態度。在介入過程中,社工應尊重不同家庭背景所帶來的文化差異和價值觀。例如,在臺灣的繼親家庭中,家庭成員之間的情感連結和責任感的理解可能與傳統觀念不同。

在長照環境中，對年長者的照護安排，繼承家庭成員可能需要適應新成員的存在，並面對相關挑戰，如對生父母的懷念或對新照護者的接受。瞭解這些家庭的多樣性特徵，可幫助社工在會談中更好地回應服務使用者的需求，並設計更具針對性的介入方案。

(二)促進開放交流

在會談中，社工應創造一個安全的氛圍，鼓勵所有家庭成員自由表達各自的想法與感受。尤其是在多代家庭中，社工需要協助年輕一代及長輩之間達成共識，促進良好溝通，解決潛在的代溝問題。在長照的情境下，這樣的交流有助於確保照護計畫得到全體成員的支持與理解。

(三)理解情感需求與挑戰

隨著家庭型態的轉變，社工在會談中應關注成員在情感上的需求，特別是對於獨居者及單親家庭成員，這些人群可能面對孤獨、焦慮及缺乏支持的挑戰。

(四)提高對性別角色轉變的敏感性

社工應理解現代家庭中性別角色的重塑，以及可能導致家庭內部責任及權利分擔的調整。在會談中，社工應尊重並鼓勵每位成員發聲，尤其是女性在工作與家庭中尋求平衡的挑戰。

(五)針對家庭期望進行介入

對於面對家庭期望壓力的服務對象，社工應透過會談理解家庭期望如何影響其行為與決定，支持他們尋找自我認同和成長的平衡。透過對話理解服務對象的需求與壓力，提高其自我效能感。

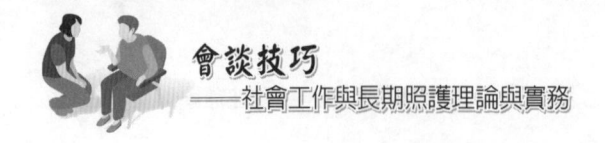

(六)提供合適的資源與支持

　　社工應在會談中提供相關資訊，協助服務對象尋求情感支持，並針對家庭結構中的特定挑戰提供幫助。例如，對於獨居長者，社工可以介紹社區支持資源，如日間照護中心、社區活動等，以促進他們的社會參與。此外，社工還應提供健康管理資訊，幫助獨居長者提升生活質量和幸福感。

五、小結

　　本節探討了臺灣文化與家庭價值觀的特殊性，強調其對社工實踐的重要影響。隨著家庭結構的多樣化及傳統觀念的變遷，社工在與各類家庭進行會談時，必須適應和理解這些變化。尊重家庭的多樣性、促進開放的交流、理解情感需求、提高對性別角色變遷的敏感性，以及針對家庭期望進行介入，都是社工在實務中不可或缺的要素。透過這些策略，社工能有效應對臺灣社會特有的家庭動態，提供更具針對性的支持和資源，從而促進更好的長照效果。

第二章　會談前的準備與訪視注意事項

會談對話實例

一、尊重家庭多樣性

社工：感謝您今天來到這裏。我想瞭解您與長者之間的關係。您對這段關係有什麼看法？

繼子女：我覺得這個角色非常困難。繼母對他們的親生子女有深厚的情感，但是她的親生子女根本就不想來照顧她。

社工：我理解這樣的情況會讓您感到困擾。在這樣的過程中，您有考慮過如何能讓大家更好地合作，或是有什麼方式能促進彼此的理解和支持嗎？

二、促進開放交流

社工：我希望在這次會談中，大家能夠感到安全，隨意地表達自己的感受和想法。對於你們之間的溝通，有哪些方面你們覺得特別需要討論的？

長者：在家庭聚會時，年輕一代總是用手機，我常常感到他們對我講的話不感興趣。

社工：這真的很重要！您覺得家人能怎樣改善與您的互動呢？

三、理解情感需求與挑戰

社工：在最近的對話中，您有提到感到孤獨。可否分享一下這種感受讓您有什麼想法或行動？

獨居長者：嗯，我覺得有時外面的世界讓我感到難以接近，尤其是當我看到其他家庭團聚時，我心裏會有些難受。

社工：這種感受是很正常的，自我認同與社交支持是很重要的。

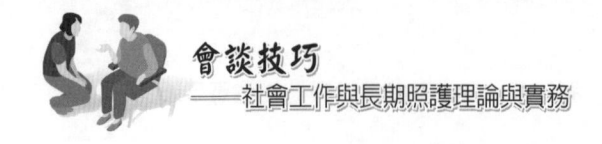

您目前有在與家人或朋友保持聯繫嗎?

四、提高對性別角色轉變的敏感性

社工:我想瞭解您在家庭中的角色,特別是作為女性在工作和家庭之間的平衡上,您有遇到什麼挑戰嗎?

女性家屬:我確實感到壓力,除了照顧孩子,還要負責照顧婆婆,常常覺得身心疲憊。

社工:這樣的壓力聽起來很艱難。家庭成員之間能否找一些方式共同分擔這些責任呢?

五、針對家庭期望進行介入

社工:您提到家人對您照顧長者的期望,這對您造成了什麼影響呢?

服務對象:我先生希望我全心照顧婆婆,但我其實想外出工作並兼顧自己的家庭,這讓我很困惑。

社工:我明白那種壓力又大又困惑。一起談談如何在解決家庭照護期望與滿足家人的期望之間找到平衡,這樣會不會幫助到您?

六、提供合適的資源與支持

社工:照顧長者的過程中,您有遇到特別的挑戰嗎?

照顧者:是的,處理長者的情緒和需求有時讓我感到很力不從心。

社工:這樣的挑戰很常見。我可以提供一些關於長照的資源和支援團體,幫助您更好地應對這些困難。

第三節　訪視準備工作和注意事項

一、社會工作訪視的準備工作

社工訪視是提供有效支持的基礎，充分準備是必要的。社工需提前與服務對象溝通訪視的時間和目的，確保雙方期望一致。此外，需評估訪視地點的安全性，準備必要的防護工具及相關資料，以提高訪視效果。

(一)事前規劃與溝通

1. 提前通知訪視時間：在訪視前，應提前告知服務對象具體的訪視日期和時間，並確認他們能在此時間接受拜訪，以促進會談順利進行（林萬億，2022）。
2. 通知同事：務必將訪視的時間和地點告知相關同事，以便在訪視過程中如需協助時，能夠及時提供支持。

(二)確認訪視的目的和範圍

1. 明確訪視目的：需明確訪視的主要目的，包括瞭解服務對象的需求、建立良好關係及蒐集必要資料，確保訪視的有效性（周永新、陳沃聰，2024）。
2. 準備討論問題：準備一份預期要討論的問題及相關議題，幫助訪視過程聚焦於服務對象的具體情況，深入探討問題（林勝義，2023）。

(三)安全考量

1. 規劃逃生路線：對訪視地點的安全性進行事先評估，並規劃可能需要的逃生路線，尤其在家庭訪視時尤為重要，以確保在緊急情況下能迅速安全撤離。
2. 攜帶必要物品：為確保安全，面訪可能有攻擊性行為的失智長輩，應攜帶防護工具如柔軟護具或泡沫墊以防碰撞，並準備舒緩焦慮的物品如香氛噴霧、玩具。此外，準備緊急聯絡清單，便於迅速聯繫家屬或醫療機構，確保安全。

(四)資料準備

1. 個案資料：準備好服務對象的相關資料，包括歷史紀錄、需求評估及所有相關資料，這有助於在訪視中做出準確的判斷與決策（林萬億，2022）。
2. 瞭解服務範圍：確保自己對組織提供的服務及其範圍有充分瞭解，以便在訪視中能夠清晰解釋及說明這些服務。

(五)技術與工具準備

1. 評估工具確認：在訪視之前，應確認所需的評估工具和問卷是否已準備妥當，並根據服務對象的具體需求進行適當調整，以提升訪視的效果。
2. 技術設備測試：如需使用電子設備（如平板電腦或手機）進行資料蒐集或評估，請事先測試設備的功能和連接情況，確保設備正常運作，並準備備用電源或充電器以防突發情況。

二、社會工作訪視注意事項

在社工實務中,訪視是建立和深化服務對象關係的關鍵步驟。它不僅為社工提供了瞭解和支持服務對象的機會,還是促進信任建立和增強服務效果的重要環節。在進行有效的訪視時,社工需考慮多方面的因素,包括如何建立信任關係、敏感地識別服務對象的需求、分析他們所處的家庭和社區資源,並靈活地應對各種問題。這些注意事項不僅能提高訪視的整體品質,還能增強服務對象的參與感和滿意度。

(一)建立良好信任的關係

在訪視開始之際,應特別重視與服務對象的互動,運用開放式問題來促進深入的交流,並表達對服務對象真誠的關心與理解(周月清,2015)。尤其在長照的背景下,關係的建立對服務對象的接受度和後續照護效果具有直接影響,因此建立信任關係顯得尤為重要。

(二)對訪視過程中的敏感性

在訪視過程中,社工必須對服務對象的情感與困難保持高度的敏感性和理解,這是非常關鍵的。尤其在長照的環境中,服務對象可能因各種因素而感到脆弱或不安。因此社工需要細心觀察他們的情緒,這樣可以避免我們的不當行為,或言語無意中引發他們的情感受創。

(三)靈活探索問題

在訪視過程中,應根據服務對象的反應和需求變化靈活調整焦點,利用引導性和釐清性問題深入瞭解問題的根本原因及困境,包括長者在日常生活中面臨的挑戰。

(四)分析家庭與社區資源

在評估與家庭內部及外部資源相關的問題時,需考量文化背景、環境因素及社會支持系統的影響,以便進行全面的評估(梁建雄,2020)。

(五)適時提供資訊與建議

發現服務對象之需求與我機構所能提供的服務項目不符時,應以友善清晰的方式解釋情況,並在必要時協助其轉介至適當的資源。

(六)記錄與文件管理

訪視過程中,必須隨時撰寫紀錄,詳錄訪視的每一細節,包括觀察到的行為、情感表現及討論要點,並確保所記錄的資料保持保密及私密性(林勝義,2023)。這些紀錄對未來長照服務的跟進至關重要。

(七)情緒管理

在接近結案時,應協助服務對象面對可能的失落感,回顧整個服務過程中的成就,並討論未來的應對策略,特別是對於長者在結束服務後的適應和情緒支持。

(八)訪視結束儀式

在結束訪視或服務時,應考慮以某種正式的方式進行結案儀式,強調服務對象在此期間的努力及成長,並鼓勵他們在未來遇到困難時隨時尋求幫助(林萬億,2022)。

第二章　會談前的準備與訪視注意事項

三、小結

　　社工需注意與服務對象的互動，保持敏感度，靈活探索其需求，透過開放式問題和有效會談技巧，深入瞭解他們的感受、困難及日常生活的挑戰。在評估家庭和社區資源時，應考慮文化、環境及社會支持系統的影響，因為這些因素會直接影響服務對象的整體福祉。適時提供資訊與建議，確保服務對象瞭解可利用的長照資源，是提升服務品質的重要一環。記錄和管理文件必須保密，藉此建立信任並提升透明度。隨著訪視結束，執行正式的結案儀式可肯定服務對象在長照過程中的成長，並提供他們未來面對挑戰的激勵支持。

　　綜上所述，社工在家庭訪視過程中應持續提升專業素養與核心技能，以維持高水準的服務效能，並確保每位服務對象獲得有價值的支持。社工的角色不僅是提供服務，更是促進個體發展和社會進步的重要力量。為此，社工需不斷精進自我，拓展知識，尤其是在長照和會談技巧方面，以適應不斷變化的社會需求，更有效地服務每位需要協助的個體。

參考文獻

行政院主計總處（2022）。「運用普查資料試編多元家庭統計之研究期末報告」（編碼：RES-110-02）。https://ws.dgbas.gov.tw/001/Upload/461/relfile/10793/230927/e37919a9-3d00-4d69-889a-30e668aa2b5c.pdf。

周月清（2015）。《家庭社會工作——理論與方法》。五南。

周永新、陳沃聰（2024）。《社會工作學——理論．實踐．發展》。三民。

林勝義（2023）。《社會工作引論》。滄海。

林萬億（2022）。《當代社會工作——理論與方法》（第五版）。五南。

徐永德（2021）。《社會工作與社會學》。新學林。

梁建雄（2020）。〈從寫工到寫功——論專業工作對社工的重要性〉。《香港社會工作雜誌》，54，97-99。

莫藜藜、徐錦鋒、許臨高、曾麗娟、張宏哲、黃韻如、顧美俐（2023）。《社會個案工作——理論與實務》。五南。

潘淑滿（2022）。《質性研究——理論與應用》。心理。

Liu, E.（1997）。〈香港學校社會工作——任務分析及其對未來發展的影響〉。《香港社會工作雜誌》，31，35-47。

Bandura, A. (1997). *Self-Efficacy: The Exercise of control*. NY: W. H. Freeman and Company.

Beauchamp, T. L. & Walters, L. (Eds.). (2003). "Reproductive technologies and human embryonic stem cell research". *The Contemporary Issues in Bioethics* (6th ed., pp.563-664). Wadsworth Publishing Co.

Engel, R. J. & Schutt, R. K. (2005). *The Practice of Research in Social Work*.

Liamputtong, P. (2007). *Researching Vulnerable People: A Guide to Sensitive Research Methods*. SAGE Publications.

Marlow, R. (1992). *Research Methods for Generalist Social Work*.

Rogers, C. R. (1961). *On Becoming a Person: A Therapist's View of Psychotherapy*. Boston, MA: Houghton Mifflin.

Smilkstein, G. (1978). The family APGAR: A proposal for a family function test and its use by physicians. *Journal of Family Practice, 6*(6), 1231–1239.

Taylor, B. J. & Devine, T. (2020). *Assessing Needs and Planning Care in Social Work*.

第三章

會談中的基本技巧 I

余錦芬、鍾惠娥、蔡元隆

- 自我揭露與沉默
- 探問與情感反映
- 一般化與簡述語意

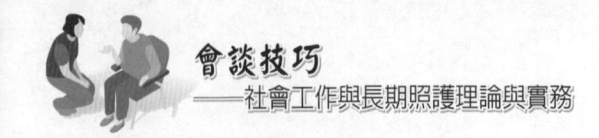

會談技巧是專業助人過程中不可或缺的能力，能幫助會談者有效引導服務使用者表達內心情感，促進自我探索與問題解決。因此會談技巧分為兩章（第三、四章）。本章將探討幾項基本會談技巧，包括自我揭露與沉默、探問與情感反映、一般化及簡述語意，這些技巧的運用不僅能強化會談關係，也有助於服務使用者更清晰地理解自身的情緒與需求。

第一節　自我揭露與沉默

在會談中，自我揭露與沉默是兩種核心溝通技巧。自我揭露能促進信任與理解並增進互動深度；沉默則提供思考與情緒調整的空間，使溝通更具層次。本節將探討兩者的意涵。

一、自我揭露

(一)自我揭露的定義

自我揭露是指個體在互動中主動分享內心感受、經歷與價值觀的行為（Jourard, 1971），能促進理解與信任。在日常交流或專業情境中，適度的自我揭露有助於深化人際關係，增強真誠與信任感，並促進情感支持與問題解決（Derlega & Grzelak, 1979）。然而，過度揭露可能導致情感負擔或誤解（Chelune, 1979）。因此，自我揭露需根據情境與需求謹慎調整，以有效促進溝通並避免風險。

(二)自我揭露的類型

在會談中，自我揭露根據功能可分為以下類型：

◆**事實層面的自我揭露**

指分享具體的外在資訊，如背景、經歷或興趣（Altman & Taylor, 1973）。例如：初次見面時談論學歷或工作，可幫助建立基本印象並促進溝通。此類揭露風險低，適合初期互動情境。

◆**情感層面的自我揭露**

涉及個人感受與情緒表達，如喜悅或焦慮（Derlega & Berg, 1987）。分享內心感受能促進情感連結，尤其在需要深度同理的問題上更為重要，但需謹慎選擇適合的對象與時機。

◆**價值觀與信仰層面的自我揭露**

探討個人對世界的理解與信仰，如道德觀或人生哲學（Jourard, 1971）。這類深層揭露通常在高度信任下進行，需考量對方接受程度與文化背景，避免引發衝突。

(三)自我揭露的功能

自我揭露在會談中具有多重功能，其主要作用包括：

◆**促進關係發展**

自我揭露能建立穩定且親密的關係。服務使用者分享內心感受，使對方感受到真誠與信任，有助於關係深入發展（Altman & Taylor, 1973）。例如：在工作場合中，分享對挑戰的看法能提升團隊合作與效率。

◆**減少誤解與衝突**

自我揭露能清晰表達想法與需求，避免資訊不對稱引發的誤解或

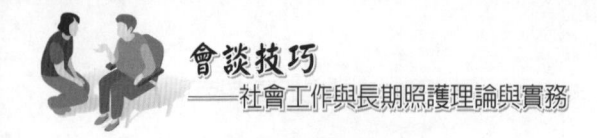

衝突（Jourard, 1971）。適當揭露立場與困難，有助於澄清問題並促進有效解決。

◆提供情感支持

服務使用者自我揭露，可獲得他人的支持與共鳴（Derlega & Chaikin, 1975a）。

◆促進自我反思

自我揭露也是瞭解自己的過程。分享感受與經歷能加深對自身需求與價值觀的理解，提升心理成熟度與成長（Derlega & Chaikin, 1975b）。

(四)自我揭露的技巧與策略

要有效運用自我揭露技巧，提問者需掌握以下策略：

◆選擇適當的時機與對象

自我揭露的時機與對象對交流效果至關重要。尚未建立信任時，過早或過度揭露可能引發不適或誤解（Jourard, 1971）。選擇時機應考量對方的心理準備與情境，初期可分享較表面的資訊，私密內容則宜待關係深化後再進一步揭露。

◆循序漸進地揭露

自我揭露應循序漸進，特別是涉及深層情感與價值觀時（Altman & Taylor, 1973）。從基礎資訊如興趣或日常經歷開始，隨信任增加逐步分享深層情感與觀點。這種方式能減少壓力，並促進對方理解與吸收揭露內容。

◆誠實與真誠

誠實與真誠是自我揭露的核心。如內容過於片面或迎合對方，可能產生不真實的印象，影響關係發展（Derlega & Chaikin, 1975b）。真誠表達內心感受，不論積極或負面，能增強信任與理解，並促使對方提供有效支持。

◆注意非語言表達

自我揭露不僅限於語言表達，非語言行為（如眼神接觸、肢體語言、面部表情）也是關鍵（Mehrabian, 1972）。適當的非語言表達能強化情感共鳴，提升真實性與可信度；友善的眼神接觸與自然肢體動作能增進信任與親近感。

(五)自我揭露的挑戰

雖然自我揭露在溝通中具有積極作用，但過度或不當的自我揭露也可能帶來風險與挑戰：

◆過度揭露

在不適當的情境中，過度揭露私人資訊可能讓對方感到不適，甚至產生壓力（Derlega & Grzelak, 1979）。

◆情感脆弱

自我揭露往往伴隨著展示內心脆弱的過程，這可能引發情感上的不安全感（Jourard, 1971）。當對方無法作出適當回應時，個體可能感受到被忽視或拒絕的傷害。因此，評估對方的情感支持能力與反應是成功自我揭露的關鍵。

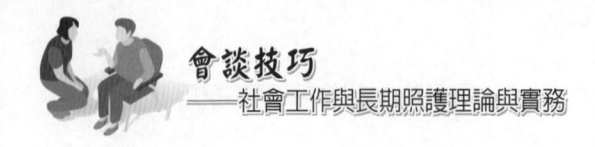

◆不對等的揭露

自我揭露需要雙方在一定程度上保持平衡。如果一方過度分享而另一方反應冷淡或未能相應揭露，則可能導致溝通失衡，讓一方感到孤立或失落（Altman & Taylor, 1973）。

二、沉默

(一)沈默的定義

沈默（silence）是溝通中的非語言表達，看似消極，實際上是一種有效的溝通技巧。沈默能促進理解、深化情感聯繫並引導思考（Ephratt, 2008）。在會談中，適當的沈默為對方提供整理思緒的空間，特別在情感困難或迷茫時更為重要（Lane et al., 2002）。

(二)沈默的類型

在會談中，沈默可根據功能分為以下類型：

◆支持性沈默

支持性沈默指聆聽者在對方分享情感時保持安靜，給予空間表達，表達尊重與接納（Ephratt, 2008）。例如：對方面臨壓力時，聆聽者的沈默能讓其感受到被理解與包容。

◆引導性沈默

引導性沈默是講話者故意暫停，以促使對方思考或進一步表達（Lane et al., 2002）。這在會談中尤為常見，幫助對方深入探索內心的情感與需求。

◆沉思性沈默

沉思性沈默發生在深刻或敏感話題時，雙方需時間整理思緒與反思（Ephratt, 2008）；此類沈默能促進深層次的理解與內省。

◆非語言沈默

非語言沈默是會談者用目光、肢體語言等方式進行無言的情感表達（Mehrabian, 1972）。例如：用眼神傳遞關心能增強溝通的真誠性。

(三)沈默的功能

沈默在會談過程中具有其功能，以下是沈默的幾個主要功能：

◆促進反思與自我探索

沈默提供思考空間，幫助對方整理情感與想法，特別是在會談中，能引導自我反思，探索內心需求（Ephratt, 2008）。

◆建立信任與情感連結

沈默可表達尊重與接納，讓對方感受到被理解與包容，有助於增強信任感，促進深厚的情感連結（Lane et al., 2002）。

◆減少語言的衝突與誤解

過多語言可能導致誤解，沈默能幫助雙方冷靜，避免不理智言語，促進理性交流（Lane et al., 2002）。

◆促進情感支持與共鳴

沈默能傳遞深切關懷，尤其在對方面臨困難時，無聲的陪伴比語

言更具支持作用（Ephratt, 2008）。

(四)沈默的技巧與策略

在會談中，適當運用沈默能增強溝通效果，以下爲幾項重要技巧與策略：

◆掌握沈默的時機

適時的沈默能爲對方提供空間整理情感與思考（Lane et al., 2002）。在情感強烈或需深入反思的對話中，停止言語是一種關鍵技巧。

◆給予充分的時間

沈默的核心在於爲對方提供足夠時間表達；若急於打破沈默可能中斷對方思路或情感流露，因此耐心等待尤爲重要（Ephratt, 2008）。

◆運用非語言表達

非語言行爲如眼神接觸、肢體語言能傳遞支持與關懷（Mehrabian, 1972）。結合非語言表達能增強沈默的情感訊息，促進眞誠的溝通。

◆避免過度沈默

過長的沈默易讓對方感到困惑或被冷落，甚至中斷溝通。因此，需掌握適當的沈默長度（Lane et al., 2002）。

(五)沈默的挑戰

雖然沈默在會談中具有許多積極功能，但不當或過度使用可能引發以下風險與挑戰：

◆誤解與距離感

沈默有時可能被誤解為冷漠或拒絕，特別是在尚未建立信任時。若沈默過久且未說明，可能讓對方感到被忽視或排斥（McCarthy, 2010），尤其在情感脆弱時，易加深距離並影響溝通連續性。

◆情感壓抑

當沈默被用來逃避表達時，可能導致情感壓抑與問題未能解決；若過度依賴沈默作為回避策略，可能加重困擾並危及關係穩定（Lane et al., 2002）。McCarthy（2010）指出，沈默雖具溝通力量，但若使用不當，會阻礙核心問題的探討，削弱互動效果。

(六)小結

自我揭露與沈默技巧是會談中促進理解與建立信任的重要策略。適度的自我揭露能拉近關係，增強互動意義，須謹慎選擇時機與深度；而沈默技巧則能促進思考與營造信任，但需避免過度或不當使用。善用這兩項技巧，可大幅提升會談的深度與效果，使溝通更具意義。

第二節　探問與情感反映

在會談中，探問與情感反映是提升溝通效果的關鍵技巧。探問引導服務使用者深入表達感受與想法；情感反映則展現理解與支持，增強信任與連結。本節將探討探問的應用及情感反映的相關意涵。

一、探問

(一)探問的定義

探問（questioning）是一種透過提問促進交流與思考的溝通策略（Brown & Rodgers, 2002），其目的是幫助對話者理解自我或他人，並釐清事實與問題（Hargie, 2011）。探問廣泛應用於會談中，能有效引導反思並提升溝通效率與理解。

(二)探問的類型

在會談中，探問根據其功能可分為以下類型：

◆**開放式問題**（Open-Ended Questions）

開放式問題無法用「是」或「否」回答，通常以「如何」、「為什麼」或「請描述」為開頭，旨在鼓勵受訪者深入表達其想法與情感。研究顯示，開放式問題有助於蒐集豐富資訊，並能引導對話進入更深入的討論（Stewart & Cash, 2014）。

◆**封閉式問題**（Closed-Ended Questions）

封閉式問題通常有明確答案，如「是」、「否」或特定數據，用於快速獲取具體資訊或澄清細節（King & Horrocks, 2010）；封閉式問題能使對話清晰簡潔，但若過多使用，可能會限制對方的表達空間。

◆**反思性問題**（Reflective Questions）

反思性問題是用來引導對方重新思考自己的行為或感受，幫助他們更瞭解自己；能讓人深入探索內心的情感或動機（Rogers, 2012）。

◆**假設性問題**（Hypothetical Questions）

　　假設性問題要求服用使用者設想特定情境或結果，激發其創造性思維，並幫助探索多種選擇及潛在後果（Patton, 2015）。

◆**澄清性問題**（Clarification Questions）

　　澄清性問題用於確認或釐清受訪者表述不明確的部分，以確保雙方理解的一致性，避免誤解（Kvale & Brinkmann, 2015）。

(三)探問的功能

　　探問在會談過程中具有其功能，以下是探問的幾個主要功能：

◆**促進深入思考與自我探索**

　　探問透過開放式或反思性問題，引導服務使用者深入挖掘思想與情感，幫助探索其未察覺的內心世界（Rogers, 2012）；在會談中，這類問題能促進個體理解情感來源與行為模式。

◆**澄清信息與誤解處理**

　　在溝通中，信息誤解常導致交流效率降低。因此，服務使用者提出澄清性問題，可消除模糊，確保雙方理解一致（Kvale & Brinkmann, 2015）。

◆**引導對話與促進交流**

　　會談者精心設計的開放式或假設性問題，使探問能拓展其討論範圍並促進深層次交流；此過程能幫助對話者瞭解更多事實與情感，提升溝通層次（Patton, 2015）。

◆促進情感支持與信任建立

探問也具有情感支持的功能。適當的問題能表現出對對方的關注，以增強信任感（Stewart & Cash, 2014）。例如：反思性問題能讓對方感受到被關心與理解。

(四)探問技巧與策略

要有效運用探問技巧，會談者需掌握以下策略：

◆避免過於強迫性或挑戰性問題

在提問時，問題應具探索性，避免使對方感到被攻擊或質疑；因為強迫性問題可能引發防衛性反應，妨礙對話進行（Stewart & Cash, 2014），因此，設計問題時應以理解和支持為主，避免施加壓力。

◆根據情境選擇適當問題類型

當選擇問題類型時，則需考慮情境與目標。例如：促進深度思考可使用開放式問題；若澄清細節則適合使用封閉式問題；反思性問題則能幫助回顧過往經歷（Patton, 2015）；因此，靈活運用問題類型能提高溝通效率。

◆保持問題簡潔明瞭

提問應清晰而簡單，應避免過於複雜或多重的問題；因簡潔性問題可減少對方的困惑，能促進更有效的回應（Kvale & Brinkmann, 2015）。

◆避免連續發問

提問間應留出時間，讓對方思考和回應。因過度連續提問，可能

導致壓力感,因而降低對話的流暢性與效果(Rogers, 2012)。

(五)探問的挑戰

雖然探問有助於激發思考與自我反省,但若使用不當或過度,可能帶來以下風險與挑戰:

◆引發防衛與抵抗

過於尖銳或直接的問題可能讓對方感到被攻擊,因而產生防衛心理或抵抗情緒,特別是在信任尚未建立時,可能導致對話停滯。此外,挑戰性問題可能觸及敏感情感,令對方感到焦慮或不安,若未能提供適當支持,可能妨礙有效表達與問題解決。

◆對話進展緩慢

若挑戰問題過於複雜,對方可能需要更多時間思考,會議進展變慢,影響溝通效率。

二、情感反映(Reflection of Feeling)

(一)情感反映的定義

情感反映是會談與溝通中一項重要技巧,旨在透過辨識並重新陳述服務使用者的情緒,表現出會談者對其情感的理解與接納。這種技巧不僅有助於服務使用者澄清自身感受,還能促進其情緒釋放與問題解決(Hill, 2014)。情感反映的核心在於同理,亦即從服務使用者的視角體會其情緒,並以適當的語言加以反映(Rogers, 1961)。

(二)情感反映的類型

在會談中,情感反映根據功能可分為以下類型:

◆**直接情感反映**

這是最基本的反映形式,會談者將服務使用者明確表達的情緒直接命名,例如:「你覺得很失落」或「你感到被忽視」。這種方式幫助使用者確認並承認自己的情緒狀態(Ivey et al., 2018)。

◆**隱含情感反映**

對於服務使用者未直接表達隱含的情緒,會談者會以推測的方式進行反映。例如,當服務使用者說「我不知道為什麼覺得不對勁」,會談者可反映:「聽起來你可能感到一些焦慮或不安」。使用這種技巧時,需要會談者敏銳的觀察力與情感理解能力(Hill, 2014)。

◆**綜合性情感反映**

當服務使用者表達多重或矛盾情緒時,會談者可進行綜合性反映。例如:「這件事讓你感到既生氣又無助。」因這種反映方式能幫助服務使用者全面瞭解自身的情緒(Rogers, 1961)。

◆**情緒強度反映**

將服務使用者情緒的強度進行適當的反映,例如:「你看起來有點不安」或「你感到非常憤怒」。這種反映能讓服務使用者感受到自己的情緒被重視(Egan, 2014)。

(三)移情與反移情的影響

在情感反映的過程中,移情與反移情也可能影響會談的動態

（McWilliams, 2011）。

◆移情（Transference）

移情是當服務使用者將過去的情感經驗投射到會談者身上，這可能使得某些情感反映類型更具複雜性（Gelso & Hayes, 2007）。服務使用者在面對某些情況時，可能會不自覺地將他對過去人物的感受轉化為對會談者的反應。在此背景下，會談者需要敏感地察覺這些移情的情感，以進行更有效的情感反映（Gabbard, 2016）。

◆反移情（Countertransference）

反移情則是指會談者自身情感和反應對服務使用者的影響（McWilliams, 2011）。會談者的情感經歷可能導致他們在進行情感反映時出現偏差，因此，意識到自己的反移情並合理管理它們，是確保反映準確性和有效性的關鍵。在進行情感反映時，會談者需保持自覺，並注意這些情感反映如何受到移情與反移情的影響（Gabbard, 2016）。

(四)情感反映的功能

情感反映在會談過程中具有其功能，以下是情感反映的幾個主要功能：

◆促進情緒表達與釋放

當服務使用者感覺到自己的情緒被理解時，他們會更願意進一步表達情感，這有助於釋放內在壓力，促進心理的釋懷（Rogers, 1961）。

◆增強會談關係

　　展現同理的情感反映能讓服務使用者感到被接納，從而建立安全感與信任感，可以為更深入的會談奠定基礎（Hill, 2014）。

◆協助情緒辨識與調整

　　許多服務使用者對自己的情緒未必完全清楚，情感反映能幫助他們更準確地辨識情感來源並進一步作調整（Ivey et al., 2018）。

◆提升問題解決能力

　　透過情感反映，服務使用者能更理性地看待自身情境，從而將注意力轉向具體問題的解決（Egan, 2014）。

(五)情感反映的技巧與策略

　　要有效運用情感反映技巧，提問者需掌握以下策略：

◆積極傾聽

　　會談者需全神貫注於使用者的言語、非言語表達與情緒線索，避免分心或過早評斷（Rogers, 1961）。

◆語言精準與適切性

　　使用貼近服務使用者情感的語言，避免過於強烈或過於模糊的表述。例如，對輕微的不安可說「你看起來有些擔心」，而非「你非常焦慮」（Hill, 2014）。

◆結合非語言反映

　　配合適當的非語言訊息，例如點頭、眼神接觸或溫和的聲調，來

增強情感反映的效果（Ivey et al., 2018）。

◆階段性反映

根據服務使用者的需求與情境，循序漸進地進行情感反映，避免一次性反映過多或過深的表達（Egan, 2014）。

◆尊重文化差異

考慮服務使用者的文化背景及其對情感表達的偏好，調整反映方式，避免不符合文化脈絡的表述（Sue & Sue, 2013）。

(六)情感反映的挑戰

◆過度反映

如果反映過於頻繁或過於深入，可能讓服務使用者感到不適或干擾其思考，進而影響會談效果（Hill, 2014）。

◆反映不精確

如果情感反映未能正確捕捉服務使用者的情緒，可能導致誤解，而降低服務使用者對會談者的信任（Rogers, 1961）。

◆情緒投射

會談者需警惕自身情感投射，避免以自己的情緒替代服務使用者的情感理解（Egan, 2014）。

◆應對情緒強度與矛盾

當服務使用者表達的情緒強度過高或呈現矛盾時，會談者可能難以準確反映，此時需特別小心處理（Ivey et al., 2018）。

◆忽視文化差異

在多元文化的情境中,會談者需敏感於不同文化對情感表達的限制與規範,否則可能影響反映的效果(Sue & Sue, 2013)。

(七)小結

探問與情感反映是會談中不可或缺的溝通技巧,能有效促進理解、引導思考、解決問題,並建立信任。適切的探問能深入瞭解對話者需求,使會談更具深度與效果,而情感反映則有助於釋放情緒、澄清感受、增強信任,並提升問題解決能力。這些技巧的成功運用,需依賴會談者對情境的靈活掌握、對情緒的敏銳觀察、精準的語言運用及文化脈絡的理解。若靈活結合這兩項技巧,會談可實現更深層次的溝通與支持,達到最佳效果。

第三節　一般化與簡述語意

一般化與簡述語意被視為兩項重要且實用的技巧;這些技巧的有效運用,不僅能提升輔導的深度與效果,還能為使用者提供一個安全且支持的互動空間。以下先探討一般化的相關意涵:

一、一般化

(一)一般化的定義

一般化(generalization)是會談中的一項重要技巧,其核心在於將服務使用者過於情緒化或絕對化的表達,以較中性、緩和的語言

重新陳述,幫助服務用使用者重新看待問題,減少負面情緒的影響（Rogers, 1961）。這種技巧常用於建立信任關係、調整服務使用者的認知模式,並促進正向行為改變。

(二)一般化的類型

在會談中,一般化根據功能可分為以下類型:

◆情緒性一般化

這種類型聚焦於降低服務使用者情緒表達的強度。例如,當服務使用者說:「我討厭我的生活」,會談者可說:「你似乎對目前的狀況感到不滿意」。此表達方式能有效緩解強烈的情緒反應,促進更冷靜的討論（Hill, 2014）。

◆語意性一般化

透過調整語言中的語意層次,將極端的敘述轉換為較中性的陳述。例如,將「我永遠不會成功」改為「目前你覺得成功對你來說有挑戰性」;這種表達方法有助於重塑服務使用者的認知框架（Beck, 1976）。

◆情境性一般化

將特定的情境感受擴展到更普遍的經驗,幫助服務使用者減少對當下事件的過度聚焦。例如,將「今天我過得非常糟糕」轉化為「你最近的日子似乎有些壓力」;這能幫助服務使用者更全面地看待自己的狀況（Corey, 2017）。

(三)一般化的功能

一般化在會談過程中具有其功能,以下是一般化的幾個主要功

能：

◆降低情緒強度

　　一般化能將服務使用者的強烈情緒轉化為溫和的表達，減少其對問題的過度反應；研究顯示，適當的一般化能有效降低焦慮與抑鬱的情緒（Lazarus, 1999）。

◆促進理性討論

　　運用一般化可幫助服務使用者從情緒化敘述中抽離，進一步分析問題的核心。例如，當服務使用者認為自己「一無是處」，會談者：「很多人在壓力大的時候也會有類似的感覺，這是很常見的。我們一起看看最近的情況，說不定能找到一些可以改善的地方。」一般化的表述能引導其聚焦於具體的問題解決（Ellis, 2001）。

◆增強會談關係

　　一般化可展現會談者對服務使用者的理解與同理，增強信任感與合作意願（Rogers, 1961）。

◆促進正向行為改變

　　透過降低情緒的干擾，一般化能幫助服務使用者更專注於行動方案的制訂與實施（Corey, 2017）。

(四)一般化的技巧與策略

　　要有效運用一般化技巧，提問者需掌握以下策略：

◆傾聽與回應

　　深入傾聽是一般化的基礎。會談者應避免過早干預，先確認服務

使用者的感受,再進行適度的語言調整(Egan, 2014)。

◆**使用中性與支持性的語言**

避免使用否定或評價性的語言,而選擇能降低對抗性和防禦性的表述,例如「我明白你現在的感受」而非「你不應該這麼想」。

◆**逐步引導**

避免突然改變語氣或內容,應循序漸進地進行一般化,讓服務使用者自然接受調整(Hill, 2014)。

◆**融入文化敏感性**

考慮服務使用者的文化背景與語境,調整語言與表述方式,確保一般化的過程符合服務使用者的期待與認知模式(Sue & Sue, 2013)。

(五)一般化的挑戰

一般化在溝通中具有積極作用,但過度或不當的一般化表述也可能帶來風險與挑戰。

◆**過度一般化**

會談者在使用一般化表述時,應謹慎拿捏平衡,避免讓服務使用者感到被敷衍或缺乏同理。雖然一般化有助於減少使用者的孤立感,但如果過於籠統,可能使對方覺得自己的情緒深度或具體問題未被重視,進而降低會談的效果(Egan, 2014)。

◆**語言精確性的不足**

當一般化語句過於籠統時,可能使服務使用者無法有效地將其經

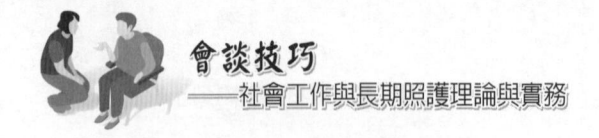

驗與會談內容建立連結，甚至感到自己的情緒或問題被忽略，進而引發誤解或不滿（Beck, 1976）。

◆情感連結的弱化

一般化的過程若未充分展現同理，確實可能讓服務使用者感到自己的感受未被重視或理解，進一步削弱與會談者之間的連結，並影響信任關係的建立（Rogers, 1961）。

◆文化與個人差異

不同文化背景或個體對語言表達的接受度差異，確實會對一般化技巧的有效性產生影響。在會談中，會談者應展現敏銳的觀察力與靈活的溝通能力，適時調整語言表達方式，讓對話更貼近服務使用者的需求與偏好（Sue & Sue, 2013）。

二、簡述語意

(一)簡述語意的定義

簡述語意（paraphrasing）又稱語意簡述，是在會談過程中，會談者以自己的話將服務使用者表達的內容進行簡短陳述的過程。其目的是確認對方的意思，促進對話理解，並表現出對服務使用者的專注與同理（Hill, 2014）。

(二)簡述語意的類型

在會談中，簡述語意根據功能可分為以下類型：

第三章　會談中的基本技巧 |

◆確認性簡述語意

　　會談者可透過簡要重述對方的語意，確認自己對對話內容的理解是否正確，這種回應方式不僅能有效檢視雙方溝通的一致性，還能讓服務使用者感受到自己的想法被重視與理解；同時，適當的簡述語意能澄清可能存在的誤解，並為進一步的深入討論奠定基礎。

◆澄清性簡述語意

　　澄清性簡述語意旨在針對模糊或可能引發誤解的表達進行整理與確認，透過簡要重述對方的話語，確保雙方對核心內容的理解達成一致。

◆延伸性簡述語意

　　在簡述的基礎上，會談者可以進一步引導服務使用者深入探索其言談背後的意涵或情緒。透過精確且富有同理心的簡述，會談者不僅能確認自己對對方表達的理解，也能自然地開啟更深層的對話。

◆情緒性簡述語意

　　會談者應著重捕捉並簡述服務使用者言語中的情緒或感受，透過具體而貼切的回應展現出同理心。

◆聚焦性簡述語意

　　會談者將對話中的重點提取出來，幫助服務使用者理清思緒並集中注意力。

(三)簡述語意的功能

　　在會談中，簡述語意根據功能可分為以下類型：

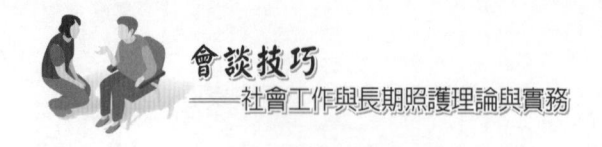

◆確認理解

簡述語意幫助會談者確認是否準確理解服務使用者的意思,避免誤解(Hill, 2014)。

◆促進情感共鳴

簡述服務使用者的情感能傳遞被理解與接納的訊息,增強信任(Rogers, 2012)。

◆幫助整理思緒

當服務使用者表達混亂時,簡述語意能幫助其理清思緒(Kvale & Brinkmann, 2015)。

◆激發深層探索

簡述語意能引導服務使用者進一步探討情感與行為的深層原因(Hill, 2014)。

◆建立有效溝通

簡述語意提高溝通效率,減少誤解,促進問題解決(Patton, 2015)。

(四)簡述語意的技巧與策略

要有效運用簡述語意技巧,提問者需掌握以下策略:

◆使用簡單的語言

簡述語意應簡單且清晰,避免使用複雜語言或冗長句子,保持簡述簡潔易懂,以便服務使用者接受並理解(Hill, 2014)。例如:服

務使用者說：「我感覺我每天都在努力工作，但似乎無論我做什麼都沒有人關心，這讓我非常沮喪。」簡述：「你覺得自己付出了很多努力，但卻沒有人注意到，這讓你感到沮喪。」

◆專注於情感和需求

簡述時應關注服務使用者表達背後的情感與需求，幫助其更好地認識自己，並促進情感共鳴（Rogers, 2012）。例如：服務使用者說：「我真的很累，似乎做什麼都無法休息。」簡述：「你感到身心疲憊，似乎無論怎麼努力都無法找到放鬆的空間。」

◆避免過度簡化或扭曲信息

簡述語意應忠實於服務使用者的原意，避免過度簡化或扭曲其表達，以便幫助澄清而非改變其觀點（Kvale & Brinkmann, 2015）。例如：服務使用者說：「我總是覺得沒有人理解我，總是孤單一人。」簡述：「你覺得自己很孤單，似乎沒有人能夠真正理解你的感受。」

◆提供空間讓服務使用者澄清

簡述後應給服務使用者時間，讓其澄清或補充更多信息，這有助於會談者更全面瞭解服務使用者的情況（Patton, 2015）。例如：簡述後可補充：「我這樣理解你，是不是有什麼我沒有注意到的部分？」

(五)簡述語意的挑戰

儘管簡述語意是會談中的重要技巧，但在實踐中可能面臨以下挑戰：

◆過度簡化

過度簡化服務使用者的情感或經歷，可能讓其感到被忽視或不被

充分理解（Hill, 2014）。會談者需在簡化語言與保留核心信息之間找到平衡，確保服務使用者的情感被正確表達。

◆情感距離

若會談者的簡述過於理性或冷漠，可能讓服務使用者感受不到情感共鳴，進而影響雙方信任（Rogers, 2012）；在簡述語意時，會談者需注重語氣與情感的傳遞，避免機械化的語調。

◆語言上的偏差

在文化或語言差異明顯的背景下，簡述語意可能因語言上的偏差或文化理解的不足導致誤解（Kvale & Brinkmann, 2015）；會談者需具備文化敏感性與語言理解能力，並可以透過詢問確認服務使用者的意思。

(六)小結

一般化與簡述語意是會談中的核心技巧，對於協助服務使用者調整情緒、促進問題解決、增強關係及引導自我探索發揮了關鍵作用。透過一般化，會談者能幫助使用者減少孤立感，理解自身經驗的普遍性；而簡述語意則有助於準確捕捉並反映使用者的情緒與語意，讓對方感受到被理解與尊重。兩者相輔相成，不僅能深化對話的品質，還能建立信任基礎，進一步引導使用者聚焦問題核心並探索自身潛能，達成會談的目標與價值。

參考文獻

Altman, I. & Taylor, D. A. (1973). *Social Penetration: The Development of Interpersonal Relationships*. Holt, Rinehart & Winston.

Beck, A. T. (1976). *Cognitive Therapy and the Emotional Disorders*. International Universities Press.

Brown, H. D. & Rodgers, T. S. (2002). *Doing Second Language Research: An Introduction to the Theory and Practice of Second Language Research for Graduate / Master's Students in TESOL and Applied Linguistics and Others*. Oxford University Press.

Chelune, G. J. (1979). *Self-Disclosure: Origins, Patterns and Implications of Openness in Interpersonal Relationships*. Jossey-Bass.

Corey, G. (2017). *Theory and Practice of Counseling and Psychotherapy* (10th ed.). Cengage Learning.

Derlega, V. J. & Berg, J. H. (Eds.). (1987). *Self-Disclosure: Theory, Research and Therapy*. Plenum Press.

Derlega, V. J. & Chaikin, A. L. (1975a). *Sharing Intimacy: What We Reveal to Others and Why*. Prentice-Hall.

Derlega, V. J. & Chaikin, A. L. (1975b). Privacy and self-disclosure in social relationships. *Journal of Social Issues*, *31*(3), 63-79.

Derlega, V. J. & Grzelak, J. (1979). Appropriateness of self-disclosure. In G. J. Chelune (Ed.), *Self-Disclosure: Origins, Patterns and Implications of Openness in Interpersonal Relationships* (pp.151-176). Jossey-Bass.

Egan, G. (2014). *The Skilled Helper: A Problem-Management and Opportunity-Development Approach to Helping* (10th ed.). Brooks / Cole.

Ellis, A. (2001). *Overcoming Destructive Beliefs, Feelings and Behaviors*. Prometheus Books.

Ephratt, M. (2008). The functions of silence. *Journal of Pragmatics*, *40*(11), 1909-

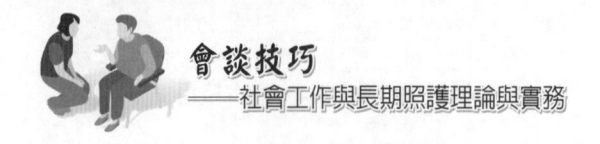

1938.

Gabbard, G. O. (2016). *Psychodynamic Psychiatry in Clinical Practice* (5th ed.). American Psychiatric Publishing.

Gelso, C. J. & Hayes, J. A. (2007). *Countertransference and the Therapist's Inner Experience: Perils and Possibilities*. Lawrence Erlbaum Associates.

Hargie, O. (2011). *Skilled Interpersonal Communication: Research, Theory and Practice* (5th ed.). Routledge.

Hill, C. E. (2014). *Helping Skills: Facilitating Exploration, Insight and Action* (4th ed.). American Psychological Association.

Ivey, A. E., Ivey, M. B. & Zalaquett, C. P. (2018). *Intentional Interviewing and Counseling: Facilitating Client Development in a Multicultural Society* (9th ed.). Cengage Learning.

Jourard, S. M. (1971). *Self-Disclosure: An Experimental Analysis of the Transparent Self*. Wiley-Interscience.

Jourard, S. M. (1971). *The Transparent Self*. Van Nostrand Reinhold.

King, N. & Horrocks, C. (2010). *Interviews in Qualitative Research*. SAGE Publications.

Kvale, S. & Brinkmann, S. (2015). *InterViews: Learning the Craft of Qualitative Research Interviewing* (3rd ed.). SAGE Publications.

Lane, R. C., Koetting, M. G. & Bishop, J. (2002). Silence as communication in psychodynamic psychotherapy. *Clinical Psychology Review*, *22*(7), 1091-1104.

Lazarus, R. S. (1999). *Stress and Emotion: A New Synthesis*. Springer.

McCarthy, D. (2010). The art of silence: The unspoken skill. *International Journal of Group Psychotherapy*, *60*(4), 457-470.

McWilliams, N. (2011). *Psychoanalytic Diagnosis: Understanding Personality Structure in the Clinical Process* (2nd ed.). Guilford Press.

Mehrabian, A. (1972). *Nonverbal Communication*. Aldine-Atherton.

Patton, M. Q. (2015). *Qualitative Research & Evaluation Methods: Integrating

Theory and Practice (4th ed.). SAGE Publications.

Rogers, C. R. (1961). *On Becoming a Person: A Therapist's View of Psychotherapy*. Houghton Mifflin.

Rogers, C. R. (2012). *Client-Centered Therapy: Its Current Practice, Implications and Theory*. Houghton Mifflin Harcourt.

Stewart, C. J. & Cash, W. B. (2014). *Interviewing: Principles and Practices* (15th ed.). McGraw-Hill Education.

Sue, D. W. & Sue, D. (2013). *Counseling the Culturally Diverse: Theory and Practice* (6th ed.). Wiley.

第四章

會談中的基本技巧 II

余錦芬

- 澄清
- 肯定與鼓勵
- 積極回饋與確認理解

在會談過程中,運用適切的技巧能深化雙方的溝通,並有效促進服務使用者的覺察與成長。本章將延續前一章的內容,著重介紹澄清、肯定與鼓勵等技巧,以及積極回饋與確認理解等技巧,說明會談者如何以精確的回應方式,幫助服務使用者更深入地探索自我,並建立積極改變的動力。

第一節 澄清

在溝通過程中,澄清是一項重要的技巧。透過澄清,會談者能更準確地瞭解服務使用者的想法與感受,避免誤解或模糊的表達影響溝通的效果。澄清不僅能促進彼此的理解,也能幫助雙方建立信任與合作關係,本節將探討其相關意涵。

一、澄清

(一)澄清的定義

澄清(clarification)是指在會談過程中,會談者透過提問或簡述語意,幫助服務使用者釐清其表達的意思或感受,消除模糊或誤解(Hill, 2014)。其目的是促進準確理解,並引導更深入的交流。同時,澄清作為一項溝通技巧,能幫助會談者確認理解的正確性,也使服務使用者對自身思維和情感有更多認識(Rogers, 2012)。

(二)澄清的類型

在會談中,根據澄清技巧,功能可分為以下類型:

◆事實性澄清

用於確認具體事實或細節,確保對客觀內容的理解是否正確。

◆情感性澄清

聚焦於釐清服務使用者的情感或內心感受,幫助其更清楚地認識自己的情緒狀態。

◆目標性澄清

著重於確認服務使用者的意圖或目標,協助其釐清行動方向或期望與結果。

◆語意性澄清

著眼於確認詞語或語句的具體含意,避免在溝通中產生誤解或語意模糊。

◆行動性澄清

針對服務使用者的行動計畫進行具體化,以確保其具有清晰性和可操作性。

(三)澄清的功能

澄清在會談中具有多種重要功能,有助於促進理解與深化交流,主要包括以下幾點:

◆消除誤解

澄清可以消除因語言模糊、情感干擾或文化差異等原因引起的誤解（Hill, 2014）。當會談者察覺服務使用者表達不清晰或含糊時,透

過澄清可確保雙方對討論的問題有一致的理解，避免溝通偏差。

◆促進自我覺察

服務使用者有時難以清楚表達自己的內心想法或情感，澄清能幫助其進一步探索內心感受與需求，從而提高自我覺察（Rogers, 2012）。

◆強化雙方理解

澄清能幫助會談者確認自己對服務使用者的需求、情感和問題的理解是否正確，進一步增強信任與合作（Kvale & Brinkmann, 2015）。當服務使用者感覺到自己被理解時，更容易敞開心扉，進行更深入的溝通。

◆鼓勵深入交流

澄清不僅是對服務使用者表達的簡單陳述，也能鼓勵其討論更深層次的情感或未提及的細節（Patton, 2015）；這種深入交流有助於揭示更多關於問題本質的資訊，也為解決問題提供新方向。

◆提供支持和安慰

在情感激動或困惑的情況下，澄清可以幫助服務使用者釐清情緒，減少焦慮與不安（Hill, 2014），並且會談者傳達對服務使用者情感的關心與支持，有助於建立穩定的信任關係。

(四)澄清的技巧與策略

要有效運用澄清的技巧，會談者需掌握以下策略：

第四章　會談中的基本技巧 II

◆ 使用開放式問題

　　開放式問題是澄清較巧過程中的關鍵工具，能引導服務使用者進一步解釋或擴展其思想與情感（Hill, 2014）。這類問題鼓勵服務使用者更清晰地表達需求與困惑，有助於會談者獲取更多資訊。例如：「你能再說清楚一些嗎？」或「你提到『困難』，是指哪一方面的困難呢？」

◆ 簡述服務使用者的話語

　　簡述服務使用者的話語能確認會談者是否正確理解對方的意思（Rogers, 2012）。這種方式不僅幫助服務使用者感到被傾聽，還能促使其進一步闡述或澄清情感與需求。例如：「你剛才提到你感到很沮喪，這是因為工作上的壓力嗎？」

◆ 釐清模糊的語言

　　當服務使用者使用模糊或不確定的語言時，會談者應將其具體化，幫助服務使用者更明確地表達內心狀態（Kvale & Brinkmann, 2015）。例如：「你說『一切都很糟糕』，能具體說明是指哪些方面嗎？」

◆ 積極聆聽與反映

　　積極聆聽是澄清的基礎，也能讓會談者準確感知服務使用者的需求與情感。同時，反映服務使用者的情感狀態可以表達理解與關懷（Patton, 2015）。例如：「聽起來你對目前的處境感到相當沮喪，這讓你覺得無所適從？」

87

◆確認信息

澄清的重要環節是確認服務使用者的表達是否被正確理解,並鼓勵服務使用者進一步糾正或補充（Hill, 2014）。例如:「如果我理解正確,你是說這些問題主要來自工作上的壓力,對嗎?」

(五)澄清的挑戰

澄清雖是有效的溝通工具,但在使用過程中可能面臨以下挑戰:

◆過度澄清

過度澄清可能使對話顯得繁瑣,甚至讓服務使用者感到不被信任（Hill, 2014）。

◆不敏感的澄清

面對強烈情感時,過於冷漠或直接的澄清可能讓服務使用者感到情感被忽視（Rogers, 2012）。

◆文化差異的影響

不同文化背景可能導致表達方式差異,澄清時容易產生誤解（Kvale & Brinkmann, 2015）。

◆避免過度詮釋

過早詮釋服務使用者的語言可能限制其表達範圍（Patton, 2015）。

(六)小結

澄清是一項重要的溝通技巧,在會談中能促進理解,幫助服務使

用者理清思路與表達情感。適當運用澄清技巧，不僅能深化對話，還能增強雙方的信任與合作。然而，澄清需謹慎，過度或不敏感的澄清可能對對話造成負面影響，因此會談者需具備情感敏感性與文化理解力，以確保溝通的有效性與支持性。

第二節　肯定與鼓勵

在會談中，肯定與鼓勵是幫助服務使用者建立自信與激發潛力的技巧。這些方法能讓服務使用者感受到自身價值，促進其積極行為改變。透過肯定與鼓勵，會談者能增強服務使用者的自我效能感，並營造安全且支持性的交流環境；本節將探討其相關意涵。

一、肯定

(一)肯定的定義

在會談過程中，肯定（affirmation）是指會談者對服務使用者的行為、特質或情感表現給予積極回應，並表達對其價值、努力或情感的支持與認同（Rogers, 2012）。肯定的目的在於增強服務使用者的自信，鼓勵其探索內心世界，並促進情感安全感（Hill, 2014）。在會談中，肯定是一種強化積極行為並建立信任的工具，能幫助服務使用者更開放地表達自己（Patton, 2015）。

(二)肯定的類型

在會談中，肯定根據功能可分為以下類型：

◆行為性肯定

對服務使用者的具體行為或努力進行肯定，強調其行動的價值與意義。

◆人格性肯定

著重於服務使用者的特質或品德，讓其感受到自身的內在價值。

◆過程性肯定

肯定服務使用者在達成目標過程中的進步與成長，無論結果如何，專注於其努力的過程。

◆結果性肯定

針對服務使用者取得的成果或成就進行表達，強化其成功的感受。

◆情感性肯定

確認並支持服務使用者的情感表達，讓其感受到被理解與尊重。

(三)肯定的功能

肯定在會談中發揮多方面功能，主要包括以下幾點：

◆增強自尊與自信

肯定能幫助服務使用者建立自尊與自信，特別是在其對自我產生疑慮或感到不安時（Rogers, 2012）；會談者肯定其積極行為或努力，讓服務使用者能更清楚意識到自身的價值與能力，從而增強自我肯定。

◆提供情感支持

　　肯定能讓服務使用者感受到被理解與接納，尤其在困境或情緒低落時，能減少焦慮與無助感（Hill, 2014）；這種情感支持有助於提升服務使用者的安全感，並幫助其更穩定地面對挑戰。

◆鼓勵行為改變與成長

　　當服務使用者的努力被認可時，他們會更有動力進行行為改變與成長（Patton, 2015）。肯定能激勵服務使用者面對挑戰、保持希望並在失敗後重新嘗試，讓積極行為可以持續。

◆建立會談關係

　　肯定是建立信任與理解的重要工具，能幫助會談者與服務使用者形成穩定的會談關係（Kvale & Brinkmann, 2015）；會談者真誠肯定地表達對服務使用者的關心與尊重，使其更容易敞開心扉。

◆促進自我探索與反思

　　肯定不僅是對行為的認可，還能引導服務使用者進行更深層的自我探索與反思（Rogers, 2012）；當服務使用者感受到積極回應時，往往會更深入地審視自己的情感與行為，從而提升自我覺察。

(四)肯定的技巧與策略

　　要有效運用肯定技巧，會談者需掌握以下策略：

◆具體而真誠的回應

　　肯定應該具體且真誠，而非泛泛的誇獎或恭維（Rogers, 2012）。例如：「我能感受到你最近在應對工作壓力方面的努力，看得出來你

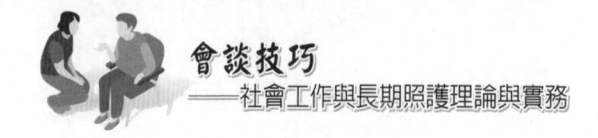

真的付出了很多。」

◆肯定服務使用者的情感經歷

肯定不僅是對行為的回應，還應包括對服務使用者情感的理解與接納（Hill, 2014）。例如：「聽起來你最近感到非常沮喪和無助，這樣的情感經歷很常見，你感覺到這些情緒也很正常。」

◆表達關心與接納

肯定應傳遞服務使用者被接納與理解的信息，服務使用者真誠的語氣、表情和身體語言建立安全感與情感連結（Patton, 2015）。例如：「我能理解你的困難，這段時間你經歷了不少挑戰，但我相信你有能力處理這些問題。」

◆強化正向行為

肯定是會談者專注於服務使用者的正向行為，即便是行為微小，也應鼓勵服務使用者繼續保持積極行為（Rogers, 2012）。例如：「你今天願意分享自己的感受，這是一個很大的進步，對未來的會談很有幫助。」

◆避免過度肯定

過度的肯定或不真誠的讚美可能引發服務使用者的懷疑或不安（Kvale & Brinkmann, 2015）。

(五)肯定的挑戰

儘管肯定是會談中一項強有力技巧，但在實際運用中也可能面臨以下挑戰：

◆過度依賴肯定

會談者若過度依賴肯定，可能掩蓋問題的本質，或讓服務使用者感到自己是被表面化對待時，服務學習者將難以進行深入的自我探索（Hill, 2014）。

◆誤解服務使用者的需求

當服務使用者的情感需求未被充分理解時，不論是過早或不適當的肯定，都可能會顯得無效甚至適得其反（Rogers, 2012）。

◆文化差異

在跨文化會談中，肯定可能因文化差異而產生不同效果。在某些文化中，過多的讚美可能被視為不真誠，甚至讓服務使用者感到不舒服（Kvale & Brinkmann, 2015）。

二、鼓勵

(一)鼓勵的定義

在會談過程中，鼓勵（encouragement）是指會談者在服務使用者面對困難或挑戰時，提供積極支持，旨在增強其信心與動力（Rogers, 2012）。鼓勵能幫助服務使用者相信自己有能力克服困境，並促進其成長與自我實現（Hill, 2014）。與肯定不同之處在於鼓勵更側重於激發行為或心態的改變，並著眼於服務使用者的未來可能性（Patton, 2015）。

(二)鼓勵的類型

在會談中,鼓勵根據功能可分為以下類型:

◆語言性鼓勵

透過正面言語表達,直接肯定服務使用者的努力、能力或潛力,以激發其行動意願。

◆非語言性鼓勵

透過肢體語言如點頭、微笑或專注的眼神,傳達對服務使用者的支持與認可。

◆行動性鼓勵

提供具體的協助或資源,支持服務使用者實現目標,進一步強化其行動力。

◆情感性鼓勵

回應並支持服務使用者的情感表達,讓其感受到理解與關懷,從而增強信心。

◆過程性鼓勵

強調服務使用者在過程中的進步與努力,即使結果未如預期,也能持續提供支持。

(三)鼓勵的功能

鼓勵在會談中扮演多重重要角色,主要體現在以下幾個方面:

第四章　會談中的基本技巧II

◆增強動機

　　鼓勵能激發服務使用者的內在動機，幫助他們更有信心地面對挑戰（Rogers, 2012）；當服務使用者感到迷茫或沮喪時，適當的鼓勵可以喚醒他們的潛在動力，讓他們重新找到方向。

◆促進自我效能感

　　鼓勵有助於提升服務使用者的自我效能感，即他們對自己能夠應對挑戰的信念（Hill, 2014）。當努力與潛力被認可時，服務使用者會更有信心嘗試新方法，迎接挑戰。

◆促使行為改變

　　鼓勵支持服務使用者進行行為上的改變，特別是在克服習慣或面對障礙時（Patton, 2015）。鼓勵不僅肯定當下的行為，也表達對未來改變的信念。

◆提高情感韌性

　　鼓勵能夠增強服務使用者在壓力或困難情境中的情感韌性，使他們感受到來自他人的支持與力量（Hill, 2014）。因此，即使在艱難時期，服務使用者也能依靠內在的力量或外界的支持，克服挑戰並度過難關。

◆建立信任與會談聯結

　　鼓勵有助於建立穩固的會談聯結，並展現會談者對服務使用者的支持與信任（Rogers, 2012）。當服務使用者感受到會談者的信心與接納，將能增強對會談者的信任，並促進更積極的合作。

(四)鼓勵的技巧與策略

要有效運用鼓勵技巧,會談者需掌握以下策略:

◆具體而積極的語言

鼓勵應使用具體且積極的語言,幫助服務使用者明確瞭解自己被認可的行為或特質,並強調他們擁有改變的潛力(Hill, 2014)。若避免籠統的讚美,專注於具體行為或特質,將有助於讓服務使用者感受到真誠且具體的支持。例如:「我看到你最近在處理時間管理方面做得很棒,這證明了你有能力面對這些挑戰。」

◆強調努力和過程

鼓勵應更多聚焦於過程與努力,而非僅結果。當服務使用者努力改變行為時,以積極的態度回饋他們的努力,能激勵其繼續前進(Rogers, 2012)。例如:「即使你還未完全達成目標,但是我看到你在努力改變,這是一個非常積極的態度。」

◆確認服務使用者的潛力

鼓勵應著重於發掘服務使用者的潛力與未來可能性,幫助他們建立自信,相信自己能夠克服挑戰,並實現長遠的目標(Patton, 2015)。例如:「我相信你有足夠的能力來應對這些挑戰,只要保持積極態度,你一定能達成目標。」

◆關注小步驟與成功

認可服務使用者每一個小小的成功,能有效提升他們的自信心與動力,激勵他們持續邁向更大目標(Hill, 2014)。對每一個小步驟的肯定,能讓服務使用者感受到成就感,進一步激發他們持續努力的動

力。例如:「你今天做出這個決定,對你來說是一個重要的進展,是邁向成功的一大步。」

◆提供情感支持與信心

在服務使用者情感低落或面對挑戰時,鼓勵應包含情感支持,幫助其恢復信心。會談者可用服務使用者言語與行動表達對服務使用者的支持與信任(Rogers, 2012)。例如:「我知道這對你來說並不容易,但我相信你能克服這些困難,我會一直在這裏支持你。」

(五)鼓勵的挑戰

即便鼓勵是重要的會談技巧,但在實際應用中也可能面臨以下挑戰:

◆過度依賴鼓勵

過度依賴鼓勵而忽略對服務使用者困難的理解與探討,可能讓服務使用者感到被簡化對待,甚至缺乏充分支持(Hill, 2014)。

◆不合時宜的鼓勵

當服務使用者處於情緒極度低落或深受困擾的狀態時,強調「你可以做到」或「保持積極」可能顯得不真誠或輕描淡寫(Rogers, 2012)。

◆文化差異的影響

在跨文化會談中,對鼓勵的理解與接受可能因文化背景而有所不同(Kvale & Brinkmann, 2015)。在某些文化中,過於直接的鼓勵可能被視為不適當,甚至讓服務使用者感到不自在。

(六)小結

肯定與鼓勵是會談中的核心技巧,對於增強服務使用者的自信心、激發動力、促進行為改變與心理成長具有重要作用;透過肯定,服務使用者能感受到接納與理解,進而提升自我探索與成長的意願;鼓勵則著重於支持努力與強調潛力,幫助服務使用者克服困難並實現目標。

第三節　積極回饋與確認理解

在會談中,積極回饋與確認理解是核心溝通技巧,旨在支持服務使用者並促進深入對話;這兩者相輔相成,能建立信任,並促進服務使用者的自我覺察與成長。本節將探討積極回饋與確認理解的相關意涵。

一、積極回饋

(一)積極回饋的定義

積極回饋(positive feedback)指會談者對服務使用者的行為或思維給予具體正向反應,旨在肯定努力與進步,增強自信(Hattie & Timperley, 2007)。不同於空泛讚美,積極回饋強調具體性與建設性的評價,能激發內在動機,促進行為改變(Fredrickson, 2001)。

(二)積極回饋的類型

在會談中,積極回饋根據功能可分為以下類型:

◆行為性回饋

著重於肯定服務使用者的具體行為或努力,強化其行動的正面價值。

◆情感性回饋

對服務使用者的情感表達給予認同與支持,促進情感上的連結與共鳴。

◆過程性回饋

聚焦於服務使用者在目標實現過程中的進步與努力,而非最終結果。

◆結果性回饋

強調服務使用者達成的成果或成就,增強其信心與動力。

◆建設性回饋

在肯定的基礎上,提供改進方向,幫助服務使用者更進一步提升。

(三)積極回饋的功能

積極回饋在會談中具有多重功能,其主要功能包括:

◆增強自我效能感

積極回饋提升服務使用者面對挑戰的信心,幫助其相信自己有能力解決問題(Bandura, 1997)。

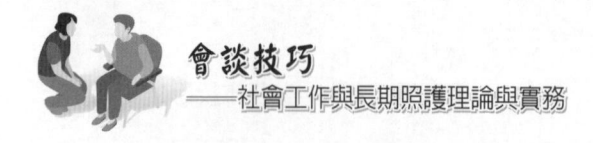

◆促進行為改變

肯定服務使用者的努力與成就，激勵其持續改變並面對困難（Hattie & Timperley, 2007）。

◆增強動機與心態

在低落時，積極回饋能激發內在動力，促進正向的心理轉變（Fredrickson, 2001）。

◆支持自我覺察與成長

具體的回饋讓服務使用者瞭解自身優勢，促進反思與成長。

◆加強會談聯結

真誠的積極回饋可建立信任，促進更開放的交流（Rogers, 1961）。

(四)積極回饋的技巧與策略

要有效運用積極回饋技巧，提問者需掌握以下策略：

◆具體且真誠的回應

回饋應具體而非抽象，幫助服務使用者清楚理解自己的努力和進步（Hattie & Timperley, 2007）。例如：「你今天能夠冷靜處理挑戰，顯示你應對壓力的能力已經大幅提升。」

◆關注行為和過程

強調努力過程，而非僅關注結果，幫助服務使用者理解過程的重要性（Dweck, 2006），例如：「儘管結果未如預期，但你這段時間所

付出的努力非常值得肯定。」

◆ 鼓勵並強調潛力

回饋中強調服務使用者的潛力與未來可能性,以增強其自信心和動力(Fredrickson, 2001)。例如:「你面對問題時展現的耐心與堅持,說明你有能力克服這類挑戰。」

◆ 認可情感反映

對服務使用者的情感給予接納與肯定,促進其情感覺察與處理能力(Rogers, 1961)。例如:「你能夠表達出深層情感,這是一個重要的進步,顯示你正在積極處理情緒。」

◆ 反映服務使用者的內心世界

會談者回饋反映服務使用者的感受與思維,可以促進自我覺察與心理成長,例如:「你當下的反應顯示你對此情況有深刻的思考,這是反思的重要開始。」

(五)積極回饋的挑戰

雖然積極回饋是一項有效的會談工具,但在實際使用過程中可能面臨以下挑戰:

◆ 過度依賴積極回饋

過度使用積極回饋可能讓服務使用者覺得回饋流於表面,缺乏深入理解(Hattie & Timperley, 2007)。

◆ 不真誠的回應

若回饋不真誠,服務使用者容易察覺並質疑會談者的真心,進而

影響信任關係（Rogers, 1961）。

◆文化差異的影響

積極回饋的效果可能受文化背景影響。在某些文化中，過於直接或公開的回饋可能讓服務使用者感到不適（Sue & Sue, 2013）。

(六)結語

積極回饋是會談中的關鍵技巧，能幫助服務使用者建立自信、增強動機並促進行為改變；它不僅肯定行為，更強調努力與潛力，有效的回饋需具體、真誠且具建設性，並根據服務使用者的需求調整，從而促進其心理成長與行動力，幫助應對挑戰。

二、確認理解

(一)確認理解的定義

確認理解（clarifying understanding）是指會談者透過簡述語意、反映或提問，確保正確理解服務使用者的意圖、情感與需求，來確保雙方對問題的認知一致（Egan, 2014）。此技巧旨在避免誤解，促進有效溝通，並增強服務使用者的信任感（Rogers, 1961）。透過捕捉重點、反映情感或提問，會談者能協助服務使用者梳理想法與情緒，進一步提升自我覺察（Ivey et al., 2018）。

(二)確認理解的類型

在會談中，確認理解根據功能可分為以下類型：

◆內容性確認

著重於確認服務使用者所陳述的事實或觀點,確保對對話內容的正確理解。

◆情感性確認

聚焦於確認服務使用者的情緒或感受,幫助其感受到被理解與接納。

◆語意性確認

針對服務使用者話語中的詞語或句子的具體含意進行澄清,避免語意誤解。

◆意圖性確認

確認服務使用者的意圖或目的,幫助其明確表達內心需求或行動計畫。

◆開放性確認

透過開放式提問進一步探討服務使用者的觀點,促進其深入思考與表達。

(三)確認理解的功能

確認理解在會談中具有多重功能,其主要作用包括:

◆加強會談關係的信任

當服務使用者感受到自己被正確理解與聆聽時,會對會談者產生更高的信任感,促進穩固的關係聯結,提升開放性與合作意願

（Rogers, 1961）。

◆減少誤解與偏差

確認理解能確保會談者準確掌握服務使用者的表達，避免溝通中的誤解或錯誤評估，確保會談過程的連貫性與有效性（Egan, 2014）。

◆促進自我覺察

服務使用者簡述或反映服務使用者的感受時，能幫助其更清晰地覺察內在情緒與思維，進一步深入理解自身狀態（Ivey et al., 2018）。

◆提供情感支持

確認理解結合同理心的傳達，讓服務使用者感受到真誠的接納與關懷，特別在情感困惑時，能帶來支持與安全感（Rogers, 1961）。

◆促使深入探討

會談者適當的提問或反映，能引導服務使用者深入探索問題，激發對自身情感、行為或想法根源的理解，推動會談過程的發展（Egan, 2014）。

(四)確認理解的技巧與策略

要有效運用確認理解技巧，提問者需掌握以下策略：

◆簡述服務使用者的話語

會談者將服務使用者所說的內容加以簡述，以確保會談者正確理解服務使用者的意思，並促使服務使用者進一步澄清自己的想法（Egan, 2014）。例如：「所以你是說，你現在感到很沮喪，因為在工作中覺得自己被忽視了，對嗎？」

第四章　會談中的基本技巧Ⅱ

◆反映情感

會談者反映服務使用者的情感，幫助他們覺察並確認自己的情緒狀態，讓服務使用者感受到被理解與支持（Rogers, 1961）。例如：「聽起來你感到非常焦慮，覺得自己無法掌控這個情況，是這樣嗎？」

◆提問以澄清

當表達含糊不清時，會談者可讓服務使用者使用開放性問題澄清個人意圖或感受，促進其更具體地表達自我（Ivey et al., 2018）。例如：「你提到感覺到孤獨，可以說說更多具體的情況嗎？你通常在哪些情境下感到孤單？」

◆總結服務使用者的觀點

會談者將服務使用者的重點或觀點進行簡要總結，以確認理解正確，並幫助服務使用者梳理思緒（Egan, 2014）。例如：「讓我總結一下：你認為自己面臨的主要挑戰是時間管理不足，這使你無法平衡工作和家庭的需求，對嗎？」

◆確認感受與行為之間的關聯

此技巧幫助服務使用者理清情感與行為間的關聯，促進深入反思與自我理解（Rogers, 1961）。例如：「你剛才提到感到很憤怒，那麼在這樣的情緒下，你的行為是怎麼反應的呢？」

(五)確認理解的挑戰

儘管確認理解是一項有效的會談技巧，但在實務操作中也面臨一些挑戰：

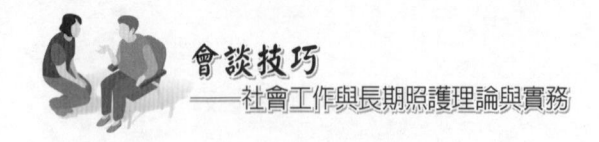

◆過度解釋或重複

若確認理解過於頻繁或過度重複,可能使服務使用者感到被打斷,對話變得機械化,進而影響交流的流暢性(Egan, 2014)。

◆誤解服務使用者的意圖或情感

若會談者未謹慎聆聽或回應,可能會錯誤解釋服務使用者的表達,進而影響會談效果或破壞信任關係(Rogers, 1961)。

◆文化差異

不同文化背景的服務使用者在情感表達、價值觀及溝通方式上有所差異,會談者若忽略這些差異,可能產生誤解或不適當的解釋(Sue & Sue, 2013)。

◆過度推測

會談者過度推測可能讓服務使用者感到困惑或被誤解,而影響會談關係的穩定性(Egan, 2014)。

(六)小結

積極回饋與確認理解是會談中的重要技巧,能有效增強服務使用者的自信心與動機,並促進行為改變與心理成長。積極回饋通過肯定行為、強調努力與潛力,幫助服務使用者面對挑戰,並提升行動力。有效的回饋需具體、真誠且建設性,並根據服務使用者的需求靈活調整。確認理解則幫助會談者準確掌握服務使用者的意圖與情感,減少誤解,增強聯結與自我覺察,同時提供情感支持。透過簡述、反映情感與提問澄清等方式,確認理解能大幅提升會談效果,促進服務使用者的積極變化。

第四章　會談中的基本技巧 II

參考文獻

Bandura, A. (1997). *Self-Efficacy: The Exercise of Control*. W. H. Freeman.

Dweck, C. S. (2006). *Mindset: The New Psychology of Success*. Random House.

Egan, G. (2013). *The Skilled Helper: A Problem-Management and Opportunity-Development Approach to Helping* (10th ed.). Brooks / Cole.

Fredrickson, B. L. (2001). The role of positive emotions in positive psychology. *American Psychologist, 56*(3), 218–226. https://doi.org/10.1037/0003-066X.56.3.218

Hattie, J. & Timperley, H. (2007). The power of feedback. *Review of Educational Research, 77*(1), 81–112. https://doi.org/10.3102/003465430298487

Hill, C. E. (2014). *Helping Skills: Facilitating Exploration, Insight and Action* (4th ed.). American Psychological Association.

Ivey, A. E., Ivey, M. B. & Zalaquett, C. P. (2018). *Intentional Interviewing and Counseling: Facilitating Client Development in a Multicultural Society* (9th ed.). Cengage Learning.

Kvale, S. & Brinkmann, S. (2015). *InterViews: Learning the Craft of Qualitative Research Interviewing* (3rd ed.). SAGE Publications.

Patton, M. Q. (2015). *Qualitative Research & Evaluation Methods: Integrating Theory and Practice* (4th ed.). SAGE Publications.

Rogers, C. R. (1961). *On Becoming a Person: A Therapist's View of Psychotherapy*. Houghton Mifflin.

Rogers, C. R. (2012). *Client-Centered Therapy: Its Current Practice, Implications and Theory*. Houghton Mifflin Harcourt.

Sue, D. W. & Sue, D. (2013). *Counseling the Culturally Diverse: Theory and Practice* (6th ed.). Wiley.

第五章

非語言溝通

高辰吉

- 肢體語言的理解和應用
- 表情、眼神與聲調語調的運用
- 臺灣特有的非語言溝通技巧與肢體語言的應用

非語言溝通是人類交流中不可或缺的一環，涵蓋了肢體動作、面部表情、眼神交流、姿勢、空間距離、聲音語調等多種形式。這些元素雖無語言文字的明確陳述，卻能傳遞豐富的情感、態度與意圖，甚至在某些情境中，比語言更為直接和有力。在現代社會，非語言溝通已廣泛應用於教育、職場、心理治療、社工及長照等領域，成為促進人際理解與合作的重要工具。

在臺灣施行的長照2.0政策中，照顧服務員（簡稱為照服員）需經過相關訓練，包括240小時的課程及80小時的實習，並領得小黃卡以證明其專業能力，方可開始工作。這些照服員可以在各類機構提供服務，也能為需要的家庭提供居家照顧，而專門從事居家服務的照服員則稱為居家照顧服務員（簡稱居服員）。在本篇文章中，無論是照顧服務員還是居家照顧服務員，皆統稱為照服員。透過深入探討非語言溝通的特質與應用，我們能更清楚地理解自身與他人的情感表達，進而提升溝通效能，減少誤解與衝突。

第一節 肢體語言的理解和應用

肢體語言，作為一種無聲的溝通方式，在人際互動中扮演著至關重要的角色。對於從事高齡服務使用者服務與長照工作者而言，理解並善用肢體語言，不僅能有效地與服務使用者溝通，更能建立起深厚的信任關係，提升服務使用者的生活品質。本節將深入探討肢體語言在社工與長照工作中的重要性，並提供實用的建議，以幫助工作者更好地與服務使用者互動。

第五章　非語言溝通

一、肢體語言的基礎知識

(一)肢體語言的定義與分類

肢體語言作為一種非語言溝通的重要形式，是人們在交流中運用身體的動作、姿勢、面部表情、眼神以及其他非語言手段傳遞訊息的過程。它廣泛存在於人際交往中，具有跨文化的共性與個體差異的特性。根據相關文獻，肢體語言不僅增強了語言的表達效果，還能在缺乏語言的情境中提供豐富的訊息（Knapp et al., 2013）。

(二)肢體語言的主要分類

◆手勢

手勢是肢體語言的核心組成部分，用於輔助語言傳達、表達情感或強調特定訊息。手勢包括如揮手致意表示問候，指點方向用於導航，比劃尺寸以表達物品大小等。手勢因文化背景的不同而有不同的意涵，例如，大拇指朝上的手勢在某些文化中被解讀為「讚好」，但在義大利、希臘，以及中東國家如伊朗、伊拉克、阿富汗等，這等同舉起中指（Ekman & Friesen, 1969）。

◆姿勢

姿勢通過人的站姿、坐姿和行走方式傳遞訊息，反映了自信程度、態度和情感狀態。例如，挺直的站姿通常傳遞出自信和權威，而懶散的坐姿可能顯示不耐煩或放鬆。根據Argyle（1988）的研究，姿勢在正式和非正式場景中的使用差異顯著，並對社會互動有重要影響。

◆表情

　　表情作為人類情感表達的主要載體，對於溝通有著不可替代的作用。微笑可以傳遞友善，皺眉可能表示疑惑或不滿，而瞪眼可能展現驚訝或威懾。研究顯示，人類表情具有普世性質（如微笑象徵快樂），但情緒表達的頻率與強度則受到文化影響（Matsumoto et al., 2008）。關於表情主題後續將有深入探討。

◆眼神

　　眼神是肢體語言中極具表現力的部分，通過注視的持續時間、方向和方式來溝通關注或情緒狀態。比如，穩定的注視表示自信，迴避眼神可能暗示焦慮或不安，而頻繁的閃爍眼神有時則代表緊張（Mehrabian, 1972）。關於眼神主題後續將有深入探討。

◆空間距離

　　空間距離反映了人際互動中所維持的身體距離，這一非語言形式直接影響交流的親密程度與正式性。Hall（1966）在空間距離理論中提出了四種距離範疇：親密距離（小於0.5公尺）、個人距離（0.5-1.2公尺）、社交距離（1.2-3.6公尺）和公共距離（超過3.6公尺），並指出距離範疇受文化與背景影響顯著。

◆觸摸

　　觸摸是一種直接且有力的非語言溝通方式，可以用於表示支持、安慰、歡迎等。例如，拍肩可以傳遞鼓勵，握手是一種普遍的社交儀式，而擁抱通常表達親密或深層次的情感聯繫。根據Hertenstein等人（2009）的研究，觸摸在情緒傳遞中的準確性高達78%以上。

　　肢體語言在不同文化中的具體表現形式可能各有差異，但其核心

第五章　非語言溝通

功能在於增強語言表達的豐富性和準確性，使人際溝通更爲順暢和高效。

二、肢體語言在社工與長照工作中的基本應用

(一)建立信任關係：超越語言的溝通橋梁

1. 多樣化的觸摸：除了溫柔的觸摸，還可以嘗試不同的觸摸方式，如輕拍、按摩等，以滿足服務使用者的不同需求。同時，要尊重服務使用者的個人界限，避免讓對方感到不適。
2. 傾聽的藝術：眞誠的傾聽也是建立信任的重要一環。社工與照服員應專注於服務使用者的話語，並給予適當的回應。

(二)促進溝通：讓心與心更靠近

1. 肢體語言的文化差異：不同文化對肢體語言的解讀可能不同，社工與照服員應注意文化差異，避免誤解。
2. 非語言溝通的觀察：除了肢體動作，服務使用者的表情、語氣、姿勢等也是重要的非語言訊息，社工與照服員應綜合觀察，才能更準確地理解服務使用者的需求。
3. 適時調整溝通方式：隨著服務使用者狀況的變化，社工與照服員應及時調整溝通方式，以確保溝通順暢有效。

(三)協助日常生活：從旁協助，提升自信

1. 循序漸進：在引導服務使用者進行日常活動時，應循序漸進，給予足夠的時間和耐心。
2. 鼓勵與支持：鼓勵服務使用者獨立完成任務，並在必要時提供支持，讓服務使用者感受到成就感。

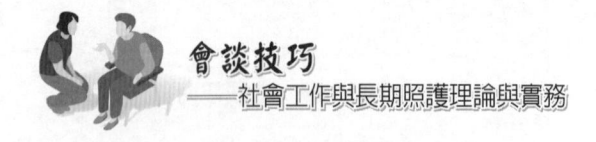

3.尊重服務使用者的意願：尊重服務使用者的選擇，即使他們的方式與我們不同，也要給予理解和支持。

(四)安撫情緒：溫暖陪伴，撫慰心靈，支持鼓勵

1.情緒的識別：除了觀察肢體語言，還要留意服務使用者的語氣、表情，以及對周圍環境的反應，以準確判斷其情緒。
2.同理心的重要性：設身處地為服務使用者著想，理解他們的情緒，並給予適當的安慰和支持。
3.轉移注意力：當服務使用者情緒低落時，可以通過講故事、聽音樂、散步等方式，轉移他們的注意力。
4.鼓勵與支持：積極的鼓勵和支持能提升患者的自信心，促進功能恢復。

三、肢體語言在不同長照情境下的具體應用

(一)失智症服務使用者

1.熟悉的面孔：熟悉的面孔和穩定的社工或照服員，能給予失智症服務使用者安全感。
2.重複的儀式：日常生活中的重複儀式能幫助失智症服務使用者建立秩序感。
3.觸覺刺激：觸覺刺激能幫助失智症服務使用者保持清醒和警覺。

(二)中風患者

1.鏡像訓練：利用鏡子反射，幫助患者觀察自己的肢體動作，促進功能恢復。

2.遊戲化訓練：將復健過程遊戲化，能增加患者的興趣，提高復健效果。

(三)末期病患

1.陪伴的力量：靜靜地陪伴，讓患者感受到被關心。
2.觸摸的療癒：溫柔的觸摸能緩解患者的疼痛和不安。
3.生命故事的分享：鼓勵患者分享生命故事，能幫助他們更平和地面對死亡。

四、小結

　　肢體語言在長照服務中具有不可替代的作用，它能幫助社工或照服員與服務使用者之間建立更深層的連結，提升照護品質。然而，肢體語言的應用是一門藝術，需要社工與照服員不斷學習和實踐。只有通過不斷地學習和積累經驗，才能更好地運用肢體語言，為服務使用者提供更優質的服務。

五、案例探討

(一)案例一：失智症阿嬤與年輕照護員

　　阿芳是一位八十歲的失智症奶奶，記憶力逐漸衰退，個性變得急躁。剛開始照顧阿芳的年輕照護員小美，在與阿芳互動時總是感到無從下手。阿芳常常忘記小美是誰，對小美的照顧產生抗拒。

　　小美開始嘗試運用肢體語言與阿芳溝通。每次餵食時，小美都會輕輕握住阿芳的手，用溫柔的語氣和緩慢的速度餵食，並搭配簡單的微笑。當阿芳情緒不穩定時，小美會輕拍阿芳的背部，並用安撫的語

氣輕聲說：「阿嬤，沒事的，我在這裏陪著您。」經過一段時間的互動，阿芳對小美產生了信任感，情緒也變得穩定許多。

◆討論重點提示

- 觸摸的力量：輕柔的觸摸能有效安撫失智症服務使用者的情緒，建立信任關係。
- 語氣的重要性：溫柔、緩慢的語氣能幫助服務使用者理解，減少焦慮。
- 重複性的互動：重複性的互動能幫助服務使用者建立記憶，加強對社工與照服員的信任。

(二)案例二：中風患者與復健師

老王因中風導致右側肢體癱瘓，行動不便。復健師小張在為老王進行復健時，除了口頭指導，還運用大量的肢體語言。例如，在進行手臂復健時，小張會用自己的手引導老王的手臂進行動作，並用眼神和微笑鼓勵老王。

為了增加復健的趣味性，小張還會在復健過程中加入一些遊戲元素。例如，讓老王將球投向一個目標，或者將積木疊起來。這些遊戲不僅能幫助老王進行復健，還能提高他的參與度和積極性。

◆討論重點提示

- 示範引導：透過肢體示範，能幫助患者更直觀地理解動作要領。
- 遊戲化復健：將復健過程遊戲化，能增加患者的興趣，提高復健效果。
- 鼓勵與支持：積極的鼓勵和支持能提升患者的自信心，促進功能恢復。

(三)案例三：末期病患與社工

阿明是一位末期癌症患者，身體狀況日益衰弱。社工小麗經常到醫院陪伴阿明，她會輕輕握住阿明的手，用溫柔的語氣與阿明聊天。當阿明感到疼痛或不安時，小麗會輕拍阿明的肩膀，並用安撫的語氣告訴他：「沒事的，我一直在這裏。」

◆討論重點提示

- ·陪伴的力量：陪伴能給予末期病患心理上的支持，減輕他們的孤獨感。
- ·觸摸的安慰：溫柔的觸摸能緩解患者的疼痛和不安。
- ·傾聽與共情：真誠的傾聽和共情能幫助患者表達內心的感受。

第二節　表情、眼神與聲調語調的運用

溝通不僅是語言的交流，非語言表達在傳遞情感、支持關係和調解衝突中扮演著關鍵角色，尤其是表情、眼神與聲調語調的使用。這些要素在與高齡服務使用者互動中尤為重要，因為其能克服語言或認知障礙，加強溝通效果。本文將深入探討表情、眼神及聲調語調在不同情境下的應用，特別聚焦在高齡服務使用者與社工情境的相關性。

一、表情的應用：情感傳遞的窗口

(一)表情的基本功能與普世性

表情被認為是最直接反映情感的非語言形式，其核心功能包括情

感傳遞、社會信號及調節人際互動。Ekman（1992）的研究表明，六種基本表情（喜悅、悲傷、憤怒、驚訝、恐懼、厭惡）具有跨文化的一致性。這種普世性對於長照情境中特別有意義，例如，向失智症患者展示微笑有助於穩定他們的情緒。

◆案例應用

某療養院的一名護理人員注意到，一位失智症患者在日常生活中經常顯得焦慮。該護理人員開始有意識地在互動中頻繁使用微笑和友善的表情，並且每次進房間前先展現溫暖的表情。幾周後，該患者的焦慮狀況顯著減少，並且開始展現出更多的正面情緒反應，如回以微笑。這表明通過持續性使用正面的情感表情，可以對高齡服務使用者產生穩定的影響。

(二)表情在高齡服務使用者溝通中的應用

◆支持性表情

對高齡服務使用者使用開放且友善的面部表情（如微笑和點頭）能提升其參與感與情緒穩定。Ambady和Rosenthal（1992）研究也指出，正面的表情如開朗的眼神和親切的表情，在建立信任方面扮演了核心角色。在高齡服務使用者溝通中，社工與照服員通過展現積極的面部表情，不僅能讓對方感到放鬆，還有助於激發高齡服務使用者參與對話的意願。

◆表情與文化背景

高齡服務使用者在不同文化中對於面部表情的解讀可能有所不同。例如，亞洲文化更傾向於壓抑負面情感，而西方文化則更注重正面情感的外顯（Matsumoto et al., 2008）。

第五章　非語言溝通

◆案例應用

在跨文化的長照機構中，一名來自東南亞的看護，因使用大量表現開心的表情，受到西方高齡服務使用者的好評，而同時，她注意到部分亞洲背景的患者更傾向於對於中性表情的認同。這提示了在不同文化背景中，工作人員需要靈活調整表情策略，以更有效地和高齡服務使用者互動。

(三)情境應用與策略

◆醫療與評估過程

在醫療或長照評估過程中，使用中立表情結合友善特徵，可幫助獲取更真實的反應。例如，醫療人員在進行失智症認知測試時，如能以放鬆的面容輔以鼓勵性的點頭，可以減少患者因緊張而出現錯誤的可能。

◆建立同理心

與憂鬱或焦慮的高齡服務使用者互動時，通過反映其表情可營造同理心（mirroring technique）。

◆案例應用

一名長期面臨憂鬱的高齡患者，因家庭成員過世情感封閉。看護員開始用鏡像技術（例如模仿患者的輕微皺眉後再過渡到鼓勵性的微笑）來搭建情感聯繫，最終使患者逐漸敞開心扉，願意參加小組活動，這展現了同理心策略在長照工作中的有效性。

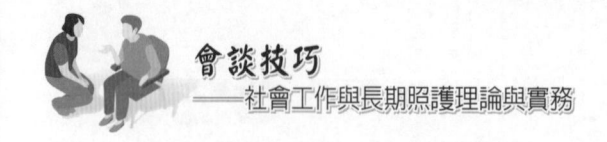

(四)表情與心理健康連結

對於孤獨感普遍的高齡群體而言，長期處於缺乏表情互動的環境中可能加劇心理健康問題。Lewis et al.（2008）在情緒理論的研究中提到，高齡服務使用者面對表情豐富的互動情境時，其心理反應更加敏感。這表明照護者應該有意識地使用正向表情來創造更溫暖的互動氛圍，從而促進服務使用者的幸福感和生活質量。這表明在社工與高齡服務使用者照顧工作中，非語言的表情交流是一個強大的工具，可以促進情感支持並提升心理福祉。

二、眼神的應用：溝通中的橋梁

(一)眼神接觸的重要性

眼神是一種具有極大表現力的非語言工具，它能建立信任、表達關注並促進互動。例如，注視可顯示出對話中的興趣，反之，過度迴避眼神可能暗示不尊重或疏離（Argyle & Dean, 1965）。

◆案例應用

在一項針對護理工作者的訓練中，透過教導護理人員如何保持自然、適度的眼神接觸，他們在與高齡服務使用者的互動中表現出更高的信任度。高齡服務使用者在被詢問健康狀況時，對於進行穩定注視的護理人員，會更多地吐露自己的真實感受，從而提高了評估的準確性。

第五章　非語言溝通

(二)眼神在高齡服務使用者溝通中的應用

◆建立信任與支持

　　高齡服務使用者在與社工與照服員互動中，穩定的眼神接觸能表達對其需求的專注與尊重。例如，在照顧一位孤獨症患者的過程中，護理人員發現，每日五分鐘的專注對話並配合穩定的眼神接觸，有效緩解了患者的孤單感，促進了心理健康。

◆非語言回應與調節

　　如高齡服務使用者表現出羞怯或不安，減少過多的直視以降低壓力，改以柔和的注視結合輕微微笑，能有效建立互動的舒適氛圍。

◆案例應用

　　一名新入住的療養院居民表現出較強的緊張感。在最初的適應期，護理人員通過偶爾注視、輕輕點頭，再搭配柔和語調的溝通，逐漸贏得居民的信任，使他能放鬆參與集體活動。

(三)長照情境中的挑戰

◆視力障礙問題

　　部分高齡服務使用者因視力衰退或病理性狀況，無法辨識視線方向，此時需結合其他非語言手段補充，例如握手或輕觸肩膀。當護理人員與低視力者進行互動時，通過柔和的語言和身體觸碰的補充溝通，患者能夠感受到更多的關懷和連結。

◆失智症患者

　　他們可能無法解讀或正確回應眼神接觸，但固定注視可以幫助穩定注意力。例如，在餵食過程中，社工與照服員先注視患者並微笑，再結合輕聲提示，使患者更配合進餐過程，避免發生抗拒。

(四)特定應用場景

◆團體活動中的循環式眼神接觸

　　善用循環式眼神接觸可平衡對所有成員的關注。例如，在一場合唱團練習中，指導員每次與所有成員進行短暫的眼神交流，不僅提升了大家的參與感，還讓高齡服務使用者感受到自己被重視。

◆健康諮詢中的專注互動

　　社工與照服員人員在進行健康諮詢時，應避免長時間固定注視電子屏幕，透過眼神接觸來表達關注，增加高齡服務使用者的安全感。

◆案例應用

　　一名高齡患者反應，他不喜歡某些醫生在診療時只看電腦記錄，而無法與自己建立眼神交流。為此，醫療單位專門制定新規範，要求醫師在問診過程中，必須每五分鐘內至少有一次持續超過五秒的眼神接觸。這一調整提升了患者滿意度，且減少了患者回診的焦慮。

第五章　非語言溝通

三、聲調語調的應用：情感和語義的增強

(一)聲調語調的功能性

聲調與語調是語言的韻律特徵，能影響話語的情感內涵、強調重點與調整聽者的參與感。例如，升調往往暗示提問或愉悅，降調則多數代表結束或權威感（Crystal, 1975）。在高齡服務使用者溝通中，聲調與語調的有效運用對建立信任、情感連結及增強理解尤為重要。對於因聽力退化而減弱語音辨識能力的高齡服務使用者，語調變化與韻律設計更是彌補溝通障礙的關鍵。例如，使用明確的升降調表達疑問或結束，能協助高齡服務使用者掌握語句意圖與對話重心，減少溝通誤解的可能性。

(二)聲調語調在高齡服務使用者溝通中的應用

◆柔和語調與積極表達

柔和的語調能有效降低高齡服務使用者的不安情緒，尤其是在病痛或焦慮環境中，給予安慰性訊息的同時也促進了情感共鳴。結合適當的熱情語氣，更能傳遞對其生活的關注與正向期待。例如，對初次參加社交活動的高齡服務使用者，輕柔且具鼓勵性的聲調能幫助他們融入新環境，減少壓力。

◆語速的調節

語速的快慢直接影響溝通的效果與高齡服務使用者的接受能力。尤其在長照情境中，快速表述可能導致高齡服務使用者無法充分理解重要訊息，例如藥物使用方式或健康指導。因此，宜採用緩慢且清晰

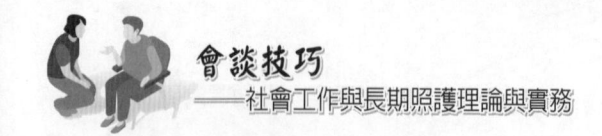

的語調，同時適當停頓，以便讓對方有足夠時間吸收訊息。此外，重複關鍵詞或以強調的音量表達要點，也能幫助高齡服務使用者更好地理解訊息。

◆案例

在護理院的一對一互動中，護理人員發現患者常表現出困惑，特別是對長句指令不易理解。透過調整語速並在句中做簡短停頓，護理人員的指導變得更為易懂，而患者的反應時間也有顯著改善。

(三)聲調與情境的匹配

◆醫療決策中的應用

在與高齡服務使用者共同討論複雜的醫療選擇時，穩定的聲調和略慢的語速尤為重要。例如，低語速與平和的語氣可以建立安全感，使高齡服務使用者能夠更冷靜地考慮建議。這也降低了他們因緊張或壓迫感而中斷對話的可能性。

◆社交或活動互動中的應用

高齡服務使用者在參與活動時，富有節奏感和活力的語調有助於提升其興趣。例如，在帶領音樂治療課程時，護理人員、社工與照服員可使用輕快且富有情感的語氣，幫助參與者放鬆並投入。音調的升降與語句中的韻律變化，還可以鼓勵高齡服務使用者積極互動，進一步增強課程效果。

第五章　非語言溝通

四、表情、眼神與聲調的整合運用：提升溝通效果

(一)整合與協調

　　有效的非語言溝通需要表情、眼神與聲調的相互配合。例如，在讚揚高齡服務使用者參與度時，結合微笑、專注的注視以及歡快的語調能傳遞更多支持性訊息。非語言訊號的一致性不僅強化了情感表達的真實性，還能增進高齡服務使用者對訊息的接受度與信任感。特別是在需要建立安全感或處理敏感話題時，這種整合運用更能實現預期的溝通目標。

(二)在長照中的應用場景

◆初次互動

　　社工與照服員在初次接觸高齡服務使用者時，柔和的微笑、溫暖的眼神接觸與穩定聲調有助於消除陌生感，使彼此間更易建立信任。例如，在介紹每日照護計畫時，以輕聲緩調的語句並結合溫柔的注視，能讓高齡服務使用者感到受到重視與關心。

◆危機處理

　　當高齡服務使用者情緒波動或顯示出不安時，運用中性表情、安定注視與低沉的聲調能有效緩和緊張局勢。通過保持穩定的非語言訊號，減少多餘刺激，高齡服務使用者往往更易於回到平靜狀態。

◆持續陪伴

　　日常互動中，將表情、眼神與聲調的運用內化為習慣，能持續

建立良好的溝通基礎，並提高高齡服務使用者的幸福感與安全感。例如，在每日問候或用餐時，通過簡短的熱情問候搭配專注的注視，持續向高齡服務使用者傳遞關注與支持。

五、小結

整體而言，表情、眼神與聲調語調作為非語言溝通的核心元素，在高齡服務使用者與長照中發揮了重要作用。熟練掌握並靈活運用這些非語言工具，不僅能提高溝通效率，還能增強高齡服務使用者的心理福祉及互動體驗。在未來的研究與實務中，應更多關注非語言表達在不同文化、語境和生理條件下的應用，為高齡服務使用者與長照群體提供更高質量的關懷與支持。

六、綜合案例探討：社區關懷據點的非語言溝通策略

(一)背景

臺北市某社區關懷據點，服務對象為社區內多元背景的高齡服務使用者，包括獨居服務使用者、慢性病患者以及新住民長輩。據點發現，許多服務使用者在參與活動時，由於語言障礙、文化差異或性格內向，較少主動表達意見或參與互動。為此，身為據點主管的你想導入非語言溝通策略，以促進服務使用者之間的互動，提升參與意願，你會怎麼做呢？

第五章　非語言溝通

(二)實施方式（重點提示）

◆文化敏感性訓練

1. 蒐集資訊：社工人員透過訪談和觀察，瞭解不同文化背景服務使用者在非語言溝通上的差異。
2. 培訓社工與照服員：舉辦文化敏感性訓練，讓社工與照服員瞭解不同文化中常見的肢體語言、手勢、表情等，並學習如何尊重這些差異。
3. 案例分享：分享成功與失敗的案例，讓工作人員更深入瞭解文化差異對非語言溝通的影響。

◆客製化非語言策略

1. 新住民服務使用者：鼓勵使用家鄉的問候方式、手勢，營造熟悉的氛圍。
2. 獨居服務使用者：透過溫暖的微笑、輕拍肩膀等動作，表達關心和陪伴。
3. 慢性病患者：觀察患者的肢體語言，如皺眉、嘆氣等，及時回應其需求。

◆團體活動設計

1. 肢體律動活動：設計簡單的肢體律動活動，鼓勵服務使用者參與，增加互動機會。
2. 手作活動：透過手作活動，讓服務使用者在動手操作的過程中進行非語言溝通。
3. 故事分享：鼓勵服務使用者分享自己的人生故事，並透過表情、動作來輔助表達。

◆空間布置

1. 舒適的座位：提供舒適的座位，鼓勵服務使用者之間的互動。
2. 溫馨的裝飾：利用溫馨的裝飾，營造舒適的氛圍。
3. 視覺提示：使用圖片、圖示等視覺提示，幫助服務使用者理解活動內容。

(三)影響與成效

1. 提升參與度：服務使用者們更願意參與團體活動，互動氛圍更加熱絡。
2. 增強自信心：透過非語言溝通，服務使用者們表達自我的能力得到了提升。
3. 建立社交網絡：服務使用者之間建立了更緊密的社交關係。
4. 工作人員成長：社工與照服員對非語言溝通的理解更加深入，能更有效地服務服務使用者。

第三節　臺灣特有的非語言溝通技巧與肢體語言的應用

非語言溝通技巧指的是利用表情、手勢、姿態等語言之外的方式來傳遞訊息。臺灣文化深受儒家思想與東亞鄰國的影響，其非語言溝通技巧具有獨特性，特別在家庭、醫療及社會服務領域中，非語言溝通成為一種重要的互動工具。在臺灣文化脈絡下，非語言溝通技巧與肢體語言深受傳統價值與社會規範的影響，形成了獨具特色的表達方式。Hofstede（2001）的跨文化研究表明，高語境文化（如臺灣）重視非語言表達，許多重要的訊息透過表情、手勢和肢體動作隱性傳遞。

第五章　非語言溝通

這使得肢體語言成為溝通中不可忽視的部分，例如，鞠躬作為尊敬的表示，在正式場合和代際互動中尤為常見。本節深入探討臺灣特有的非語言溝通技巧，尤其是肢體語言在不同情境下的應用，並針對社工者、高齡服務使用者與長照環境進行分析。

一、臺灣非語言溝通技巧的文化背景

臺灣的非語言溝通風格深受儒家倫理的影響，強調和諧與人際關係。肢體語言在日常互動中常被用來展現尊重與溫暖，例如：

(一)微笑與點頭

臺灣人在正式場合中經常以微笑表現友善與接受，點頭則表達認同或傾聽。這些動作不僅展現對他人的尊重，也是一種友善和合作的象徵。例如在會議或日常對話中，適時的點頭與微笑可以減少緊張感，增強溝通的流暢性。

(二)手勢的適度使用

例如使用手掌向下來指引方向，而避免以單指指向他人，這被視為更為禮貌的方式。臺灣文化中，手勢被適度使用來提供指示或表示意圖，如在教學場合中以手掌往上的方式邀請及展示，而非用食指直指他人，避免造成他人反感。

(三)空間感與個人距離

在不同場景中，臺灣人對空間的使用充滿技巧。例如在家庭場合中，透過與長輩保持適當距離來表達尊敬；而在好友聚會中，靠近對話對象以展示熱情和親近。

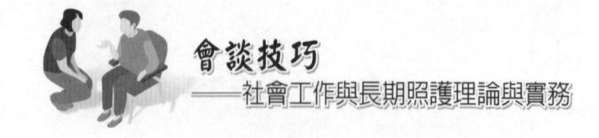

(四)避免直接對視

在某些情境中，過度注視可能被認為冒犯，尤其面對權威人物時。在臺灣的教育和工作環境中，對長輩或主管避開直視被視為謙卑與尊敬的表現，同時減少彼此的壓力。

(五)閱讀氛圍（讀空氣）

Goleman（1995）指出，情商是成功的重要因素，而「讀空氣」是情商的一個重要方面。「讀空氣」一詞源自日文，意指在人際互動中，根據情境、氛圍和他人非語言訊息，來推測對方意圖、調整自己行為的能力。簡單來說，就是察言觀色。而過度「讀空氣」也存在隱憂。過度依賴讀空氣，可能會讓我們變得過於在意他人的眼光，而忽略了自己的真實想法和感受。因此如何在當中取得平衡，端看個人拿捏。

二、社工與長照場域中的肢體語言應用

在臺灣的長照機構中，高齡服務使用者的溝通需求多樣化，其中肢體語言扮演重要角色：

(一)溫柔的觸碰

高齡服務使用者的身體互動中，輕握手或輕拍肩膀可以傳遞安慰與陪伴感，但需考量個人文化背景與接受度。例如一位老人在收到護理員溫柔的手觸時，會感受到真實的關心，提升信任關係。

(二)擁抱的力量

擁抱在護理中被視為直接且有效的情感連結方式，能傳達支持與

愛意。對某些孤獨感較強的服務使用者而言，適當的擁抱能顯著提升情緒穩定。

(三)手勢引導

在協助高齡服務使用者活動時，例如指引進行復健運動或指示日常生活的程序，簡單明瞭的手勢能減輕他們的記憶負擔。特別在記憶力衰退或有視力障礙的高齡服務使用者中，清晰且反覆的手勢是一種有效的溝通策略。

(四)空間管理

護理環境中合理的空間規劃，例如設置寬敞活動區，結合肢體引導服務使用者安全移動，也是一種非語言溝通的延伸。

(五)表情的傳達

醫護人員通過微笑與放鬆的面部表情，減輕患者因就診而產生的焦慮感。例如在門診診療過程中，微笑能大幅降低患者對治療程序的抗拒心理。

三、非語言溝通在高齡服務使用者照護中的挑戰與對策

(一)挑戰

1. 文化差異與溝通誤解：臺灣本地的非語言溝通技巧未必為所有高齡服務使用者或外籍看護所熟悉，可能導致溝通障礙，甚至是衝突。
2. 認知或身體功能退化：部分高齡服務使用者因為疾病或老化，無法輕易解讀肢體語言或輔助工具，例如中風患者無法辨別表

情，視力退化者無法辨別顏色。

(二)對策

1. 跨文化培訓：為看護人員提供當地文化與肢體語言的訓練，促進與本地高齡服務使用者的良好互動。
2. 強化重複性與一致性：在與高齡服務使用者互動時，運用反覆出現的手勢和動作加深理解，如同課堂上重點會強調三次，以強化印象與記憶。
3. 輔助工具的結合：借助圖片或簡單的視覺符號，補充語言和肢體訊息不足的部分，但仍需考慮視力退化的問題。

四、與高齡服務使用者建立非語言信任的策略

1. 耐心等待反應：給予高齡服務使用者充分的時間理解和回應非語言訊號。
2. 觀察回饋：留意高齡服務使用者對動作或表情的反應，微調自己的非語言表達。
3. 個人化互動：基於高齡服務使用者過去的生活經驗調整表達方式，例如對農村背景的服務使用者，可更多運用貼近日常生活的手勢。
4. 擁抱與關懷的平衡：對習慣肢體接觸的高齡服務使用者，可用簡單擁抱作為安慰工具，但需尊重不同文化背景避免過度干涉。

五、結論

非語言溝通技巧作為臺灣文化的重要組成部分，在社工與長照環

境中尤為關鍵。肢體語言的靈活運用，能拉近社工人員、照護人員與高齡服務使用者的情感距離，提升交流的溫度與質量。然而在實踐中須因人而異地考量其文化背景、健康狀況及個別需求，才能真正發揮非語言溝通的力量。

六、綜合案例探討應用

(一)案例背景

某長照機構內，有數位來自不同區域與文化背景的高齡服務使用者，每位老人對非語言溝通的接受程度與偏好都不同，有來自客家背景的服務使用者，也有輕度失智的服務使用者，亦有害怕黑暗的服務使用者，你身為經驗豐富的護理主管，會如何安排處置呢？

(二)實施方式

◆**文化敏感與敬意**

看護人員針對客家背景的老人，使用雙手奉茶等儀式性肢體動作表達尊敬與親切感。對都市背景服務使用者，則採用肢體接觸較少但伴隨微笑和適當手勢的互動方式。

◆**固定溝通模式**

對於患有輕度失智症的服務使用者，設計標準化的微笑問候、手掌向上示意行為，反覆練習以建立熟悉感。

◆**結合空間安排**

在公共活動空間中，安排寬敞且色調溫暖的座位區域，方便服務

使用者在適度距離中自然互動，避免壓迫感，同時鼓勵簡單的擁抱療法。

(三)影響與成效

　　這些應用提高了高齡服務使用者的幸福感與參與度，特別是對於剛入住的老人，明顯縮短適應時間。同時看護人員也透過這些經驗，學會更多樣化的非語言互動方式，使日常照護更加順暢且充滿溫度。

第五章 非語言溝通

參考文獻

Ambady, N. & Rosenthal, R. (1992). Thin slices of expressive behavior as predictors of interpersonal consequences: A meta-analysis. *Psychological Bulletin*, *111*(2), 256-274. https://doi.org/10.1037/0033-2909.111.2.256

Argyle, M. (1988). *Bodily Communication* (2nd ed.). Routledge.

Argyle, M. & Dean, J. (1965). Eye-contact, distance and affiliation. *Sociometry*, *28*(3), 289–314.

Crystal, D. (1975). *The English Tone of Voice: Essays in Intonation, Prosody and Paralanguage*. Arnold.

Ekman, P. (1992). An argument for basic emotions. *Cognition & Emotion*, *6*(3/4), 169-200.

Ekman, P. & Friesen, W. V. (1969). The repertoire of nonverbal behavior: Categories, origins, usage and coding. *Semiotica*, *1*(1), 49-98.

Goleman, D. (1995). *Emotional Intelligence*. Bantam Books.

Hall, E. T. (1966). *The Hidden Dimension*. Anchor Books.

Hertenstein, M. J., Holmes, R., McCullough, M. & Keltner, D. (2009). The communication of emotion via touch. *Emotion*, *9*(4), 566–573.

Hofstede, G. (2001). *Culture's Consequences: Comparing Values, Behaviors, Institutions and Organizations Across Nations* (2nd ed.). SAGE Publications.

Knapp, M. L., Hall, J. A. & Horgan, T. G. (2013). *Nonverbal Communication in Human Interaction* (8th ed.). Cengage Learning.

Lewis, M., Haviland-Jones, J. M. & Barrett, L. F. (Eds.). (2008). *Handbook of Emotions* (3rd ed.). Guilford Press.

Matsumoto, D., Nezlek, J. B. & Koopmann, R. (2008). Cross-cultural differences in facial expressions of emotion. *Emotion*, *8*(4), 547–563.

Mehrabian, A. (1972). *Nonverbal Communication*. Aldine-Atherton.

第六章

問題提問

高辰吉

- 問題提問和共鳴
- 封閉式問題的適當應用
- 開放式問題的使用
- 問題重述和澄清

會談技巧
——社會工作與長期照護理論與實務

在人際溝通的過程中，問題提問與共鳴技巧是一門藝術，也是一項能夠深入瞭解他人、建立信任感的重要能力。不論是在職場、家庭還是社交場合，提問的方式與共鳴的表達，常常決定了溝通的效果。精準的問題能激發思考，拉近彼此的距離，而真誠的共鳴則是傳遞理解與關懷的關鍵，讓對話更加有溫度。

透過善於提問，我們不僅能探尋對方的需求、想法或情感，更能引導對話方向，營造彼此坦誠交流的氛圍。而共鳴技巧則強調情感層面的連結，能讓對方感到被傾聽與尊重，並促進彼此間更深層次的理解與互信。這兩者相輔相成，是現代社會不可或缺的溝通工具，無論在管理、人際關係或社工與長照場域，皆發揮著重要的價值。

第一節　問題提問和共鳴

本節旨在掌握提問與共鳴的核心原則，透過實際的案例分析與互動練習，讓參與者可以學習如何設計有力的提問，以及如何在對話中融入真摯的共鳴反應，進而提升人際互動的質量與效果。

一、問題提問的重要性

Lichtman（2013）指出，有效的提問能啟發對方的思維，尤其是那些開放式的提問更能促進彼此的深入互動。在社工與長照服務中，提問是促進溝通的核心技能。適當的提問可以引導服務使用者和家屬表達需求、偏好和擔憂，幫助社工或照服員制定個別化的照護計畫。其重要性體現於：

1.增強溝通效率：幫助快速瞭解服務使用者的身體與心理狀況。

第六章　問題提問

2.建立信任關係：適當提問能表達關注與尊重，減少服務使用者的抗拒感。
3.發掘隱藏需求：透過深入提問，瞭解服務使用者未直接表達的健康或心理問題，例如孤獨感或疼痛程度。

二、共鳴技巧的定義與作用

共鳴技巧（empathic communication）是一種在互動中展現理解與同理心的溝通方式，能讓對方感受到支持與尊重。Tannen（2007）在《*The Argument Culture*》中則強調，共鳴技巧是解決分歧與促進理解的重要策略。透過與對方感受保持一致的溝通方式，如簡單地回應「這聽起來真的不容易」，能有效減少防禦性，提高對話的深度和信任度。

(一)共鳴技巧的核心元素

1.語言共鳴：重述或回饋對方的話語，確認理解並引導對話。例如：「我聽出來您最近覺得活動起來不太方便，是嗎？」
2.情感共鳴：適時回應對方的情緒，展現理解。例如：「聽起來您最近覺得有些累，我們可以一起想辦法改善這種情況。」
3.非語言共鳴：透過點頭、眼神接觸等肢體語言，表現對對方的專注與支持。

(二)應用於社工與長照工作的作用

1.增強服務使用者的心理安全感：幫助服務使用者在分享健康狀況或生活細節時更為自在。
2.促進家屬的信任與參與：在對話中展現專業與關懷，提升合作的可能性。

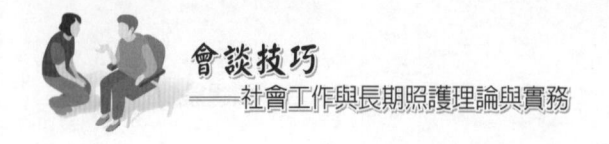

三、在提問中運用共鳴技巧

有效提問與共鳴技巧的結合可以提升服務使用者的參與度，讓他們感受到自身在照護計畫中的重要性。

(一)技巧一：用溫和語言引導提問

避免使用帶有專業術語或生硬的語言，而是以簡單、易理解的方式進行提問。例如：「您今天的膝蓋還痛嗎？有沒有什麼活動讓您感覺舒服些？」

(二)技巧二：鼓勵服務使用者敞開心扉

使用開放式問題讓服務使用者更容易表達。例如：「平常有沒有什麼活動是您特別喜歡的？最近有嘗試嗎？」

(三)技巧三：即時回饋，展現同理心

在服務使用者回答後，適時回饋對方的情感或觀點。例如：「您提到最近不太愛出門，是因為覺得膝蓋疼痛更嚴重嗎？」

四、避免常見錯誤

(一)提問過於直接或生硬

生硬的提問可能讓服務使用者感到不適或被挑戰，例如：「您為什麼不出門？」可改為：「最近外出活動有沒有覺得不方便？」

第六章　問題提問

(二)忽略服務使用者的情緒反應

　　如果服務使用者流露出情緒波動，而社工或照服員只專注於事實提問，可能會減少信任。例如，當服務使用者表示「我最近真的很累」時，不僅要詢問原因，還應先回應：「最近很累啊，那我們一起看看有什麼可以讓您輕鬆一些。」

(三)缺乏耐心

　　服務使用者的表達速度可能較慢，或回答不夠完整，社工或照服員需避免催促或打斷，而是耐心等待，並適時引導補充。

五、小結

　　在社工與高齡長照場合中，有效的溝通不僅能帶來情感上的支持，也能提升照護質量。透過適切的提問引導服務使用者表達內心需求，並運用共鳴技巧，讓服務使用者感受到被理解與關懷。這些方法有助於拉近社工或照服員與服務使用者之間的心理距離，進一步營造信任和安心的環境。

　　未來在實際工作中，我們可以更有意識地設計對話，用同理心觀察服務使用者的情緒反應，並以真誠的態度回應他們的想法與感受。每一次溫暖的提問與共鳴，都是促進服務使用者身心健康的重要一環，也讓照護關係更加豐富而有意義。期待讀者將這些技巧融入日常工作，為服務使用者的晚年生活注入更多的尊重與溫度。

六、綜合實例探討

(一)案例一：提問與共鳴技巧的缺失

◆**案例背景**

陳爺爺，七十九歲，患有高血壓和慢性膝關節炎，最近表現出明顯的情緒低落，且對照護計畫配合度不高。社工或照服員試圖與他溝通，瞭解情況。如果你是社工或照服員，你會怎麼與他溝通呢？

◆**情境對話**

- 社工或照服員（生硬地提問）：「陳爺爺，為什麼您最近不按時吃藥？是不是忘記了？」
- 陳爺爺（帶有不滿情緒地回答）：「我沒忘，只是不想吃，反正吃了也沒什麼用。」
- 社工或照服員（忽略情緒）：「不吃藥會讓您的血壓更高，這樣很危險，您知道嗎？」
- 陳爺爺（更加抵觸）：「我自己的身體我知道，不用你來說！」

(二)案例二：李奶奶的家屬訪談

◆**案例背景**

李奶奶，七十七歲，記憶力下降，家屬對照護有多項疑問。

第六章　問題提問

◆情境對話

1. 理解家屬的需求：
   - 社工（照服員）：「您提到最近覺得奶奶的記憶力有變化，能不能多說一點她平常的表現？」
   - 家屬：「她有時候忘記吃藥，或者重複問相同的問題。」
   - 社工（照服員）：「聽起來，這些變化讓您有些擔心，我們可以一起討論如何幫助她更有效地管理日常生活。」
2. 澄清細節並共鳴：
   - 社工（照服員）：「除了吃藥的問題，她在其他方面，比如飲食和睡眠，有沒有發生什麼變化？」
   - 家屬：「睡眠也不好，晚上常常醒來。」
   - 社工（照服員）：「那可能這些問題是相互影響的，我們可以試試調整她的日常作息，讓她晚上能休息得更好。」

第二節　封閉式問題的適當應用

在社工與高齡長照工作中，有效的溝通是瞭解服務使用者需求、確保照護品質的重要環節。封閉式問題作為溝通技巧的一種，因其結構明確、回答簡潔，特別適合用於快速獲取具體資訊或引導對話焦點。Adler（1931）則指出，封閉式問題能幫助聚焦於特定生活任務或心理挑戰。例如，詢問服務使用者「您有參加過社區活動嗎？」能迅速評估其社交聯繫程度，以進一步設計更個性化的介入策略。這類問題能幫助社工或照服員瞭解服務使用者的生活習慣、健康狀況及當下需求，例如詢問「今天是否已經服藥？」或「這道菜是否適合您的口味？」等。

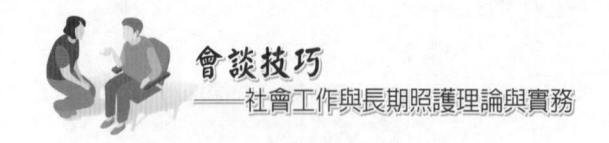

會談技巧
——社會工作與長期照護理論與實務

在社工與長照情境中，封閉式問題的適當應用，能提升工作效率，減少服務使用者因問題過於複雜而感到的壓力，同時協助社工或照服員精準判斷服務使用者的需求。然而，要達到良好的溝通效果，封閉式問題需與開放式對話相輔相成，才能全面理解服務使用者的情感與想法。本節將探討封閉式問題的實用策略，幫助社工及照服員在各種情境中靈活應用，促進溝通流暢，並建立更高品質的照護關係。

一、封閉式問題的特徵

封閉式問題是指那些通常以「是」或「否」回答的問題，或要求回答者從特定選項中選擇的問題類型。在社工與高齡長照工作中，封閉式問題因其設計簡潔且答案明確，成為日常溝通、健康評估及照護計畫的重要工具。封閉式問題的特徵如下：

(一)快速獲取資訊

封閉式問題的核心特點之一是能迅速蒐集具體且精確的資訊。在服務使用者照護環境中，護理人員經常需要即時獲得準確資訊，以判斷病況、執行健康評估或提供應急方案。例如：

「您今天有服用早上的藥物嗎？」
「最近一週內有沒有便秘情況？」

這類問題特別適合在需要快速做出決策的情境中使用，減少冗長對話，有助於確保關鍵資訊不被忽略。

(二)結構化對話

封閉式問題因其明確而直接的性質，能有效幫助社工或照服員將對話集中在特定主題上，避免偏離主題或產生不必要的冗長資訊。例

第六章　問題提問

如：

在進行疼痛評估時：「這種疼痛是出現在早晨還是晚上？」
確認飲食習慣時：「您昨天是否有喝牛奶或豆漿？」

如此結構化的對話設計，有助於記錄與分析數據，確保診斷與照護計畫的準確性和效率。

(三)降低服務使用者負擔

服務使用者在面對問題時可能因健康狀況、記憶能力或表達能力受到限制，而對交流感到壓力。Carkhuff（2000）認為，封閉式問題可以在需要緊急決策或排除複雜因素的情境中發揮重要作用。這類問題避免了過多的情感挖掘，更適合心理壓力較大或不願深入交談的對象。相較於開放式問題（需要詳細描述或自由回答），封閉式問題更容易回答，對於感到疲憊或心情低落的服務使用者尤其友善。例如：

「今天有感覺累嗎？」（是／否）
「有沒有按時睡午覺？」

這樣的問答方式不僅減少了服務使用者的心智負擔，還能使護理者更快、更有效地獲取關鍵資訊。

(四)輔助非語言溝通

在某些情況下，服務使用者可能無法清楚表達情感或需求，封閉式問題能成為溝通的橋梁。例如使用簡單二選一方式（如舉手、點頭）協助確認情況：

「您是不是覺得今天飯菜太硬了？」
「您現在需要喝水嗎？」

這樣的設計特別適合失智或中風導致表達受限的服務使用者，幫助他們快速回答並參與對話過程。

二、應用於社工與高齡長照工作的優勢

善用封閉式問題，將在長照工作中體現的優勢包括：精準診斷健康問題、提升對話效率與便於進行狀態追蹤，以下將就各點分別討論。

(一)精準診斷健康問題

社工或照服員可透過系列封閉式問題，快速掌握服務使用者的健康狀態，例如：「這幾天有頭暈嗎？」或「最近睡眠質量好不好？」

(二)提升對話效率

當需要處理多位服務使用者時，使用封閉式問題能有效縮短溝通時間，提升服務質量。

(三)便於進行狀態追蹤

透過設置每日例行問答（如「今天有服藥嗎？」）可形成系統性記錄，協助後續評估或病況管理。

三、封閉式問題應用情境與注意事項

(一)適當應用的情境

封閉式問題的應用範圍廣泛，以下是幾個典型情境：

第六章　問題提問

◆健康狀況追蹤

　　在日常健康管理中，封閉式問題能有效幫助社工或照服員瞭解服務使用者的身體狀況。例如：

「今天的血糖測量值有超過標準嗎？」（快速確認健康指標）
「有感覺胸口悶嗎？」（檢查是否有潛在健康風險）

◆日常生活習慣監控

　　當需要瞭解服務使用者的日常生活習慣時，封閉式問題能提供簡明的資訊。例如：

「這週有做過伸展運動嗎？」（追蹤運動習慣）
「最近的飲水量是否有減少？」（關注水分攝取）

◆家屬協作與支持

　　對於家屬參與度的確認，封閉式問題能幫助建立共識。例如：

「您是否希望每週參與一次家庭會議？」（核實家屬的參與意願）
「這樣的時間安排對您方便嗎？」（確認行程規劃的可行性）

(二)避免過度使用的注意事項

　　雖然封閉式問題具有高效性，但過度使用可能導致溝通問題，因此需要謹慎應用。

◆過度依賴導致對話生硬

1.如果一連串問題都是封閉式的，可能會讓服務使用者或家屬感到被審問或缺乏交流。

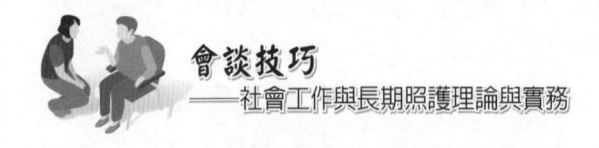

2.解決方法：在必要時搭配開放式問題，鼓勵更深入的表達。

◆忽略情感層面

1.封閉式問題過於聚焦於事實，可能忽略服務使用者的情感需求。

2.解決方法：在提問後適時加入情感共鳴或進一步引導，例如：「您說最近感覺不舒服，能多說一點嗎？」

◆適應服務使用者的溝通能力

1.某些服務使用者可能因認知障礙而難以回答封閉式問題，需適時調整提問方式。

2.解決方法：以更簡單的選項或圖示輔助提問，例如：「您今天有吃飯嗎？（是／否，請指一下）」

四、小結

　　封閉式問題在社工與高齡長照工作中的適當運用，能夠快速獲取關鍵資訊，提升照護效率，並減輕服務使用者在表達過程中的壓力。然而成功的溝通並非只依賴一種技巧，封閉式問題的運用需與開放式問題和情感共鳴相結合，才能全面掌握服務使用者的想法與感受。

第六章　問題提問

五、綜合實例探討

(一)案例一

◆背景

　　張爺爺，八十五歲，有糖尿病和高血壓，需每日服藥和監測血糖。社工（照服員）希望快速確認他的健康狀況。

◆對話

　　・社工（照服員）：「張爺爺，今天早上有按時吃藥嗎？」
　　・張爺爺：「有的。」
　　・社工（照服員）：「最近量血糖的結果還在正常範圍內嗎？」
　　・張爺爺：「是的，都沒問題。」

◆結果

　　・社工（照服員）迅速獲取了必要資訊，並根據回應記錄健康狀況，節省了雙方的時間。

(二)案例二

◆背景

　　李奶奶，七十八歲，近期因腿部疼痛減少了活動量。社工（照服員）希望瞭解她的活動情況，但過於依賴封閉式問題。

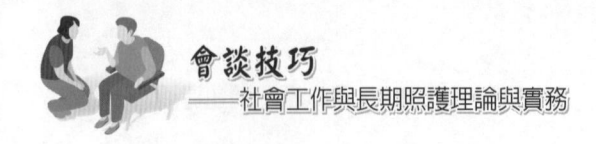

◆對話

　　・社工（照服員）：「這週有參加社區活動嗎？」
　　・李奶奶：「沒有。」
　　・社工（照服員）：「最近有出去散步嗎？」
　　・李奶奶：「沒有。」

◆問題分析

　　封閉式問題未能深入瞭解李奶奶的困難，導致對話停滯。

◆改進建議

　　・社工（照服員）可以改為：「最近散步有什麼困難嗎？是因為腿部疼痛加重了嗎？」
　　・李奶奶可能會回應：「是啊，最近腿痛得厲害，走幾步就累了。」
　　・社工（照服員）進一步回應：「腿痛確實很麻煩，我們可以試試一些舒緩疼痛的活動，您覺得如何？」

◆結果

　　改進提問方式後，李奶奶更願意分享問題，並接受了適合的建議。

第三節　開放式問題的使用

　　在社工與高齡長照工作中，開放式問題是一種能促進深入瞭解與情感交流的溝通技巧。開放式問題的使用在諮商領域中被廣泛認可。

第六章　問題提問

Egan（2020）在《幫助者的角色》中指出，提問技巧是建立信任和促進深入對話的重要方式。使用開放式問題能引導來談者自主探索經驗和情感，同時深入理解來談者的需求與心理狀態。與封閉式問題不同，開放式問題為服務使用者提供更多表達的空間，引導他們分享自己的感受、經歷和需求。例如，「您今天的心情如何？」或「這段時間有什麼讓您特別開心的事情嗎？」這類問題能啟發服務使用者回憶與表達，有助於增進雙方的理解與信任。開放式問題在社工與長照場域中的應用，不僅能幫助社工或照服員更全面地掌握服務使用者的心理與生活狀態，也能讓服務使用者感受到自身價值被重視。

一、開放式問題的特徵

開放式問題是一種有效的溝通工具，特別適用於社工與高齡長照工作，這類問題需要服務使用者或家屬提供詳盡的回答，而非僅僅用簡單的「是」或「否」作答。Rogers（1961）在《成為一個人》中指出，開放式問題的使用與以人為中心的溝通方法密不可分，這種方法注重同理心和無條件積極關懷的展現。特別是在社工與長照工作場域，社工及照服員運用開放式問題可以營造尊重和平等的互動氛圍，有助於促進心理支持與情感交流。這些問題能引導深入對話，幫助社工和照服員更清晰地理解服務使用者的需求、生活經歷和感受，進而提供更個性化的關懷和服務。

(一)鼓勵詳盡回應

開放式問題的設計能啟發對方提供更多的資訊，進而更全面地揭示生活背景和需求。例如：

「您最近感覺哪些活動讓您比較快樂？」

「能告訴我關於您過去工作或興趣的事情嗎？」

這些問題不僅促使服務使用者主動分享，還能挖掘一些隱藏或未被充分表達的情感和需求。舉例來說，某位服務使用者表達對戶外散步的偏好，可以幫助護理人員設計更加適合他們的戶外活動計畫。同樣，針對家屬的開放式問題如「您覺得哪些照護細節我們可以改進？」則能為護理方案的優化提供實用意見。

(二)傳遞重視感

當服務使用者或家屬有機會用自己的方式表達時，他們會感受到自己被充分重視。例如：

社工（照服員）詢問：「您今天有什麼想和我分享的嗎？」
或：「您覺得最近的活動安排合您的心意嗎？」

這類問題能使對方體會到溝通的平等性，讓他們覺得自己的意見對整體照護計畫有積極影響。給予患者自主發言的空間有助於提升滿意度和配合度，特別是對於高齡者而言，這種方式能減少焦慮和孤獨感。

(三)提供情緒支持

開放式問題有助於創造一個有溫度的對話環境。對於面臨身體或情緒挑戰的服務使用者，這些問題能幫助他們表達內心的顧慮和壓力，例如：

「最近有什麼讓您感覺困難或不舒服的事情嗎？」
「和家人相處時，您最在意的是什麼？」

透過這類問題，社工與照服員可以深入瞭解服務使用者的情緒需求，適時給予心理支持或適應性建議。同時，表達關懷的態度還能促

第六章　問題提問

進信任關係的建立，減少抵觸情緒。

(四)鼓勵自主性

　　與封閉式問題不同，開放式問題有助於提升服務使用者的參與感，讓他們有機會表達對日常安排、生活節奏或護理方案的看法。例如：

「您認為上午的運動時間適合嗎？」
「關於我們的照護服務，有什麼建議想提供嗎？」

　　這樣的設計使服務使用者感到自己是生活的主導者，而不是被動接受指導的角色。對於家屬而言，同樣可以透過這種形式的提問幫助他們參與決策，並考量家人間需求的平衡。

(五)促進深入交流

　　使用開放式問題可以幫助社工或照服員深入瞭解表象之下的真實需求。例如：

「您過去怎麼慶祝生日？有什麼特別的習慣嗎？」
「您最懷念的是哪段人生經歷？」

　　透過聆聽詳細的回應，社工及照服員可以從服務使用者的敘述中捕捉到更多個人化的資訊，包括文化背景、家庭價值觀及心理需求等。這對於服務使用者專屬護理方案的設計至關重要。

二、開放式問題應用情境與注意事項

(一)適當應用的情境

◆日常健康管理

問題範例:「最近飲食習慣有改變嗎?」
對於正在進行健康監控的服務使用者,這類問題能幫助護理人員觀察他們的生活細節變化,例如是否因為口腔或消化問題影響飲食。

◆情感需求關懷

問題範例:「最近有什麼讓您特別高興的事情嗎?」
服務使用者可能會藉此分享生活中的喜悅,例如家人拜訪或活動參與,進而提供護理人員改善情感交流的方向。

◆記憶與回憶喚醒

問題範例:「您年輕時最喜歡做的是什麼?」
回憶過往有助於激發服務使用者的情感連結感,特別是在失智症患者中,此類問題還有助於刺激記憶。

◆探索家庭動力學

問題範例:「對於照顧您的安排,家人之間有什麼討論嗎?」
此類問題有助於社工與照服員瞭解家庭間的互動情況,協助解決潛在的矛盾或溝通障礙。

第六章　問題提問

◆日常活動設計

　　問題範例：「有沒有什麼活動是您希望試試看的？」
　　透過這類問題，服務使用者可自由表達興趣點，讓日常活動的設計更符合他們的偏好，提升參與感和生活滿意度。

(二)開放式問題的注意事項

◆語言簡單易懂

　　問題應避免過於複雜或抽象，對認知能力下降的服務使用者，使用簡單明瞭的語言表述能讓他們更輕鬆回答。

◆避免誘導性用語

　　問題的設計應保持中立，避免暗示回答方向。例如，將「您最近吃東西不香，是不是壓力很大？」改為「最近飲食上有什麼不習慣的地方嗎？」

◆尊重回答節奏

　　部分服務使用者可能需要更多時間整理思緒，護理人員應耐心等待，避免催促或中途打斷。

◆根據回應設計後續問題

　　確保後續問題根據服務使用者的回應進一步展開，避免使用標準化或公式化的問題影響對話的自然性。

◆關注非語言表達

　　部分服務使用者的回答可能含糊不清，護理人員應輔以觀察表

情、肢體語言等非語言訊息，進一步確認其需求。

(三)對比封閉式問題與開放式問題

開放式問題與封閉式問題的設計目的各不相同，兩者相輔相成，共同服務於社工與高齡長照工作（**表6-1**）。

表6-1　開放式問題與封閉式問題的不同

特徵	封閉式問題	開放式問題
目的	蒐集具體、快速的資訊	引導對方深入表達感受與需求
回答形式	是／否或固定選項	自由敘述，涵蓋更多背景資訊
情境適用	緊急情況或需要快速決策	需要探討情緒、需求或背景時
與服務使用者的互動	減少認知負擔與誤差	提升交流的深度，增加參與感
示例問題	「今天是否已服藥？」	「服藥後的感覺如何？需要什麼幫助嗎？」

三、小結

綜上所述，開放式問題作為一種靈活且以人為中心的溝通方式，不僅能促進高齡者和家屬的敞開表達，還有助於社工或照服員全面掌握資訊，設計更貼近需求的照護計畫。

開放式問題為社工與高齡長照工作注入了更深層次的關懷與尊重。透過這類提問，服務使用者得以表達自身想法與感受，讓社工及照服員更清楚地瞭解其內心世界與需求。本節讓學員認識到，開放式問題不僅是一種溝通技巧，更是一座連接心靈的橋梁，有助於建立良好的照護關係。

第六章　問題提問

四、綜合實例探討

(一)案例一

◆背景

陳奶奶，八十歲，性格內向，對參與活動不太積極。社工或照服員希望透過提問瞭解她的偏好。

◆對話

- 社工（照服員）：「陳奶奶，您平常喜歡怎麼安排一天的時間？有沒有什麼是您特別享受的？」
- 陳奶奶：「我喜歡早上看電視劇，下午喝點茶，有時候會想去院子裏走走。」
- 社工（照服員）：「聽起來，您很享受安靜的時間。如果有一個安靜的小組活動，比如讀書分享，您會有興趣參加嗎？」
- 陳奶奶（微笑）：「那可以試試看。」

◆結果

透過開放式問題，社工或照服員瞭解了陳奶奶的偏好，並設計適合她的活動，成功提升了參與度。

(二)案例二

◆背景

李爺爺，七十八歲，因關節疼痛情緒低落，經常拒絕社工或照服

員的建議。

◆對話

- 社工（照服員）：「李爺爺，您為什麼不參加活動？這樣下去對健康不好。」
- 李爺爺（不耐煩）：「我不想去，沒什麼好說的。」

◆問題分析

- 提問方式過於直接，帶有責備意味，未能引導李爺爺表達真實的感受。
- 缺乏同理心，忽略了他的情緒和疼痛問題。

◆改進建議

- 社工（照服員）可改為：「李爺爺，最近身體有什麼不舒服的地方嗎？或者活動中有什麼讓您覺得不方便的地方？」
- 李爺爺可能會回應：「我的膝蓋最近很痛，站一會兒都覺得難受。」
- 社工（照服員）進一步共鳴：「膝蓋痛確實很辛苦，我們可以一起試試輕鬆些的活動，讓您感覺舒服些，您覺得怎麼樣？」

◆結果

改善提問方式後，李爺爺更願意分享困難，並逐步參與適合的活動。

第六章　問題提問

第四節　問題重述和澄清

在社工與高齡長照工作中,問題重述與澄清是確保溝通準確的重要技巧。由於服務使用者在表達時可能因語速、記憶或情緒等因素產生模糊或不完整的信息,社工或照服員透過重述和澄清,可以更有效地理解服務使用者的真實需求。例如,當服務使用者提及「我最近覺得累」,社工及照服員可回應:「您是說最近身體覺得疲憊,還是因為其他原因?」這種技巧能確認信息的完整性,避免誤解,並展現對服務使用者話語的重視。

Ivey et al.（2018）在《基本諮商技巧》中指出,重述和澄清結合能形成「活動性傾聽」,這是高效溝通的核心能力之一。問題重述和澄清的應用,有助於提升互動的精確性,同時讓服務使用者感受到被用心聆聽與理解,進而增進雙方信任與合作。

一、問題重述的目的

問題重述的目的在於促進雙向溝通,確保資訊傳遞的正確性,特別是在面對健康照護或其他涉及專業知識的複雜問題時,這一點尤為重要。對服務使用者及其家屬而言,重述問題有以下具體好處:

1. 確認理解無誤:服務使用者或家屬有時可能因為資訊接收不完整或緊張情緒,而對問題產生誤解。透過重述,可以協助澄清彼此的觀點。
2. 強化關懷與被傾聽的感受:當對方聽到你重述其表述內容時,能感受到被重視與理解,增強信任感。

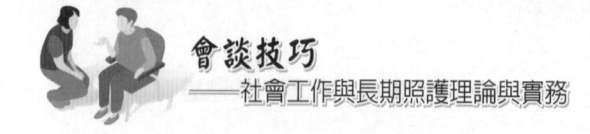

3. 減少誤解及衝突：在服務使用者照護中，家屬間的意見分歧可能導致誤會。藉由問題重述，所有參與者能對問題本質有一致的理解基礎。

例如：服務使用者提到「最近經常腰痛」時，重述可用：「您說的腰痛，是在靜止時更明顯，還是活動後呢？」如此一來，可以避免忽略對方的意圖，也有助於引導對話更加具體，並能掌握關鍵資訊。例如，針對疼痛的性質、頻率和誘因的細節，便能有助於進一步診斷或建議適當的處理方式。同時，重述還能建立更有條理的對話氛圍，使雙方都感到被支持與理解，進而提升溝通的效率與效果。

二、重述問題的技巧

在與服務使用者或家屬交流時，適當運用以下技巧重述問題，可以更精準地表達關注並引導討論：

1. 選擇易懂的語言：服務使用者對於專業術語可能較不熟悉，因此以生活化的語言重述問題，例如：「您提到最近吃不下飯，是什麼時候開始的呢？」
2. 避免帶入個人偏見：不直接對問題作結論性判斷，而是用中性語言表述。例如：「您剛剛說到，最近晚上的睡眠不好，可以多說說您的感受嗎？」
3. 明確表達假設：若表述中可能帶有假設性內容，應直接說明。例如：「是不是您覺得近期運動太累導致腰痛加重？」

針對不同對象，可因地制宜地調整技巧：

1. 針對服務使用者：「您剛提到的腰痛，是不是從上星期活動後開始的？」這樣的方式讓對方能感到被尊重且安全。

第六章　問題提問

2.針對家屬：「我理解您的擔憂，您是否覺得晚間的護理會對您休息造成困擾？」能讓家屬感受到共情，並更容易提供詳盡資訊。

三、澄清的實際應用

Brookfield（2017）指出，清晰表達和澄清問題對於教學和溝通同樣重要。教育者在面對學習者的回應時，透過重述其觀點，可以激發對方的自我反思，並確認教學內容是否清楚傳遞。澄清技巧能夠協助有效排除溝通障礙，以下為澄清的具體應用方式：

1. 面對模糊回答時：當對方的表達過於模糊，應進一步提問。例如：「您剛剛提到感覺累，是指心理壓力大，還是體力下降呢？」這種詢問有助於明確問題核心。
2. 處理矛盾意見時：如果家屬或服務使用者意見出現矛盾，可以嘗試整合或引導。例如：「您希望減少復健頻率，但又提到希望康復更快，我們可以嘗試找一個平衡點。」
3. 解讀非語言信號：當服務使用者或家屬的語言表達與其非語言信號（如表情、肢體語言）不一致時，可進一步探問。例如：「您剛才提到不需要幫助，但我注意到您的表情似乎有些擔憂，是不是還有其他考量呢？」
4. 使用正向引導：在服務使用者或家屬未清楚表達時，使用正向方式促進討論。例如：「您提到的問題，我們再細談一下，是不是因為最近天氣變化影響到您呢？」

四、避免誤解的技巧

為避免誤解，在重述與澄清過程中可以採取以下技巧：

1. 重述對方回應：將對方的說法以自己的話復述，並確認是否正確。例如：「您的意思是，每天下午進行適量的散步會讓您感到更放鬆，是嗎？」
2. 耐心確認：當問題涉及多方面資訊時，逐一與對方確認。如：「所以，如果我們下午進行兩小時活動，再搭配休息，您覺得如何？」
3. 避免個人評價：在重述與澄清時，不應加入個人主觀判斷，確保溝通的中立性。例如：「您的想法是多參與活動有幫助，但也擔心會太累，這部分我們可以再平衡安排。」
4. 總結關鍵訊息：當討論即將結束時，進行簡單的總結，例如：「總結一下，您希望能減少一次復健次數，但需要改善效果，我們可以這麼調整……」

五、針對服務使用者及家屬互動的注意事項

在服務使用者與家屬互動中，除了重述與澄清，還需留意溝通方式的細節，避免因語言或態度引起不必要的情緒波動。Rollnick et al.（2010）則在動機性訪談的理論中提到，澄清可作為啟發對話的橋梁。在社工與高齡長照工作領域，當服務使用者表達模糊的需求或情感時，社工與照服員可運用澄清技巧，更理解需求。可掌握的要領如下：

1. 用語簡單清晰：特別是在服務使用者可能因記憶或理解能力受影響時，簡單明瞭的表述能大幅降低溝通困難。如：「您覺得每天運動一次，這樣可以嗎？」
2. 重複或確認關鍵資訊：為避免遺漏，對重要資訊應適當重複。例如：「那您提到希望每次復健時間短一點，我記下來了。」

3. 適應個人化需求：針對每位服務使用者的認知能力、健康狀況調整溝通方式。例如，對理解力受限者可以輔以視覺提示；對記憶力較好的服務使用者則以細節確認為主。
4. 專注耐心傾聽：遇到表達緩慢或資訊不連貫的服務使用者，不應急於打斷，而是耐心傾聽並進一步澄清。家屬也需要透過有效傾聽促進相互理解。
5. 尊重各方需求與意見：在家庭溝通中，服務使用者的自主權與家屬的照護負擔同樣重要。因此應避免讓家屬與服務使用者之間感到競爭意識，而是以中立的立場促進雙方合作。

六、小結

問題重述與澄清是社工與高齡長照工作中不可或缺的溝通方式，其價值不僅體現在信息準確上的提升，也在於讓服務使用者感受到自身需求的重要性與被理解的尊重。透過本節，讀者已掌握如何在對話中有效運用這些技巧，進而深入挖掘服務使用者的需求與感受，並提供更有針對性的照護支持。

七、綜合案例探討

(一)案例一

◆背景

陳先生是一位七十歲的服務使用者，近來常抱怨腰痛且睡眠不好，家屬擔心他的健康，但由於平日溝通不多，往往無法清楚掌握問題。

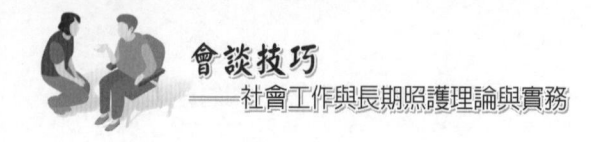

◆互動過程

- 社工（照服員）主動詢問：「陳先生，您提到最近腰痛，這是在做什麼動作時特別明顯？」
- 陳先生回答：「應該是坐久了吧。」
- 社工（照服員）澄清：「所以坐久後會腰痛，那請問起身走動後，症狀是否有所緩解？」
- 陳先生思考後補充：「對，走動一下就好些，但有時候早上起床也會覺得僵硬。」

經由重述與澄清，社工或照服員將陳先生的腰痛歸因於久坐與早晨僵硬，並建議安排每日適度的伸展運動。家屬瞭解狀況後，開始協助調整生活安排，最終陳先生的症狀明顯改善，家屬也感受到被支持。

◆分析

此案例中，問題重述與澄清有效促進了信息的準確傳遞，使得服務使用者和家屬都能理解並採取具體行動，最終改善生活質量。

(二)案例二

◆背景

李奶奶因為視力問題依賴家屬協助，但近期家屬表示奶奶經常對醫療安排不滿，導致關係緊張。

◆互動過程

- 家屬簡單地說：「奶奶一直嫌麻煩，不願意去做檢查。」
- 社工（照服員）直接回應：「其實檢查並不麻煩，可能是家屬

第六章　問題提問

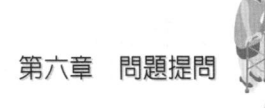

的耐心不足？」

・李奶奶因感到被誤解而沉默，溝通陷入僵局。

在此情境下，社工或照服員未進一步澄清問題的根本原因，也未耐心傾聽雙方意見，導致誤會未能消除，甚至加深了家屬與服務使用者之間的隔閡。

◆分析

這個案例顯示，忽視問題重述和澄清技巧，缺乏中立與耐心，容易造成溝通斷裂，影響整體照護效果。

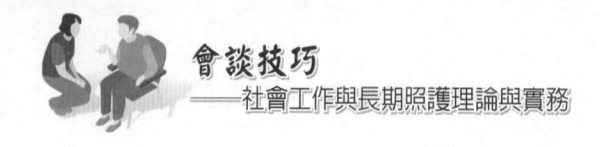

參考文獻

Adler, A. (1931). *What Life Could Mean to You*. Allen & Unwin.

Brookfield, S. D. (2017). *The Skillful Teacher: On Technique, Trust and Responsiveness in the Classroom* (3rd ed.). Jossey-Bass.

Carkhuff, R. R. (2000). *The Art of Helping.* Human Resource Development Press.

Egan, G. (2020). *The Skilled Helper: A Problem-Management and Opportunity-Development Approach to Helping* (11th ed.). Cengage Learning.

Ivey, A. E., Ivey, M. B. & Zalaquett, C. P. (2018). *Intentional Interviewing and Counseling: Facilitating Client Development in a Multicultural Society* (9th ed.). Cengage Learning.

Lichtman, M. (2013). *Qualitative Research in Education: A User's Guide* (3rd ed.). SAGE Publications.

Rogers, C. R. (1961). *On Becoming a Person: A Therapist's View of Psychotherapy*. Houghton Mifflin Harcourt.

Rollnick, S., Miller, W. R. & Butler, C. C. (2010). *Motivational Interviewing in Health Care: Helping Patients Change Behavior*. Guilford Press.

Tannen, D. (2007). *The Argument Culture: Moving from Debate to Dialogue*. Ballantine Books.

Zhang, Y. B. & Giles, H. (2018). *Communication Accommodation Theory* (pp.95-108).

第七章

虛擬的會談技巧

蔡元隆、鍾惠娥、余錦芬

- 虛擬的會談技巧
- 管理虛擬會談的挑戰
- 安全性和保護考慮

隨著數位技術的迅速發展，虛擬會談逐漸成為社工領域中的重要輔助工具。視訊科技的應用在助人專業中已有一定歷史（Mishna et al., 2021），歐美國家也隨著遠距工作的需求嘗試了多種模式，使視訊逐漸成為替代面對面互動的有效工具，尤其在醫療、諮商和社工等助人專業領域積累了豐富經驗。然而，視訊會談在臺灣華人文化中的運用仍相對有限（邱方昱，2023）。本章針對虛擬環境中的會談技巧進行深入探討，特別著重於社工如何克服虛擬互動的局限，並在數位情境下有效建立與服務對象之間的信任。

透過文化敏感性、適當的非語言訊息傳達、積極傾聽與即時回饋（immediate feedback），社工在無法進行面對面互動的情況下，仍能提供溫暖且專業的支持。虛擬會談雖拓展了社工接觸多元服務對象的可能性，卻同時伴隨著非語言訊息解讀困難、技術障礙以及隱私安全挑戰等問題，虛擬會談包括視訊協談、即時聊天、訊息功能或音訊通話（包含安心專線、生命線、張老師等等）。為更好地滿足特殊群體的需求，本章深入分析了在虛擬環境中信任建立、行動透明化和鏡像模仿等技巧，並探討了知情同意與數據安全的重要性，為社工在數位時代提供了一套進行專業、有效且安全的虛擬會談實務指南。

第一節　虛擬的會談技巧

隨著科技日益進步，遠距與線上治療技術逐漸成熟。虛擬會談也開始廣泛應用於服務使用者的輔導和心理治療中，但同時應特別注重與服務使用者之間的互動，保持專業的溫暖與同理心（empathy，又稱共情）。虛擬會談技術的應用包括數位平台的使用、非語言訊息的解讀，以及在遠距情境中建立信任的技巧。由於缺乏面對面的互動，社工需格外關注語音語調、鏡頭中的表情以及視頻中的肢體語言，並善

第七章　虛擬的會談技巧

用科技，例如，二〇二一年起COVID-19疫情期間，臺灣諸多社福機構透過LINE和Zoom進行視訊會談，且有不少社工與居家隔離者進行心理支持時，運用即時語音與訊息傳遞建立情感聯繫。又如在視頻會議軟體中的回應功能（例如點讚、表情符號或簡單的文字回饋）來替代面對面交流中的自然回應方式。像是利用LINE的貼圖功能傳達情感支持，例如傳送鼓勵貼圖表達同理心。

在虛擬會談過程中，社工需運用多種策略來達到有效互動。這些技巧幫助社工在虛擬對話中維持專業性和連貫性，更好地支持會談中的服務使用者。以下針對虛擬會談的信任建立、清晰的非語言訊息應用、積極傾聽和即時回饋等技巧分述如下：

一、虛擬的信任關係建立

在虛擬會談中，建立穩固的信任關係是提升服務效果的關鍵環節。由於缺乏實體接觸，虛擬環境中的信任建立往往面臨挑戰。社工若能迅速適應數位平台，並敏銳地察覺服務使用者的需求，能有效促進信任感的形成，並增強會談的整體效果。虛擬信任的建立可透過以下策略來實現：

(一)注視鏡頭以模擬眼神接觸

在虛擬會談中，注視攝像鏡頭可模擬眼神接觸的效果，使服務使用者感到被關注與重視（Daisuke et al., 2005）。這種視覺技巧在虛擬環境中尤為重要，不僅能使社工更貼近服務使用者的真實生活情境，還能因虛擬會談的隔離性，減少「專業介入」的壓力，使服務使用者更為放鬆（Cook & Zschomler, 2020）。在遠距環境中熟練使用鏡頭注視技巧，有助於營造親切且真實的交流氛圍，提升會談的情感支持效果，並鼓勵服務使用者更為開放地表達。

(二)行動透明化

　　行動透明化是提升信任感的重要策略。在會談中，社工主動解釋如撰寫筆記或查閱文件的目的，可有效減少服務使用者對此類行為的誤解與不安，增強互動的預測性和透明度（Marino et al., 2010）。這種透明化的溝通方式有助於模擬真實會談中的專業互動，提升雙方關係的穩定性。行動透明化不僅適用於虛擬會談，亦可廣泛應用於遠距治療等其他助人情境中，從而減少服務使用者的焦慮感，並促進會談參與度，使其更為投入。

(三)鏡像模仿技巧

　　鏡像模仿（mirrored imitation）指的是在會談中有意識地模仿服務使用者的語調、表情或肢體語言，以在潛意識層面上建立親密感與信任感。心理學研究表明，人們更傾向於對模仿其行為的人產生親和感。例如，當服務使用者喝水時，社工可跟著喝水；或在服務使用者陳述時，通過點頭或微笑的回應來表示理解，這種行為同步性有助於降低服務使用者的防禦心理，並促進交流的舒適度。鏡像模仿進一步增強了會談中的理解與連結，使服務使用者感受到被接納與支持。

(四)適當沉默以促進自我反思

　　適當使用沉默不僅是傾聽技巧的一部分，更是促進服務使用者自我反思（self-reflection）的有力工具。在虛擬會談中，適度的沉默能給予服務使用者思考和整理情緒的空間，幫助其更深入地探索內在情感。此技巧尤為重要，因為沉默的空間有助於深化會談的質量，使服務使用者得以釋放更深層的情感與觀點。社工應細心觀察服務使用者的反應，在適時的沉默中引導服務使用者進行自我探究，以增進理解和信任。

第七章　虛擬的會談技巧

　　在虛擬會談中，建立信任需要社工綜合運用多種策略，包括模擬眼神接觸、行動透明化、鏡像模仿及適度沉默的使用。這些技巧能有效地增強服務使用者對會談的信任與參與感，使其在虛擬環境中也能體驗到親切、真實的支持。社工需根據服務使用者的需求靈活應用這些方法，並隨時調整會談策略，進一步優化虛擬會談的效果。在此基礎上，虛擬會談不僅成為一種高效的服務形式，更成為促進社工專業價值的重要手段，確保會談的質量與專業性。

二、清晰的非語言訊息應用

　　在虛擬會談中，由於缺乏實際的面對面互動，非語言訊息的清晰運用，成為社工與服務使用者建立連結的重要手段。透過精確的非語言訊息傳達，社工可以補足虛擬環境中面對面互動的不足，進一步增強溝通的深度和互信。適當的非語言表達在虛擬會談中有助於營造支持性的氛圍，並有效減少服務使用者的心理防衛機制（defense mechanism），使其更為自然地表達情緒和感受。以下是虛擬會談中幾項重要的非語言訊息應用策略：

(一)視線接觸

　　在虛擬會談中，透過注視攝像鏡頭來模擬眼神接觸，是營造關注感的重要技巧。當社工適時保持「目光接觸」時，能有效地傳遞尊重與同理心，讓服務使用者感到被重視和支持。這種視線的模擬可增強服務使用者的安全感，並鼓勵其更開放地分享。此外，社工應避免頻繁移開視線，以免服務使用者覺得自己被忽視。透過適度的眼神接觸，社工可傳達專注和陪伴的訊息，使會談更具支持性和真實感。

(二)面部表情和肢體語言的展示

　　在虛擬會談中，社工可利用微笑、點頭等面部表情表達理解和支持，這些積極的表情有助於幫助服務使用者感到被接納並減少距離感。例如，適時的微笑能緩解服務使用者的緊張情緒，點頭示意則能讓服務使用者感到被傾聽和理解。Ogbanga（2024）指出，微小的肢體語言變化，如抬眉或點頭，能增強會談的親和力與信任感。自然穩定的手勢和肢體語言，也有助於表達開放與參與的態度，讓服務使用者感受到社工的專業支持。

(三)身體姿勢與手勢的使用

　　在虛擬會談中，社工的身體姿勢同樣傳遞著非語言訊息。例如，微微前傾的姿勢可表達對服務使用者話語的專注，讓服務使用者感到被重視；而坐姿端正且穩定的姿態則傳遞出社工的專業性與可靠感。相反地，若頻繁地轉移視線、表現出不耐煩或其他分心動作，則可能引發服務使用者的不安與懷疑，影響會談的質量（Ebner & Thompson, 2014）。在虛擬環境中，適當的姿勢和手勢能夠模擬面對面的存在感，既傳遞關注，又避免造成服務使用者的壓力，使會談更為流暢。

(四)語調與節奏的調整

　　在虛擬會談中，語調和說話節奏也能傳遞非語言訊息。社工應注意語調的變化，以展現情感和理解。例如，柔和的語調可使服務使用者放鬆，增進互動的親和力，而適度的停頓和緩慢的說話節奏則有助於強化傾聽效果，給予服務使用者思考和表達的空間。語調的適時調整不僅能有效支持情感表達，也能夠引導服務使用者進行深層自我反思。這在心理支持和情感輔導中尤為重要，能夠促使服務使用者更自由地表達內心情感。

第七章　虛擬的會談技巧

(五)適當運用屏幕空間

　　虛擬會談中的屏幕空間運用也能影響非語言溝通的效果。社工應確保自己在鏡頭中的位置適當，不過於靠近或過遠，以營造出自然的互動距離。過於靠近可能會讓服務使用者感到壓迫，而過遠則可能顯得疏離。合適的屏幕距離有助於建立互信，並促進視覺上的舒適度，使服務使用者感到自在。

　　儘管虛擬會談缺乏傳統面對面的互動，清晰的非語言訊息應用仍能有效增強社工與服務使用者之間的連結。透過適當的視線接觸、面部表情、肢體語言、語調調整和屏幕空間管理等技巧，社工能夠彌補虛擬環境的限制，傳達出專業的支持和同理心，增進互動的真實性和信任感。在虛擬會談中，靈活運用這些非語言技巧不僅有助於提升會談的有效性，還可使服務使用者更為信賴和投入，有助於會談的成功進行。

三、積極傾聽與即時回饋

　　積極傾聽是指社工不僅要接收服務使用者傳達的語言訊息，還需要專注於對方的非語言信號和情緒表達，並在互動中展現出真誠的關注。這種深度的傾聽能讓服務使用者感受到被理解與尊重，有助於減少隔閡，並促進信任的建立。積極傾聽同時包括重複或重新詮釋服務使用者的話語，以確認理解的正確性，進而鼓勵對方進一步的自我揭露。這不僅增進雙方的理解，還能讓服務使用者更加投入於會談的過程中。

　　即時回饋是另一個關鍵元素，這是指社工迅速且適時地回應對方的情緒和想法，展現出對服務使用者話語的重視與理解。例如，通過適當的視覺接觸、點頭或簡單的口頭回應，社工可以鼓勵服務使用者

繼續分享，並讓對方感受到同理和支持。即時回饋不僅限於語言，也包括視覺上的互動，如保持適當的視線接觸，這在虛擬會談中尤為重要，可以減少數位環境中的距離感和生疏感。在進行線上會談時，社工應在會談前與服務使用者溝通如何選擇適合的通訊環境，例如確保網路穩定、選擇安靜且不受干擾的空間。這種環境的設定對於即時回饋的有效性至關重要，因為任何技術性干擾可能影響回饋的準確性和即時性，從而阻礙溝通的流暢性（American Psychological Association, 2022; Capanna-Hodg, 2020）。

此外，積極傾聽與即時回饋的結合對於情感支持尤其有益。當服務使用者提到自身的困難或挑戰時，社工可以適時地點頭或簡短回應，藉此表達理解與同理心，並促使服務使用者更深入地表達其情感與想法。這不僅有助於服務使用者的心理健康，還能讓服務使用者感到在安全的環境中被接納與支持，這在促進其自我反思與成長上起到正面作用。積極傾聽與即時回饋的有效運用，可幫助社工深入瞭解服務使用者的真正需求，進而制定更貼合服務使用者情境的支援策略。這種技巧的熟練應用，能有效提高社工服務的專業性與效果，並提升服務使用者對服務的滿意度與信任感。

第二節　管理虛擬會談的挑戰

在虛擬會談中，社工面臨許多挑戰，特別是在遠距環境中建立信任和有效溝通更具挑戰性。以下就虛擬會談中的幾項主要挑戰進行說明，包括非語言訊息的缺失、技術障礙，以及文化與語言差異等。

第七章　虛擬的會談技巧

一、缺乏非語言訊息的挑戰

在虛擬會談中，即時回饋的效果對於支持服務使用者的心理健康至關重要。然而，與面對面的會談相比，虛擬環境中往往缺乏完整的非語言訊息，例如肢體語言、面部表情及其他細微的情感表達，這使得社工無法全面掌握服務使用者的情緒動態和心理需求。這些非語言訊息通常在面對面的互動中扮演著重要的角色，因為它們能夠傳遞深層的心理狀態，並且協助社工更準確地進行情感支持與理解。為了在虛擬環境中彌補非語言訊息的不足，建議社工特別關注語音訊息中的語調變化、語速、停頓以及文字訊息中的情感表達。例如，服務使用者說話的音量變化、語速的加快或減緩，以及言語間的停頓，可能都隱含著心理或情緒狀態的改變。社工可以透過這些線索推測服務使用者的情緒波動，從而更好地掌握當下的對話情境。此外，社工可運用視訊平台的表情符號、反饋功能（如點頭、豎起大拇指等），來替代部分非語言訊息，增強雙向溝通的即時性與互動感。

同時，研究顯示在虛擬環境中適當使用語調、視覺反饋（如微笑、點頭）等方式，能增進理解和信任，並縮短服務對象與社工之間的心理距離（Session Sync, 2023, Dec 10）。這些非語言回應儘管在虛擬環境中有其局限性，但仍能在某種程度上傳遞同理心與支持感，使服務使用者感受到被重視與被關懷。此外，社工在虛擬會談中可考慮引入一些互動式的技術手段來促進交流。例如，利用白板功能或共同書寫工具來記錄會談中的重點，可以幫助服務使用者視覺化其情緒或思考過程，這在缺乏面對面互動的情況下，有助於社工更精確地理解服務使用者的心理需求。

為進一步提升虛擬會談的效果，社工還可透過培訓強化自身對語調、文字和聲音變化的敏銳度，提升在虛擬互動中解讀訊息的能力。

同時，積極傾聽並即時反饋能有效彌補非語言訊息的不足，讓社工在虛擬互動中依然能夠建立有溫度的支持關係，並為服務使用者提供專業的心理健康支持。

二、技術障礙

虛擬會談的順利進行在很大程度上依賴穩定的網絡連接與適當的數位設備。然而在社工實務中，並非所有服務對象均具備相關資源，尤其是經濟困難或資源匱乏的群體，如低收入家庭、隔代教養家庭（grandparent family）以及新住民等。這些群體通常面臨技術設備不足或缺乏數位工具操作經驗的挑戰，使得他們在參與虛擬會談時容易遭遇各種技術障礙，從而影響會談的流暢性與效果。

首先，經濟條件受限的服務對象可能無法負擔高額的網路費用或購置先進的數位設備，限制了他們參與虛擬會談的頻率與品質。例如，在臺灣臺東偏鄉的遠距會談案例中，服務使用者因網路不穩定不得不改用電話協助，並需要輔導家庭成員協助安裝視訊工具。即便具備基本設備，網速不穩、硬件設備老舊等問題仍可能導致畫面延遲、聲音不清等技術問題，進一步削弱了會談的專業效果。此外，缺乏數位操作經驗的服務對象在使用視訊軟件、麥克風或會議平台時也可能面臨困難，增加了溝通的阻礙，不僅降低了會談的專業性，還可能妨礙服務對象充分表達需求與感受。

為應對這些挑戰，社工可以協助服務對象獲取政府或非營利組織提供的技術支持，例如網路補助計畫、低價數位設備或基礎數位教育資源（Reamer, 2013）。部分社會福利機構可能提供平板電腦或智慧型手機的租借服務，幫助需要的服務對象參與虛擬會談。此外，社工可以針對服務對象進行基礎數位技能培訓，例如操作視訊會議平台、開關麥克風以及螢幕共享功能，逐步提升其對數位化會談的適應能力，

第七章　虛擬的會談技巧

減少因技術隔閡而導致的溝通困難。

若在技術條件有限的情況下，社工還可以考慮使用簡便的通訊工具，例如電話或簡訊，以維持會談的進行。同時，在合適的情況下，也可以將視訊會談的頻率降低，轉而利用線下支援或與家屬合作等方式，以減輕服務使用者在技術方面的壓力。此外，社工可在會談前設置技術測試環節，協助服務使用者提前檢查設備的功能，確保會談順利進行。技術障礙的存在讓社工在進行虛擬會談時需要更加靈活應對。爲了提升虛擬會談的可行性與效率，社工需具備敏銳的判斷力，根據服務使用者的實際技術水平與設備狀況，調整會談的形式與內容，從而達到最佳的服務效果。

三、文化和語言差異

在多元文化背景下進行虛擬會談時，語言障礙與文化理解的挑戰往往會影響溝通的深度和準確性。爲應對這些挑戰，社工可透過雙語支持或適當的翻譯工具，以促進溝通順利進行，確保訊息的精準傳遞（Session Sync, 2023, Dec 10）。然而翻譯工具僅能提供語言字面的轉換，對於語意中的文化細微差異、隱含意圖及情感細節的呈現，可能難以完整捕捉，這或將導致意義誤解或情感疏離。因此，當面對不同語言需求的服務使用者時，社工必須具備高度的文化敏感性。

以臺灣爲例，某些地區的居民以方言爲主要溝通媒介。筆者在執行國立嘉義大學「人文創新與社會實踐計畫」（Humanity Innovation and Social Practice）之大學社會責任（university social responsibility, USR）社區社會實踐時，發現嘉義縣布袋鎮好美社區與新塭社區的長者主要使用「臺語」（或稱「閩南語」）交流。當社工或助理不熟悉當地語言時，可能在情感聯繫和訊息傳遞上產生語言隔閡，進而影響服務使用者對會談的信任度與參與度。爲避免此種情況，建議社工提

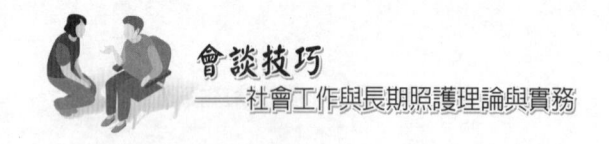

升自身語言能力，或安排熟悉當地語言與文化背景的助理參與，以更接近服務使用者的日常溝通習慣，減少因語言不通帶來的疏離感。在無法安排雙語助理的情況下，社工亦可考慮提前學習相關文化的語言特徵，以建立穩固的信任基礎。

除語言障礙外，文化背景的差異同樣深刻影響虛擬會談的效果。不同文化對自我表達、隱私、面子問題及家庭角色等價值觀有不同的重視程度。對於文化上較為內斂或重視面子的服務使用者，社工需在會談中避免直接批評或質問，宜以鼓勵和支持的方式引導其自我表達。而對於重視家庭角色的文化背景，社工可考慮將家庭成員納入會談內容，以尊重服務使用者的文化價值觀，並促進其參與度。

此外，不同文化對虛擬會談中的非語言訊息（如眼神接觸、肢體語言、聲音語調）賦予不同的意義。某些文化可能對頻繁的眼神接觸感到不適，而在其他文化中，眼神接觸則象徵尊重與信任。社工應慎重考量自身的非語言訊息，以避免誤解或冒犯服務使用者的文化習俗。在虛擬環境中，社工亦可運用適當的語言確認和鼓勵語句來補足非語言訊號的不足，確保服務使用者感受到理解與尊重。

最後，為更有效應對文化與語言的差異，社工應持續進行文化知識學習，並與其他社工分享不同文化的會談經驗。建立跨文化溝通的技巧，不僅能夠促進服務使用者服務的實施，還能提升社工對多元文化的適應能力，使虛擬會談成為促進社區聯繫的橋梁，而非阻礙。

第三節　安全性和保護考慮

隱私保護包括保護服務使用者的個人資訊，確保資料不會在未經授權的情況下洩露。良好的隱私維護能增強服務使用者對會談的信任，尤其在涉及個人敏感資料的情境中。隱私與機密性的概念雖然密

第七章　虛擬的會談技巧

切相關，但也存在區別實意。隱私通常指服務使用者有權選擇分享哪些資訊，而機密性是指一旦分享後，這些資料必須根據規定被保密之。社工在應對涉及機密性的情境時，須考慮例外情況，例如當存在對第三方的威脅時，如兒童或長者虐待相關等。因此，在虛擬會談中，安全性與隱私保護尤為重要（MacAulay, 2021; Mishna et al., 2021）。隨著資訊技術的快速發展，社工必須掌握如何在虛擬會談中有效保護服務使用者隱私。以下針對虛擬環境下的安全性與隱私保護策略說明如下：

一、數據的安全性

　　隨著技術的迅速發展，社工愈加依賴線上平台進行諮詢服務，而這一過程伴隨著顯著的安全與隱私風險。在虛擬會談中，數位平台必須具備高標準的安全功能，如端對端加密（end-to-end encryption, E2EE）、安全登入驗證以及資料存儲加密，藉此防止未經授權的存取和數據洩露（Reamer, 2013）。在社工場域中，數據安全不僅是技術性的需求，更是對服務使用者權利的尊重與保障。社工應積極提醒服務使用者選擇安全、私密的環境進行會談，並避免使用公共Wi-Fi（wireless fidelity，無線網路）等不安全的網絡環境，以降低潛在的安全風險。

　　此外，社工應在首次會談時向服務使用者清楚說明隱私保護政策，包括資料的存儲、使用及銷毀方式，以增強服務使用者的信任感和安全感。當會談涉及敏感訊息時，應考慮啟用雙重驗證、定期更新密碼等方式，確保資料的完整性和機密性。Polowy與Kraft（1999）的研究指出，資料洩露可能對服務使用者的信任關係及療癒過程造成嚴重負面影響，因此社工有責任確保會談中的數據安全得到充分保障。

　　為應對不斷變化的技術威脅，社工應持續更新自身的技術知識與

安全管理技能,並參照最新的安全標準和操作指南以確保數據安全。例如,定期參加網絡安全培訓或數位隱私研討會,增強對虛擬環境中數據保護的敏感度。在選擇數位平台時,社工應優先選擇具備合規認證的平台,如符合歐盟《一般數據保護條例》(General Data Protection Regulation, GDPR)或美國《健康保險攜帶與責任法案》(Health Insurance Portability and Accountability Act, HIPAA)標準,以進一步保障服務使用者的數據權益。

針對無法完全避免的技術故障與網絡風險,社工應制定應急預案,包括資料備份及即時通訊應急方案,以確保會談中斷時能迅速恢復,減少對會談效果的影響。會談結束後,應即時清除無需保留的個人數據,以降低數據洩露的風險,並定期審查和更新隱私保護流程,以應對快速變化的技術需求。

數據安全的維護已成為服務使用者信任和隱私保護的核心要素。社工不僅應將技術安全視為工作流程的一部分,更應視為專業倫理的一環,不斷提升數據保護能力,以確保虛擬會談在安全且專業的框架下進行。

二、適當的技術使用

社工需要選擇符合隱私要求的技術工具,如使用專業的視頻會議平台,而非一般的社交媒體應用。專業平台通常提供更多的安全功能限制,有助於確保服務使用者的資料不會被外部人士所竊用。此外,社工師在進行虛擬會談時,在考量安全性和隱私保護考慮下,需選擇安全性高且符合隱私保護要求的技術工具,例如可使用強密碼和最新的安全軟件是保護資料的基本措施。又如定期更新安全系統,避免使用不安全的網絡連接,並在適當時機銷毀不再需要的敏感資料等適當的技術。這些方式在某些程度上都有助於提高服務使用者對虛擬會談

第七章　虛擬的會談技巧

的信任感。這些工具應具備數據加密功能，以確保通訊過程中的訊息不被未經授權的第三方竊用。

再者，社工經常需要處理敏感的服務使用者訊息，或者在某些情況下，需克服口語溝通的限制，特別是在語言障礙或情感表達困難的情境。通常會採用「筆談」（written communication）的方式進行溝通與會談。「筆談」係指社工與服務使用者在溝通過程中，雙方不使用實際口頭語言（對話、交談），而是透過書面文字或鍵盤輸入（書面語言）的方式進行溝通。這種方式使得訊息的傳遞速度相對較慢，但能夠提高訊息的準確性和清晰度。Reamer（2013）指出，筆談的精確性使其成為社工中紀錄服務使用者討論和反饋的一種有效工具，該技術可以提高溝通準確性，使社工在溝通過程中提供更具體和明確的回饋，這對於處理複雜的服務使用者資訊尤其重要。同時增強保密性，因為筆談的形式通常是書面的，這使得敏感資料在傳遞過程中相對更安全，能更好地保護服務使用者的隱私（Reamer, 2013）。筆談雖具有多項優勢，但也面臨一些挑戰。首先，筆談速度相對較慢，可能導致訊息傳遞延遲，影響服務使用者的即時需求。此外，由於筆談缺乏非語言線索（如語調和情感表達），可能降低社工對服務使用者情緒狀態的準確掌握。

在臺灣，生命線（Lifeline）透過廣泛應用的服務模式，提供「青少年文字協談」服務，為青少年創造一個安全且隱私的溝通空間。服務使用者只需透過生命線臺灣總會網站加入官方臉書或LINE好友，發送訊息即可進入線上文字協談平台（網址：http://www.life1995.org.tw）。這種文字交流方式有效降低了面對面互動可能引發的焦慮，並為青少年提供表達情感與釐清困惑的便利管道。此外，國內還有其他相關的協談服務管道，包括：1925「安心專線」、1980「張老師」、0800-013-999「男性關懷專線」、1990「外來人士在臺生活諮詢服務專線」、0800-228-585「老朋友專線」等。這些多元的資源為不同族群提

供即時支持，滿足不同需求，進一步展現臺灣對心理健康與社會關懷的重視。

臺灣早期的筆談方式多以書信往來為主，這種方式為服務使用者提供了更多隱私空間，但也因耗時較多而限制了即時性。隨後，筆談方式逐漸改進為語音輸入，以便自動轉錄並呈現在螢幕或其他顯示載體上，以實現更高效的筆談交流。然而，語音輸入方式尚面臨一些技術挑戰，例如，若語音者發音不標準或語音系統無法正確辨識發音，則可能導致轉錄內容出現錯誤。這些技術性問題仍有待進一步改善，以提升筆談方式的準確性和有效性。

三、知情的同意

知情同意（informed consent，又稱知情首肯）是社工實務中的重要倫理與法律要求，旨在確保社工在提供服務之前，充分告知服務使用者有關服務的內容、目的、潛在風險及可能結果，協助其做出知情選擇。此原則不僅是保障服務使用者自主性的核心，更是建立專業信任的基礎。在實務中，社工需謹慎權衡隱私保護與服務需求之間的平衡。例如，當需要與其他機構（如醫療保險公司、法院等）共享資訊時，社工需審慎考量，如何在保護服務使用者隱私的同時，提供必要資訊以促進服務使用者的最佳利益（National Association of Social Workers, 2024）。這樣的做法不僅符合倫理標準，也能促進服務使用者對社工的信任。

在進行虛擬會談之前，社工必須取得服務使用者的知情同意，讓服務使用者瞭解所使用技術的特性、潛在風險及隱私保護措施，確保互動環境的透明性與安全性。根據知情同意原則，社工應遵循以下三項重要原則（胡中宜，2022；National Association of Social Workers, 2024）：

第七章　虛擬的會談技巧

(一)透明度

在虛擬會談中，透明度是促進服務使用者信任的核心基礎。社工應確保服務使用者瞭解所使用技術的安全性和局限性。例如，若採用加密的視頻通話軟體，應在會談前向服務使用者解釋這些技術特點，包括數據的機密性保護及未授權存取的防範機制。此類資訊有助於服務使用者充分認識個人資料的安全性，從而提升其參與意願。

(二)資料的保護

會談中的資料保護是知情同意的核心關注之一。社工需向服務使用者詳細說明資料存儲、使用及銷毀的政策，包括是否使用雲端儲存、雲端安全性措施、資料存儲期限以及銷毀方式等。此類透明化的溝通可增強服務使用者對社工的信任，並提高其參與感，進而使其更自在地表達自己。

(三)靈活性與持續性

知情同意並非一次性程序，而是隨著會談進展、技術更新及法律變化而需不斷調整的動態過程。社工應在定期會談中檢視並更新知情同意的內容，確保反映虛擬環境中的最新需求。例如，可定期回顧會談隱私和安全政策，提醒服務使用者瞭解資料安全及風險的最新資訊。此做法不僅有助於保持服務使用者對服務的理解，也符合動態知情同意的倫理要求。

在虛擬會談日益普及的背景下，社工需不斷強化技術應用與隱私保護的專業能力。隨著技術與法律的快速演變，社工應不斷更新相關安全知識，確保會談中的服務使用者資料獲得充分保護。通過實踐知情同意原則，社工能夠促進與服務使用者間的信任關係，確保數位環境下虛擬會談的專業性和有效性。在此基礎上，虛擬會談不僅成為一

種有效支持工具，更成為保障服務使用者權利與安全的重要實踐，有助於推動社工專業倫理的實現。

第七章　虛擬的會談技巧

參考文獻

邱方昱（2023）。〈臺灣疫情期間兒少家庭助人工作者使用視訊訪視經驗初探〉。《社區發展季刊》，182，160-179。

胡中宜（2022）。〈資訊與通訊科技（ICT）應用於社工實務之倫理議題〉。《社區發展季刊》，180，172-188。

American Psychological Association (APA). (2022). *Guidelines for the Practice of Telepsychology*. APA Press.

Capanna-Hodge, T. (2020). *Teletherapy Toolkit: Therapist Handbook for Treating Children and Teens*. Global Institute of Children's Mental Health.

Cook, L. L. & Zschomler, D. (2020). Virtual home visits during the COVID-19 pandemic: Social workers' perspectives. *Practice: Social Work in Action*, *32*(5), 401-408.

Daisuke, M., Kimura, K., Hosaka, T., Hamamoto, T., Shibuhisa, N., Tanaka, S., Sato, S. & Saito, S. (2005). Transparent eye contact and gesture videoconference. *International Journal of Wireless and Mobile Computing*, *1*(1), 29-37.

Ebner, N. & Thompson, J. (2014). @ Face value? Nonverbal communication & Trust development in online video-based mediation. *International Journal of Online Dispute Resolution*, *1*(2), 103-124.

MacAulay, A. (2021). Maintaining social work connections during lockdown. *Aotearoa New Zealand Social Work*, *33*(1), 108-111.

Marino, J., Lin, P., Karlova, N. & Eisenberg, M. B. (2010). Avatar transparency and the establishment. *Proceedings of the American Society for Information Science and Technology*, *47*(1), 1-2.

Mishna, F., Milne, E., Bogo, M. & Pereira, L. F. (2021). Responding to COVID-19: New trends in social workers' use of information and communication technology. *Clinical Social Work Journal*, *49*, 484-494.

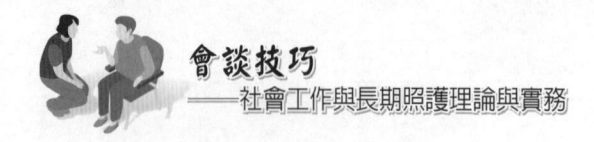

National Association of Social Workers (2024). The complexities of client privacy, confidentiality, and privileged communication. Social Work Today, Retrieved from https://reurl.cc/dyYEnq

Ogbanga, M. M. (2024). *Communication Skills in Social Work*. EduPedia Publications.

Polowy, C. I. & Kraft, E. G. (1999). *Law Note: The Social Worker and Protection of Privacy*. National Association of Social Workers.

Reamer, F. G. (2013). *Social Work Values and Ethics*. Columbia University Press.

Session Sync (2023, Dec 10). Mastering virtual communication: Strategies for psychologists in telehealth. Retrieved from https://reurl.cc/6d81gr

第八章

特殊群體的會談技巧

蔡元隆

- 特殊群體會談技巧的重要性
- 長者和臺灣傳統家庭的會談技巧
- 身心障礙和長照需求者的會談技巧
- 移工和跨文化會談技巧
- 非自願服務對象的會談技巧

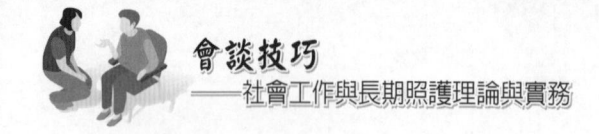

會談技巧
──社會工作與長期照護理論與實務

　　本章深入探討特殊群體之會談技巧，重點聚焦於文化敏感性、溝通策略及信任建立等核心技術。會談作為社工實務中的基礎手段，除了協助服務使用者進行自我探索與問題解決外，亦是滿足不同群體多元需求的關鍵工具。隨著社會的多元化發展，社工需具備調整會談策略的能力，以回應各種特殊群體的獨特背景與需求，特別針對身心障礙者、長者、移工、新住民等群體，文化敏感性更成為首要關切，以防止文化差異引發的誤解或衝突。透過有效的跨文化溝通與尊重多元文化，社工得以建立信任關係、促進服務使用者的參與，並提升服務成效。本章更深入剖析不同情境下的會談技巧，如動機式訪談及非語言溝通，以期社工能靈活運用各項技術，並有效促進特殊群體之福祉及社會參與。

第一節　特殊群體會談技巧的重要性

　　會談是社工中最基本且常用的技巧之一（Kadushin & Kadushin, 1997），也是幫助服務對象進行自我探索與解決問題的關鍵方式（林萬億，2002）。在特殊群體的社工中，會談技巧需依據不同群體的需求和特性進行調整，才能有效促進支持與介入措施的實施。以下針對國內外常見的特殊群體會談所需的注意事項與相關技巧作說明：

一、文化敏感性

　　文化敏感性（cultural sensitivity）是社工實踐中不可或缺的要素。它不僅要求社工尊重不同文化背景的群體，還需具備深入理解並接納這些文化的能力（Betancourt et al., 2002; Evans & Zust, 2006）。文化敏感性意味著社工需超越形式上的包容，深入瞭解服務對象所屬文化

第八章　特殊群體的會談技巧

的價值觀、信仰、習俗和傳統，避免任何形式的偏見或歧視。這不僅是建立信任的基礎，還能顯著提升社工的質量與成效（Sue & Sue, 2016）。因此，文化敏感性是社工中必須遵循的重要倫理原則。

依據Betancourt等人（2002）的研究，文化敏感性分為兩個層面：首先，社工需具備對文化多樣性的基本知識；其次，工作者應能將這些知識應用於自我反思並調整自身行為，以促進跨文化互動的有效性。具備這些能力的社工能在多元文化情境中有效溝通，減少因文化差異引發的誤解或衝突。Lum（2011）的研究指出，缺乏文化敏感性的社工，可能會損害服務使用者的福祉。以下從文化敏感性在跨文化溝通、社工倫理，以及持續學習與反思的角度進行說明：

(一)文化敏感性與跨文化溝通

跨文化溝通是實踐文化敏感性的核心能力之一。社工應具備適應不同文化背景服務對象的溝通技巧，這不僅包含語言理解，還涉及對該文化的社會規範、行為模式及非語言訊息的掌握（Banks & Banks, 2019）。Lum（2011）指出，跨文化溝通的挑戰不僅限於語言障礙，還涉及文化差異對交流方式與內容的影響。社工應理解不同文化對隱私、權威及健康等議題的看法，並採取合適的態度與方式進行溝通。

臺灣自九〇年代透過婚姻移入的東南亞與大陸配偶占了近年來臺灣家庭移民的大宗。這些新住民多數為女性，有關新住民的勞動參與及相關就業議題，亦成為新住民輔導政策與服務的重要面向（吳秀照等，2022）。以臺灣的新住民服務為例，許多新住民來自越南、印尼等國家，這些族群在語言、宗教信仰和家庭價值觀上，與臺灣主流文化存在較大差異。若社工欠缺文化敏感性，可能導致溝通中的誤解或衝突，無法有效滿足會談對象的需求。例如，東南亞的文化中，許多服務使用者因受文化習俗影響而不習慣主動表達需求。這種謙遜和順從可能在臺灣的社會福利系統中被誤解為缺乏需求表達。社工需以文

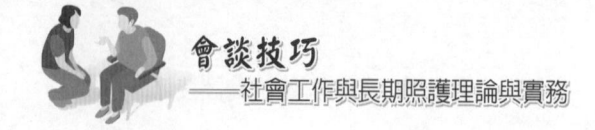

化敏感性的視角進行溝通，避免以表面語言判斷需求，而應更深入理解服務使用者的文化背景，並調整溝通方式，如使用引導性詢問或進行多次會談，以提升會談的準確性。

此外，在部分亞洲文化中，直接對權威人物（如父母或長輩）表達不同意見可能被視為不敬，這在家庭社工中的溝通過程中也可能成為挑戰。社工應具備足夠的文化敏感性，尊重服務對象的文化背景，調整溝通方式，以確保跨文化交流的順暢與有效。

綜上所述，與臺灣的新住民、外籍移工及其家人進行溝通時，社工應具備文化敏感性，理解這些文化群體的社會結構與性別角色差異。許俊才和田禮芳（2024）認為，文化敏感性不僅是一種文化照顧、文化適切性和文化能力的專業健康照顧，更是一種能跨越文化障礙、進入服務使用者生活脈絡並激發健康意識的實踐工作。例如，在越南家庭中，男性通常是主要決策者，這對於處理婚姻衝突或家庭暴力等議題影響甚大。理解並尊重這些文化差異是跨文化溝通成功的基礎，也有助於在多元文化背景下進行有效的支持與干預。若缺乏文化敏感性，則可能對服務使用者造成污名或不當標籤，形成譴責受害者的反效果（胡中宜等，2020）。

(二)文化敏感性與社工倫理

在實務上，文化敏感性與社工倫理密不可分。國際社工聯合會（International Federation of Social Workers, IFSW）和國際社工教育協會（International Association of Schools of Social Work, IASSW）共同制定的《全球社工倫理聲明》（Global Social Work Statement of Ethical Principles）強調，社工應尊重人類的文化多樣性，避免對服務對象的文化背景產生偏見或干預（International Federation of Social Workers, 2018）。這一倫理守則指出，文化敏感性不僅是尊重多元文化的實踐，亦是社工必須遵循的倫理責任。

第八章　特殊群體的會談技巧

Reamer（2013）進一步說明，文化敏感性與尊重人類尊嚴的原則相輔相成，社工應確保所有文化背景下服務對象的尊嚴都受到尊重與維護。例如，當會談對象來自不同文化背景，其文化對心理健康或家庭暴力問題持不同看法時，社工應理解並尊重這些觀點，提供支持時避免引發文化衝突（Sue & Sue, 2016）。在這些情境中，文化敏感性可協助社工以靈活的方式提供服務，減少衝突與誤解。

在臺灣的多元文化環境中，社工經常處理來自不同族群的服務對象，例如原住民與新住民。以臺灣原住民為例，原住民擁有豐富的文化傳統與信仰體系，社工在介入其社區時，需要瞭解其文化信仰及對健康、疾病、死亡等議題的態度，避免社會福利資源輸送體制可能成為再次傷害原住民的權力工具（楊錦青等，2020）。例如，臺灣部分原住民社區對現代醫療持有懷疑態度，偏好使用傳統療法。在這種情況下，社工應尊重這些文化觀點，並協調現代醫療與傳統治療的融合，以避免因文化差異造成服務對象的不信任或拒絕（Banks, 2016）。

(三)文化敏感性的持續學習與反思

文化敏感性並非靜態技能，而是一種持續學習與自我反思的過程。Banks與Banks（2019）強調，社工必須持續學習新知，通過參與跨文化培訓，增強對不同文化背景的理解能力。這些培訓有助於工作者在實務中更靈活地應對不同文化情境，並且能夠在提供服務時展現出對文化多樣性的尊重。此外，Reamer（2013）指出，自我反思是文化敏感性實踐中不可或缺的一環，社工應定期反思自身在跨文化工作中的行為與決策，確保其行為符合文化敏感性的原則。

王增勇、涂沛璇（2019）認為，社工在工作中常接觸與自身不同文化背景的服務使用者，所以社工亦可稱為「文化工作者」，因為我們在與服務使用者工作時，要進入服務使用者的生活世界，透過彼此

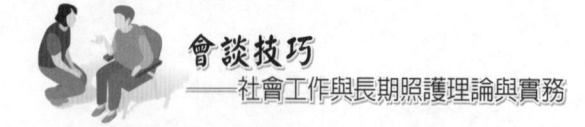

相互的學習，找到對彼此都有意義的共同點，一起創造新的意義，社工幫助服務使用者開展新的視野與生活可能。這個不斷貼近底層人民生活的過程需要社工不斷透過自我反思，才能跨越自身原有的界線，進入我們所不熟悉的服務使用者生活世界。目前臺灣的社工教育機構和政府機構已針對新住民和其他弱勢群體設計了跨文化培訓課程，幫助社工更深入地瞭解這些群體的文化背景及挑戰。這些培訓包括語言學習、文化價值、宗教信仰和生活方式等多方面的內容，幫助工作者在實務中靈活運用文化敏感性來處理不同族群的需求。

同時，定期的自我反思也是提升文化敏感性的重要步驟。因為反思力是指個人能綜合性地運用知識、判斷和反思的能力，如：運用研究證據發展創新方案、整合各種資訊做出專業裁量等能力（白倩如，2016）。所以身為一個專業的社工，不但要能知、能行，還要能在行動中反思和行動後反思（Schön, 1987）。在臺灣許多社工雖然接受過跨文化訓練，惟在實務中仍可能不自覺地帶有主流文化的偏見，影響其服務的公平性。因此，通過反思和專業督導，社工可以不斷提升其文化敏感性，並確保其實務中的文化適應性和倫理公正性（Lum, 2011）。

綜上所述，文化敏感性在社工中扮演著關鍵角色，它不僅是尊重文化多樣性的表現，也通過跨文化溝通和理解提升了服務的效果。社工應在實務中不斷學習和反思，確保其在不同文化背景下，能夠有效提供專業支持，促進服務對象的福祉與社會參與。通過強化文化敏感性，社工能夠更好地應對全球化（globalization）背景下的多元挑戰，推動社工的專業發展與社會公平的實現。

二、溝通技巧

在社工實務中，特殊群體與社工之間的有效溝通至關重要

（Kadushin & Kadushin, 1997）。溝通技巧的選擇需考慮特殊群體的語言能力、文化背景及溝通偏好，以確保溝通的流暢與效果（Hepworth et al., 2017）。口語溝通是最常見的方式之一，其直接性與即時性有助於情感交流與互動。然而對聽力受損者或語言能力受限者而言，口語溝通可能不足以達成有效交流。因此，書面溝通成為更好的選擇，可透過書面文件、電子郵件或文字訊息傳遞訊息，提供更清晰且具體的表達。

視覺溝通也是一種重要的技巧，對視覺障礙者或語言障礙者尤其有用（Lum, 2011）。透過圖像、圖表等視覺輔助元素，訊息能更直觀地傳達，幫助特殊群體更好地理解與參與。此外，非語言溝通（如身體語言、姿勢、表情等）在與無法以口語表達的特殊群體（如自閉症患者或智力障礙者）互動中極具效果。社工需細心觀察特殊群體的非語言信號，並適當地回應與理解，以建立有效的溝通與互動。因此，社工在與特殊群體互動時，應採取具體且適應性的溝通策略，以確保建立良好的關係並達成互動目標。

綜上所述，選擇合適的溝通技巧是社工與特殊群體有效溝通的關鍵。社工需根據特殊群體的需求和特點靈活調整應用溝通方式，以確保交流順暢並達到理解的目的。透過有效溝通，社工能更好地理解特殊群體的需求，提供適切支持與服務，促進其個人成長與社會參與。以下針對非語言溝通、文化敏感性溝通、主動傾聽與回饋、簡化與清晰化表達等技巧進行說明：

(一)非語言溝通技巧

非語言溝通技巧在與特殊群體的會談中扮演關鍵角色，能超越語言的限制，傳遞情感與訊息。對於聽覺或言語障礙者，非語言溝通（如手勢、面部表情、眼神交流及肢體語言）成為主要溝通技巧。尤其在處理敏感問題時，非語言溝通往往比語言更具影響力（Thompson,

2021）。此外，對於身心障礙者，使用輔助溝通設備或圖示來促進交流也非常重要。

針對特殊或脆弱群體時，這些非語言提示尤為重要，因其可能在認知、情感或身體上表達有限。根據Manusov & Patterson（2006）的研究，非語言溝通在建立關係、信任及理解上具有重要地位，特別在治療情境中。《SAGE非語言溝通手冊》（*The SAGE Handbook of Nonverbal Communication*）指出，手勢、面部表情，甚至沉默都能加強對話，促進更深層次的情感交流，尤其適用於語言表達不足的情況（Manusov & Patterson, 2006）。

(二)文化敏感性溝通

文化敏感性溝通指針對不同文化背景或語言障礙的特殊群體，社工需具備文化敏感性，避免文化偏見或刻板印象。尤其在醫療、社會服務和多元文化教育領域中，跨文化溝通技巧能幫助建立信任，確保溝通內容正確傳遞（Lum, 2011）。例如，瞭解文化禁忌或習俗，並在對話中尊重對方的文化差異，有助於促進有效溝通。

如前所述，部分臺灣原住民社區對現代醫療存有疑慮，傾向使用傳統療法，此現象突顯了在提供醫療與社會服務時文化敏感性溝通的重要性。文化敏感性溝通強調透過理解對方的文化背景來消除誤解、減少衝突，並在跨文化背景中建立信任。Theodosopoulos等人（2024）指出，文化敏感性溝通的主要挑戰來自語言障礙與文化差異，這些因素常成為醫療與社工與移民或少數族裔群體之間有效溝通的障礙。

例如，臺灣曾出現相關案例，一位越南籍新住民母親因家暴問題尋求協助，但由於語言障礙難以清楚表達需求，社工透過越南語翻譯志工進行溝通。然而由於翻譯過程中語意忠實性不足，影響了服務的精準性，因此，臺灣目前積極推動使用雙語志工，作為文化敏感性溝通的橋梁。同時，社工在引導新住民信任過程中，逐步探討其文化中

的性別角色與家庭結構，亦成為臺灣當前社工政策中的推動重點。

此外，在醫療服務領域，提供者應持續進行自我反思並接受相關的文化敏感性教育，以理解並有效回應多元文化背景的需求。Ladha等人（2018）的研究顯示，透過有針對性的文化敏感性培訓，能顯著提升溝通效果，特別是在多元文化背景下的醫療與社會服務提供中，進一步促進服務的公平性與效率。

(三)主動傾聽與回饋

主動傾聽與回饋是強調專注、尊重與理解的溝通方式，在教育、管理和人際關係中至關重要。主動傾聽不僅是聆聽對方的言語，還涉及理解其情感與意圖，並透過回應表達對對方的重視與共鳴。對於經歷過創傷或心理壓力的特殊群體，主動傾聽更為重要。社工應鼓勵對方自由表達，並透過積極回饋（如點頭、重述對方話語）來確認對方的感受與觀點被理解。這樣的互動不僅增進溝通效果，還促進心理支持與安全感的建立（Shulman, 2015）。

在社工實務中，主動傾聽與回饋是促進有效互動的關鍵。針對主動傾聽的兩大要素包括：

◆主動傾聽

主動傾聽需深入理解服務使用者表達的情感與意圖，完全專注於對方所說，而非急於準備自己的回應。社工應以非語言信號（如點頭、眼神接觸）表達關注和理解。依據翁毓秀（2014）的研究，這種傾聽方式不僅有助於建立信任，還能促進服務使用者的自我探索，使其感到被理解與尊重。

◆回饋

傾聽後的回應不僅是確認對方的話語，還應包含對其情感或意圖

的確認與反映。例如可以用「我理解你所說的……」這類語句來進行回饋。有效的回饋是溝通中的另一個重要元素。這不僅包括對服務使用者所說內容的重述或確認，還應包括對其情感的反映和理解。這種技術有助於服務使用者感受到他們的情感和想法被重視，並能促使他們更深入地表達自己。因為有效的回饋不僅增進了溝通的質量，還為後續的服務和介入奠定了基礎（Lishman, 2020）。

(四)簡化與清晰化表達

對理解力有限或處於壓力中的群體，簡單、清晰的語言至關重要。社工應避免使用過度專業的術語，並以易於理解的方式解釋複雜概念，確保對方能正確接收訊息（Barker, 2013）。溝通中的簡化與清晰化表達在社工領域中是提高工作效率、促進服務效果的重要策略。其重點包括以下四個面向（Barker, 2013; Hepworth, 2006; Lishman, 2020）：

◆語言的簡化

專業術語可能使服務對象困惑，因此應使用易於理解的語言。避免過於複雜或學術化的術語，並以具體的例子解釋問題與解決方法。

◆結構化表達

溝通內容應具明確結構，包括引言、主體及結論，有助於服務對象快速理解主要訊息與行動步驟。例如，在需求評估中，社工可先概述服務目的，再介紹評估方式，最後總結注意事項。

◆視覺輔助工具的使用

使用圖表、圖片等視覺輔助工具支持口頭表達，幫助服務對象更好理解訊息。例如，在解釋社會福利政策時，提供流程圖能更有效地

第八章　特殊群體的會談技巧

傳遞訊息。

◆動傾聽與回饋

　　積極傾聽服務對象的反應，適時提供回饋，不僅能確認訊息傳遞的效果，還能增強服務對象的參與感和信任感。

三、個別化關注

　　個別化關注強調了對特殊群體成員獨特需求和情況的深入理解，以便有針對性地提供支持與服務。這意味著，社工需要對每位特殊群體成員進行詳細的分析和評估，以確定其個別需求和具體情況（Fook, 2002），包括對其家庭背景、社會環境、心理和健康狀況等方面的深入瞭解（Dominelli, 2002）。透過瞭解每個個體的情況，社工能夠量身定制支持計畫，以有效促進其理解和合作，滿足其具體需求和目標。

　　傳統上，社工可能對所有特殊群體成員採取一致的處理方式，這往往忽視了每個個體的獨特性。因此，個別化關注強調尊重每個人的特性，並主張根據其具體需求來制定個性化支持計畫。實務中，個別化關注可以通過多種方式實現（Healy, 2014）。社工需因應每位服務使用者的獨特背景、經歷和情緒狀態，靈活運用溝通方式，避免一刀切的處理方式（Payne, 2006）。以下將從語言、情緒支持及非語言溝通三方面進一步說明個別化關注：

(一)在語言的個別化關注

　　在實務工作中，語言的個別化關注指的是社工在與服務使用者互動時，根據服務使用者的語言習慣、文化背景及溝通方式進行適應性調整。此方法不僅強調對服務使用者的尊重與理解，也提升了社工的有效性，有助於建立信任並促進溝通的深度。這一概念在多元文化

情境中特別重要，社工需認識並尊重語言多樣性，促進包容，防止誤解。Saville-Troike（2017）指出，面對不同語言與文化背景的服務使用者時，社工可通過學習多語言表達及理解文化差異，來增強其專業能力。根據受助者的語言能力、文化背景等調整溝通語言與風格，能減少衝突、提升成效，尤其在調解和治療過程中尤為關鍵（Arieli & Armaly, 2022）。

(二)情緒支持的個別化關注

個別化「情緒支持」（emotional support）指的是針對每位受助者的獨特需求，提供量身定制的情緒關懷，以促進情感連結並增強信任。這要求社工運用靈活的溝通技巧，適應不同文化背景和情感需求，營造支持性、非批判的環境，以穩定情緒並減少心理壓力。有效的情緒支持不僅在於傾聽與同理心，還需善用非語言溝通（如肢體語言或視線接觸）來表達理解和關注；這有助於受助者感到被理解和尊重，從而更好地參與治療或干預（Alghorbany & Hamzah, 2020）。在提供情緒支持時，社工應根據每位受助者的情感需求進行調整，如使用積極傾聽、激勵性會談等技術，以幫助受助者感到被尊重和接納。無論在危機干預或日常服務使用者管理中，個別化的情緒支持都顯得尤為重要。

有時社工服務的會談對象特別在情緒處遇上對服務使用者具有深刻影響。情緒支持指的是在建立信任關係的基礎上，通過情感回應和共鳴，減輕服務對象的情緒壓力，並增強其應對生活挑戰的信心。個別化關注強調服務對象的具體情況，如背景、情緒需求和心理健康狀態，來提供量身定做的支持，並非一成不變地適用於所有服務對象。M. F. Woods與F. Hollis主張，情緒支持應從「人在情境中」的視角分析和診斷服務使用者，考量其內在心理狀態（如自我意識、情感需求）和外在社會系統（如人際關係、生活環境）如何相互影響，以提供更

有效的情緒支持與處遇方案（Woods & Hollis, 1999）。

(三)非語言溝通的個別化關注

溝通過程中，除了口語表達，還需關注肢體語言、面部表情等非語言訊號，特別在多元文化和不同溝通能力的背景下尤為重要（Lead Academy, 2022）。非語言溝通的個別化關注在於識別並適當回應服務對象的非語言表達（如肢體語言、面部表情、聲音語調和眼神交流等）。這在言語能力有限、語言差異或文化背景不同的情況下尤為適用，有助於社工與服務對象建立信任並增強理解。

Egan（2014）在《熟練的幫手》（*The Skilled Helper*）一書中指出：有效的非語言溝通能促進服務對象情緒表達，幫助社工全面掌握服務使用者需求和心理狀態。此外，Gitterma與Germain（2008）也指出，個別化地解讀非語言訊息能提高服務對象的滿意度與參與度。在多元文化背景下，非語言溝通可幫助避免誤解，增強文化適應性。例如，部分文化中避免直接目光接觸被視為尊重，而在其他文化中則可能被解讀為缺乏誠意。社工需學習並理解這些文化特異性，以有效調整非語言反應方式，使服務對象感到被理解和接納。

四、信任建立

在社工中，信任的建立不僅僅是表面上的互信，更是基於積極傾聽、深入理解及全心支持的基礎之上。特別在華人社會中，信任的構建往往與「關係」緊密相關，這意味著信任通常基於長期互動和社會關係，而非僅僅強調個體的自主性。因此，社工需透過逐漸建立的關係，展現出對彼此需求的關注與尊重。信任的建立不僅幫助社工與服務對象之間形成穩固的關係，也促使服務對象在溝通和合作中感到安全與被理解。以下為信任建立的幾個關鍵方法：

(一)積極傾聽

積極傾聽是指社工不僅僅聽取服務使用者的話語，更應該專注於對方的語調、非語言訊號以及情感流露。所以積極傾聽作為建立信任的基石，透過積極傾聽特殊群體成員的需求、擔憂和期望，社工可以表現出對他們的尊重和關心，從而建立起彼此之間的信任關係（Smith et al., 2019）。在中國文化中，信任建立的核心是持續的互動與關懷。這與費孝通所描述的「差序格局」（the pattern of difference sequence）有關，即人際關係是以自我為中心，隨著社會角色的變化而形成不同強度的關係網絡（Fei, 1947）。因此，社工在與服務對象互動時，不僅需要瞭解服務對象的需求，還需深入瞭解其社會與家庭背景，以便建立有效的信任橋梁（Sinai-Glazer, 2020）。

Brown & Lee（2015）認為，社工需要展現出真誠的興趣和關注，並且表現出對特殊群體成員的尊重和接納。傾聽方式幫助服務使用者感受到被理解與尊重，從而增強他們對社工的信任。社工必須以不帶評判的態度專注於服務對象，並展示同理心，讓服務對象的情緒和經歷得到確認。這有助於社工師建立信任，並讓服務對象感到被理解和支持（Imperium solutions, 2023）。

(二)深刻理解

深刻理解被視為信任建立的另一重要方面。深刻理解則進一步體現於社工對服務使用者處境的同理心，並在此基礎上給予適當回應。例如，建立信任的關鍵在於能夠理解服務對象的內心需求與挑戰，這樣的理解可透過反映其情緒和思想來表現出來，從而讓服務對象感到安全並且更加敞開自己。這種方法亦能幫助社工建立一個支持性的環境，有助於服務使用者的成長和心理康復。

對特殊群體成員的生活背景、價值觀和文化信仰進行深入理解，

有助於社工更好地把握他們的需求和情況，從而更有效地提供支持和服務（Johnson, 2018）。例如：中國社會屬於「低信任社會」，這在企業管理和家庭關係中尤為明顯。這類型的社會更依賴於家庭和小圈子中的信任，這也為社工提供了啟示，即在服務對象擴展其社會關係時，應注重小範圍內的信任培養，再逐漸擴展到更廣的社會圈子（Fukuyama, 1995）。通過與特殊群體成員建立起共鳴和共同感受，社工可以營造出一種互相理解和尊重的氛圍，從而增進彼此之間的信任和合作。全心支持被認為是信任建立的關鍵所在。特殊群體成員往往面臨各種困難和挑戰，需要社工的支持和幫助。通過提供實質性的支持、給予正面的鼓勵和提供適切的資源，社工可以向特殊群體成員傳遞出他們並不孤單的訊息，從而建立起彼此之間的信任和合作關係（Smith & Johnson, 2021）。

(三)文化敏感度

依據加拿大社工協會（Canadian Association of Social Workers, CASW）定義：文化敏感度被視為跨文化能力的核心，這意味著社工需理解個體文化的獨特性，並在服務過程中展現謙卑與開放的態度，讓服務對象成為文化經驗的專家，從而促進關係中的信任感（Canadian Association of Social Workers, 2005）。

爰此，文化敏感度指的是社工在服務對象的文化背景、信仰與生活經驗上展現理解與尊重。因為服務對象可能來自多元的文化背景，因此社工應具備文化敏感度，理解並尊重服務對象的價值觀和信仰，這樣的尊重有助於促進彼此之間的信任和合作（Matthews, 2008），因此文化敏感度不僅涉及瞭解對方的文化脈絡，也包括社工需反思自身文化的偏見，從而降低誤解與衝突的可能性。

(四)一致性與可靠性

一致性（consistency）和可靠性（repeatability）是建立信任的基礎，依據紐芬蘭和拉布拉多社工學院（Newfoundland & Labrador, College of Social Workers, NLCSW）的《實務標準》（*Standards of Practice*），社工在關係初期即需對服務對象表達服務界限及期望，以便促進持久的信任（Canadian Association of Social Workers, 2005）。所以特別是在長期的服務使用者服務過程中，社工需要展現穩定的價值觀與行為，以便讓會談的服務對象能依賴並信任他們。這通常包含遵循專業倫理和承諾，包括對服務使用者的尊重、保密原則，以及持續提供符合需求的支持。

(五)信任建立在互惠的參與

依據美國社工協會（National Association of Social Workers, NASW）指出，互惠參與不僅包含理解服務對象的文化視角，也涉及在支持服務對象的自我探索及成長中，讓他們主導並參與到服務設計與目標設定中（National Association of Social Workers, 2015）。因此，會參與強調社工與服務對象在服務過程中的共同合作，這種協作方式不僅增強了信任，也使服務對象在關係中感到被尊重與重視。這樣的參與方式有助於促成雙向溝通，從而讓社工在回應服務對象的需求時更加精確。

五、尊重隱私和尊嚴

在社工的專業倫理中，尊重隱私和尊嚴是一項至關重要的核心價值，其在專業實踐中的重要性不可忽視。這一理念的實踐要求我們對特殊群體成員的隱私權和尊嚴進行充分尊重，以建立一種以尊重和保

護為基礎的專業關係（Barker & Branson, 2000）。這樣的專業操守不僅是社工的法律義務，更是對服務使用者應有的基本尊重。

在社工的實踐中，尊重隱私和尊嚴體現為對特殊群體成員的個人訊息和隱私的保密，確保其私人事務不被他人知曉。這需要我們具備敏感而專業的態度，遵守相關法律和職業準則，以保護特殊群體成員的權益和尊嚴（Reamer, 2013）。同時，尊重隱私和尊嚴也意味著在與特殊群體成員進行溝通和互動時，要注意不侵犯其個人空間和隱私，尊重其個人意願和選擇。這要求我們瞭解特殊群體成員的界限和限制，並適當地尊重和遵循這些界限，以確保不會對其尊嚴造成任何威脅。基本上至少要遵守以下三點原則：

(一)隱私保護

在社工中，保護服務對象的隱私並尊重其尊嚴是建立信任的基礎。隱私保護涉及確保個人資料僅限於必要的工作人員知曉，以防止敏感訊息的外洩，並嚴格遵守資料保護法律，如歐盟的《一般資料保護法規》（General Data Protection Regulation, GDPR）。對於社工而言，提供服務時須確保保密性，以促進受助者的自我決策和安全感，並避免個人訊息被他人不當使用或公開（Active Social Care Ltd, n.d.）。同時社工在執行服務時，必須確保所有與服務對象相關的資料保密，除非獲得服務對象的明確同意或在法律要求的情況下才能公開。例如，依據臺灣《社會工作師倫理守則》，社工不得在公開平台或社群網站上泄露足以辨識服務對象身分的資料（中華民國社工師公會，2019年4月26日）。

(二)尊重服務對象的尊嚴

社工必須尊重每位服務對象的獨特性和選擇，避免做出不當假設或強加干預。這種尊嚴的維護不僅是尊重基本權利，更是服務中的

核心價值,透過支持服務對象的自主性,來促進他們的社會參與和自我實現。依據相關研究,尊重服務對象的尊嚴意味著從事個別化的溝通與傾聽,建立在理解其文化背景和生活環境的基礎上,以確保服務符合每個人的需求(Active Social Care Ltd, n.d.)。因此,社工在與服務對象溝通時,應維持尊嚴的對待,尤其是在處理敏感議題時,如性別、種族、宗教等多元文化背景下的差異。無論服務對象的背景如何,社工應避免歧視並促進公平對待。這種做法有助於建立信任並確保服務的有效性(何振宇等,2022)。

(三)跨專業合作與尊重

在跨專業合作中,社工需與其他專業如醫療、心理等領域的專業人員協調合作。這種協作要求尊重其他專業的專業知識,同時以開放的態度共同達成服務對象的最佳利益。這種合作精神促使專業人員之間建立相互尊重的工作關係,從而能更有效地提供整合性服務(Social Care Institute for Excellence, n.d.)。因此,當社工無法提供適當的服務時,應尊重同事和其他專業人員的專業知識,並為服務對象尋求適當的轉介服務。在這一過程中,應保護服務對象的隱私和權益,並尊重其選擇(中華民國社工師公會,2019年4月26日)。

綜上所述,可以知悉尊重隱私和尊嚴是社工中不可或缺的價值觀,它體現了對特殊群體成員的尊重和關愛,並有助於建立穩固和諧的工作關係。通過尊重隱私和尊嚴,如同Hepworth et al(2017)所言:我們可以建立一種以尊重、信任和合作為基礎的工作環境,實現服務目標,並幫助特殊群體成員實現其個人和社會參與的目標。

六、資源連接

在社工領域,「資源連接」是社工協助個人、家庭或社群獲取

第八章　特殊群體的會談技巧

所需資源以滿足其需求的重要功能之一，所以資源連接在社工實踐中扮演著重要的角色，此概念主要源自於社工的「生態系統理論」（ecological systems theory），強調社工需協助服務使用者建立並善用環境中的資源來促進其生活福祉，其核心在於協助特殊群體成員接觸到社區和專業資源，以提供必要的支持和援助，解決問題和滿足需求（Zastrow & Kirst-Ashman, 2016）。這種技巧不僅關係直接的物質或服務的提供，還涉及社工與服務使用者間的有效溝通，確保服務使用者能夠瞭解並獲取適當的資源，從而改善生活品質。具體來說，資源連接包括引導服務使用者獲取社會支持、健康照護、教育、法律協助等，旨在強化其社會功能並促進自我實現（Pincus & Minhan, 1973; Payne, 2006）。

因為實務現場中，資源連接涵蓋了多個層面，所以社工在協助服務使用者的過程中，通常會運用不同的溝通技巧來幫助服務使用者識別並連接合適的資源。這包括社會福利資源、心理支持、醫療服務等。資源連接要求社工能夠靈活應對不同背景的服務使用者，並且要對服務使用者的需求有深刻理解，以便在多樣化的社會服務體系中有效指引。

首先，社工需要對當地社區和專業組織的資源進行評估和瞭解，過程強調不同方法的結合，包括評估服務使用者需求、蒐集資訊和提供資源，以確保能夠為特殊群體成員提供準確的資訊和指導（陳玥，2005）。例如：對於低收入家庭或弱勢群體，社工可能會幫助他們申請政府補助或提供心理諮詢服務。同時，社工在這個過程中需要通過清晰而有效的溝通，讓服務使用者充分理解可用的資源，在幫助遭遇經濟困境的家庭時，社工可能會連接其至相關的資助或社福資源，幫助他們解決經濟壓力，並協助他們克服可能的溝通障礙。亦即「資源連接」的應用也包括識別服務使用者生活環境中存在的障礙或限制，並透過協助尋找或創造資源來克服這些障礙（Heffernan, 2006）。

其次，資源連接過程中，社工經常需要具備高度的協調與溝通能力，與多方合作以建構支持系統，這也體現了社工在促進服務使用者與其環境之間相互作用中的關鍵角色，所以社工應該與各種資源機構建立合作夥伴關係，以便能夠快速且有效地引導特殊群體成員獲取所需的支持和服務。例如在社工中，服務使用者工作和社區組織工作，都是通過不同的資源連接來解決社會問題（李增祿，2012）。

最後，社工需要提供持續的跟進和支持，確保特殊群體成員能夠充分利用所連接的資源，並有效解決他們面臨的問題（Glicken, 2010）。因此，社工的資源連接角色與其協助服務使用者增能、改善社會資源的可及性密切相關。這些實踐反映了社工不僅僅是服務使用者的支持者，更是橋接服務使用者與社會資源的中介者，致力於透過有效的資源連接，來提升服務使用者的生活品質和社會適應力（Lal Das, 1991; Sharma et al., 2010）。

綜上所述，資源連接是社工中至關重要的一環，它有助於橋接特殊群體成員與社區和專業資源之間的鴻溝，提供必要的支持和援助，從而促進其問題解決和需求滿足的過程。透過適切的資源連接，社工可以為特殊群體成員打開更多的機會，幫助他們實現個人和社會參與的目標。

七、文化中立性

在社工領域，「文化中立性」是指社工在提供服務時，必須避免將自身的文化價值觀強加於服務使用者身上，並努力保持中立的態度，尊重服務使用者的多元文化背景。這個概念旨在確保社工能夠以無偏見的方式，與不同文化背景的服務使用者互動，減少文化歧視和不平等的出現。這種文化中立性特別重要，因為社工經常與不同背景、族群、宗教或文化的服務使用者互動，必須具備跨文化溝通的敏

第八章　特殊群體的會談技巧

感度。這一觀念強調了在跨文化交流中的尊重和理解，以確保服務和支持的公正性和有效性。

依據Banks（2020）的研究，文化中立性的實踐需要社工具備多方面的能力和技能。首先，社工需要具備文化敏感性，即對不同文化背景下的價值觀、信仰、習俗和傳統有一定程度的瞭解和尊重（Banks, 2006）。Azzopardi（2020）認為，跨文化社工應該採用社會正義框架，強調反壓迫實踐，並鼓勵社工在與不同文化交會時發展文化敏感度和多樣性意識。此外，這種文化敏感性不僅體現在對少數族裔文化的理解上，還包括對性取向、性別身分、宗教信仰等方面的尊重和包容。

其次，社工應該具備開放的態度和願意學習的心態。他們應該願意主動尋求跨文化培訓和教育，以提高自己的文化敏感度和跨文化交流能力（Banks, 2020）。社工必須具備文化敏感性和適應力，以應對日益多元的服務需求。這意味著他們不僅要瞭解不同文化中的價值觀和信仰，還要具備批判性反思的能力，避免個人偏見對服務使用者造成不公或壓迫。透過不斷學習和反思，社工可以更好地理解不同文化背景下特殊群體成員的需求和期望，從而更好地提供符合他們需求的服務和支持。亦即社工應該學會如何在多元文化情境下有效溝通，並尊重每一位服務使用者的文化背景及身分認同，確保溝通過程不受文化偏見影響。這些能力的培養是一個持續的過程，涵蓋意識、知識與技能的綜合發展（Azzopardi, 2020）。

最後，為了達到文化中立性，社工應持續學習、反思和調整服務策略，以適應服務使用者的文化需求。所以社工還應該具備自我意識和自我反省的能力。他們應該能夠意識到自己可能存在的文化偏見和價值觀，並努力避免這些偏見對工作的影響。透過不斷地反思和對話，社工可以提高自己的跨文化敏感度，確保在工作中保持客觀和中立。例如應用文化謙卑（cultural humility）的方式，承認服務使用者的

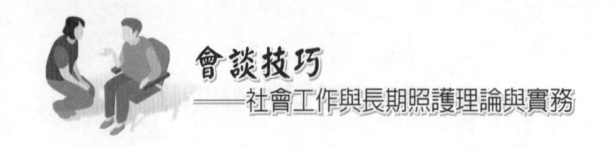

文化知識和生活經驗（Tervalon & Murray-Garcia, 1998）。

綜上所述，文化中立性是社工中不可或缺的原則之一，它要求社工在提供服務和支持時，不對特殊群體的文化背景進行價值判斷或干預。社工在進行溝通時，應避免使用可能引發文化誤解的術語或行為，同時應當具備批判性思維，反思自己是否在無意中依據主流文化或個人背景作出判斷。透過文化敏感性、開放的態度和自我反省，社工可以更好地理解和尊重不同文化背景下的特殊群體成員，對話必須具備文化中立性，才能真正達到平等尊重的目標，從而提供更有效的服務和支持。

八、危機介入

在社工領域中，「危機介入」是社工應對個人或群體面臨緊急或高壓事件的核心方法，所以危機介入在社工實踐中具有至關重要的地位。它不僅僅是對特殊群體成員可能遭遇的危機情況做出反應，更重要的是提供及時、有效的支持和幫助，以保護他們的身心健康和安全。

危機介入的理論基礎主要源自於心理學中的「應激」（stress，又稱壓力、緊迫）理論，認為人在面對無法應對的壓力情境時，會產生強烈的情緒反應，例如恐懼、憤怒或無助，這些情緒反應可能進一步影響其行為與決策能力。社工在此情境中，透過危機介入來緩解受害者的心理壓力，並提供具體的應對策略與支持系統，進而促進他們恢復生活正常化（Roberts, 2005）。危機介入的概念著重於在危機發生後短期內採取行動，幫助個體重建穩定與功能，並減少危機對其生活造成的持續負面影響。這類介入通常包含六個主要步驟：危機評估、即時干預、支持性對話、提供資源、制定應對策略以及後續跟進等（James & Gilliland, 2017）。

第八章　特殊群體的會談技巧

　　另一方面，依據Hepworth等人（2017）的研究，危機介入首先需要社工具備敏銳的識別能力和評估能力，能夠快速辨識出特殊群體成員可能面臨的各種危機，包括但不限於心理健康危機、家庭暴力、自殺威脅等，並對危機的嚴重性進行評估。其次，危機介入需要社工具備適切的應對策略和技巧。這包括建立信任和情感連結、提供情緒支持、進行危機干預和安全計畫的制定等。在危機介入中，社工需要與特殊群體成員建立積極的合作關係，協助他們穩定情緒、尋求解決問題的方法，並提供必要的資源和支持。此外，危機介入還需要社工具備跨專業的合作能力，與其他相關專業人士，如心理學家、醫生、警察等進行有效的協作，共同制定和實施危機應對方案，以確保特殊群體成員的全面支持和保護。

　　綜上所述，危機介入是社工中不可或缺的一環，它要求社工具備豐富的專業知識和技能，能夠在危機情況下提供及時、有效的支持和幫助，以保護特殊群體成員的身心健康和安全。危機介入應包括協助服務使用者理解事件的性質、建立應對的自信心及引導情緒表達，以避免進一步的心理創傷（Westefeld & Heckman-Stone, 2003）。

九、多元化觀點

　　在社工的領域中，多元化觀點強調對特殊群體的關注和理解（社論，2020）。特殊群體包括老年人、身心障礙者、移民族裔、性別少數群體、受虐待者、精神疾病患者等。這些群體可能因為多種原因，例如社會地位、經濟狀況、文化背景或身心狀況，而面臨各種不同的需求和挑戰（林萬億主編，2011）。同樣地，在國外的觀點中，Pope等人（2004）與Sue等人（2007）指出，在社工領域，「多元化觀點」主要指針對社會上不同文化、族群、性別、年齡等多樣化特徵的需求進行包容性服務，並運用文化敏感度促進社工實踐的公平性。該觀點

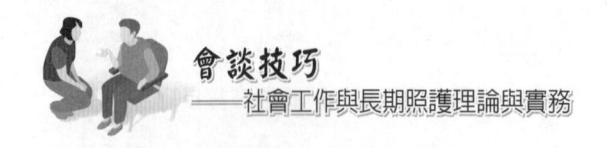

著重於社工的「多元文化勝任能力」（multicultural competence），這包括多元文化的覺察、知識和技能三方面：

(一)多元文化的覺察（Multicultural Awareness）

Pope等（2004）與Sue等（2007）均認為，應要求社工理解自己的價值觀和偏見，並能以包容的態度處理來自不同文化背景的服務使用者。亦即社工需要以開放的態度和敏感的眼光，來理解和接納特殊群體的多樣性，這包括尊重他們的文化、價值觀和生活方式，並意識到他們可能面臨的歧視和壓迫（李聲吼，2007）。

(二)多元文化的知識（Multicultural Knowledge）

Pope等人（2004）與Sue等人（2007）均認為，應要掌握特定文化的特徵和動態，如種族、文化如何影響行為與情感。因此，多元文化的知識，促使社工不斷提升自身的跨文化能力和專業素養。這包括參加跨文化培訓、加強對特殊群體的瞭解，以及與其他社工和相關專業人士進行經驗交流等（Wang, 2020）。

(三)多元文化的技能（Multicultural Skills）

Pope等人（2004）與Sue等人（2007）均認為，社工應重於設計和實施符合文化敏感性的干預措施，並在跨文化互動中管理和解決衝突。因此，社工需要採取靈活的應對策略，以確保服務的有效性和適切性。這可能包括制定個別化的服務計畫，根據特定群體的需求和優先事項提供適當的支持和資源。同時，社工還需要與其他相關專業人員和機構合作，共同解決特殊群體面臨的問題，促進其社會融合和生活品質的提高（Limb et al., 2013）。

第八章　特殊群體的會談技巧

第二節　長者和臺灣傳統家庭的會談技巧

　　從全球人口老化趨勢觀察可知，許多國家，尤其是已開發和開發中國家，面臨著人口高齡化的挑戰，我國亦不例外。自一九九〇年以來，臺灣老年人口數急速增加，於一九九三年九月達到總人口數的7.1%，正式邁入高齡化社會（林桓，2016）。根據我國國家發展委員會的估算，到二〇二五年，我國老年人口比例預計將達到20.7%，接近超高齡（super-aged）國家的水平，而到二〇三六年可能達到28%的極高齡（ultra-aged）水平（衛生福利部，2021）。隨著時代的變遷，這些長者在生理和心理層面都面臨著挑戰。除了生理衰退外，心理方面也出現了諸多困境，如情緒障礙、焦慮相關精神疾病等。這些困境表現在負面的心理狀態上，包括失落感、疏離感、自我中心、孤獨感、依賴感、焦慮不安、固執、疑心等（鄧明宇，2023）。這些生理和心理層面的挑戰凸顯了對這些長者須備關懷和接受傾聽的重要性，同時也突顯了社工需即時介入的必要性。以下茲將國內外常見的長者和臺灣傳統家庭價值理解的會談時，應注意的技巧及相關的內涵說明如下：

一、需求評估技巧

(一)多面向評估

　　多面向評估是一個綜合性過程（包含持續性、雙向互動及全面性等），旨在全面理解服務使用者的問題與需求（吳信來等，2021）。這種評估不僅涵蓋服務對象的個人特性，還包括其社會環境、家庭背

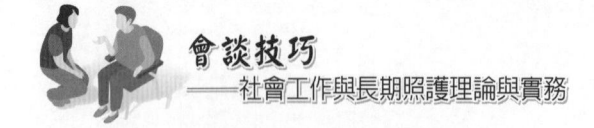

景和文化背景等多方面的考量。長者的需求不僅僅局限於健康問題，還包括心理健康、社交互動及家庭支持系統。評估時應使用多種方法，如面談、問卷調查和觀察等，確保對長者的需求有全面的理解。

吳信來等人（2021）指出：評估過程的關鍵組成部分上包含：(1)服務對象特性：分析服務對象的優勢、認知、情感、身心狀況等。(2)問題特性：包括未滿足的需求、生命發展階段及問題的持續時間等。(3)家庭與社區系統：透過家系圖（genogram）或生態圖（ecological map）等工具理解服務對象的家庭問題及其社會支持系統。在社工實務中，多面向評估幫助工作者更有效地制定介入策略。社工在進行評估時，不僅需要考慮服務使用者的具體需求，還要瞭解其背景和環境，這樣才能提供個性化的支持。例如，通過家族樹可以分析家庭的代間關係與潛在的問題，從而制定出符合服務使用者需要的處遇計畫。

(二)文化敏感度

在臺灣，傳統家庭價值觀如孝道和家庭責任對長者的需求有重大影響。社工在評估長者需求時，需考慮這些文化因素，並尋求瞭解長者如何看待自己的角色和地位。文化敏感度在應對長者的需求時尤其重要，因為長者的生活經驗和價值觀往往受到其原生文化的深遠影響。

社工需具備「文化謙卑」（cultural humility）和「文化知識」（cultural knowledge）。文化謙卑指的是一種反思性態度，即社工必須持續檢視自己的價值觀和偏見，理解不同文化群體的獨特性，並在此基礎上進行開放且不帶判斷的互動。這也體現了社工在服務長者和家庭時如何運用謙卑的態度，以尊重並適應傳統家庭價值觀的需求和期望。此外，美國社工協會（NASW）指出，社工應使用「人際環境模型」（person-in-environment model），重視個體與其文化環境的互

動，並在此框架內理解文化對於生活方式、價值觀和社會期望的影響（National Association of Social Workers, 2015）。

　　針對臺灣的長者與傳統家庭價值觀，文化敏感度可以幫助社工更加有效地支持家庭在照顧長者上的需求，特別是在世代差異和家庭角色期待上。在與長者的溝通過程中，社工可以使用符合其文化背景的溝通技巧，以更好地建立信任和支持關係。例如，筆者在執行國立嘉義大學人文創新與社會實踐計畫USR的社區實踐計畫時，針對嘉義縣布袋鎮的好美社區長者進行實地訪談時，發現當地居民的生活文化與長者的身心需求緊密相連。在面對面的溝通技巧上，除了奠基於信任原則，社工更需融入該地的文化背景與歷史脈絡，例如理解漁村的經濟活動如何塑造居民的價值觀，或瞭解當地長者對於家庭角色的期待及其宗教信仰在生活中的重要性。在此基礎上，社工透過使用在地語言、參與傳統慶典活動，以及適時展現對長者生命經驗的敬重，成功拉近了與居民的距離，促進了對長者身心靈狀態的完整瞭解。

(三)建立信任關係

　　評估過程中的信任關係對於獲取準確的需求資訊至關重要。社工應該創造一個安全的環境，使長者能夠自由表達自己的需求和擔憂。社工在進行長者服務時，需要充分理解和尊重傳統家庭結構及其價值觀，以促進有效的溝通和支持。

　　臺灣的傳統家庭結構通常強調孝道和家庭責任，長者在家庭中的地位較高，這使得社工在與長者互動時，需要注意這些文化背景，以建立信任關係。例如：Lin 與 Huang（2016）研究指出，社工在介入時應該採用尊重的語言，展現對長者生活經驗的重視，並通過建立個人聯繫來增強信任。

　　在與長者建立信任關係的技巧上應注意：(1)文化理解與尊重：社工必須瞭解長者所屬家庭的文化背景，尤其是對家庭成員之間的互動

規範及長者的期望。尊重傳統價值觀能有效增進信任。(2)積極的溝通技巧：使用開放式問題來引導長者表達自己的需求和想法，並在交談中展示傾聽的態度，這樣不僅可以獲得更深入的瞭解，還能讓長者感受到被重視和關心。(3)建立個人關係：透過定期的面談和關懷，社工可以增進與長者之間的個人關係，這樣的關係基礎有助於未來的合作與支持。(4)鼓勵家庭參與：鼓勵家庭成員的參與，不僅有助於長者的心理支持，還能讓社工更全面地瞭解長者的需求，並在家庭中建立更強的信任感（Lee & Tami, 2000）。

建立信任關係是社工與長者之間合作的基礎，特別是在傳統家庭價值觀的背景下，對文化的敏感度和理解至關重要。透過恰當的溝通技巧和對家庭結構的重視，社工能夠有效地促進長者的福祉與社會融入。

(四)共參與評估

共參與評估是一種強調所有參與者，包括長者及其家庭成員共同參與評估過程的技術。這不僅促進了資訊的共享，還能增強對長者需求的理解和尊重。所以進行需求評估時，應鼓勵長者及其家庭成員參與，這不僅有助於獲取更全面的資訊，也能增強他們對所需服務的認同感。

臺灣的傳統家庭價值觀重視孝道，這一理念源自於儒家文化，強調子女對長者的責任和尊重。在過去，大多數成年男性會與父母同住，照顧他們，因為「養兒防老」的觀念在亞洲的社會中根深蒂固。然而隨著社會的變遷，家庭結構的變化以及年輕人生活方式的多樣化，這一價值觀正在受到挑戰。例如：許多年輕人選擇獨立生活，導致傳統的家庭支持系統逐漸瓦解。

在進行共參與評估時，社工需具備敏感性和技巧，以促進家庭成員之間的對話和理解。在與長者共參與評估的技巧上應注意：(1)文化

第八章　特殊群體的會談技巧

敏感性：社工應深入理解長者及其家庭的文化背景，尊重傳統家庭價值，並能在這一基礎上引導評估過程。例如，對於家庭成員的角色和期望的討論，應體現出對傳統觀念的尊重。(2)建立信任：長者可能對社工存有疑慮，因此建立信任關係至關重要。這可以通過主動傾聽長者的需求、顧慮及其家庭歷史來實現。(3)促進家庭對話：在評估過程中，社工可以促進家庭成員間的對話，使所有成員都有機會表達自己的觀點與擔憂，從而增進共識與理解（Yang & Mui, 2022）。

(五)動態評估

社工在與長者進行會談時的動態評估概念時，必須考慮到臺灣傳統家庭價值的背景。動態評估是一種持續且靈活的評估過程，社工在這一過程中需不斷調整評估策略，以適應個體及家庭的需求和情境。所以長者的需求可能隨著時間而變化，因此社工需要定期重新評估，根據長者的生活變化及環境調整服務內容。

由於臺灣在家庭和婚姻觀念不同以往的更迭，促使這些社工在進行動態評估時，必須持續關注家庭成員的需求及其價值觀的變化。在與長者進行動態評估的技巧上應注意：(1)文化理解：社工需深入瞭解長者及其家庭的文化背景，尤其是對於傳統家庭價值的尊重與理解。這涉及家庭角色、責任及期望的認知，這些因素在臺灣社會中尤為重要。(2)持續互動：動態評估強調評估過程中的持續互動，社工需要與家庭成員進行開放且持續的對話，從而建立信任關係，促進長者表達其需求和擔憂。(3)靈活應對：隨著評估過程的推進，社工需靈活應對家庭成員的變化和需求，並根據實際情況不斷調整介入策略。這不僅有助於獲得準確的評估結果，也能更好地支持長者及其家庭（葉光輝等，2023）。

二、有效溝通的策略

在探討社工在長者和臺灣傳統家庭理解的會談技巧中的有效溝通的策略時，我們可以從幾個方面來分析如何促進與長者的有效溝通，特別是在遵循臺灣的傳統家庭觀的背景下。

(一)尊重與同理心

有效溝通的首要步驟是對長者表達尊重與同理心。社工在與長者交流時，應保持耐心，理解他們的生活背景和心理需求。例如，長者可能因為健康問題或生活習慣的變化而表現出焦慮或沮喪。社工可以透過開放性問題詢問他們的感受，從而增進相互理解和信任。

呂寶靜（2013）與黃姝文（2020）認為，尊重長者的傳統家庭觀是溝通的重要一環。臺灣的家庭文化通常強調孝道與長者的權威，社工在與長者溝通時，應該認同並尊重這些文化背景。這種尊重可以通過使用適當的語言、非語言行為（如肢體語言和眼神接觸）來表達，以展示對長者意見的重視。再者，同理心是另一個重要的溝通策略。社工應努力理解長者的情感與需求，這不僅有助於問題的識別，也能使長者感受到被理解與支持。這種情感連結可以增強長者的心理健康，並提高他們對服務的接受度。呂寶靜（2013）的研究發現，良好的同理心能力可以顯著改善社工與長者之間的關係，進而提升服務效果。

筆者在執行國立嘉義大學人文創新與社會實踐計畫的社區心衛活動或宣導講座時，同樣也秉持著尊重與同理心的態度，面對嘉義縣布袋鎮的好美社區長者，除了對他們以特定的行為表達喜歡、敬重以及肯定外，尚以一種設身處地來體驗他人處境，從而達到感受與理解他人心情的狀態，因為同理心並不是一種情緒，也不是一種感受、

第八章　特殊群體的會談技巧

一種能力。同理心是指可以深入他人的感受，感同身受地理解他人的能力。所以同理心能夠讓一個人對另一個人產生同情心理，並做出利他主義的行為。所以在有效溝通的策略應注意尊重與同理心的心態調整。

　　同時，有效的溝通策略還包括積極傾聽與反饋。社工應該在對話中展現出他們的關注，並通過適當的回應來確認他們對長者所說內容的理解。這種雙向的交流方式可以促進長者的參與感與自我表達。爰此，尊重與同理心是社工在與長者溝通中必須採取的兩項核心策略。透過這些策略，社工能更好地理解長者的需求，並有效地提供幫助。

(二)詢問而非命令

　　在與長者進行對話時，使用詢問的方式而非直接命令是十分重要的。這不僅顯示出對長者的尊重，也使他們感受到在決策過程中的參與感。例如，社工可以詢問長者的需求，而不是強迫他們接受某些建議。這種方式有助於增強長者的自我效能感和自主權，符合臺灣傳統家庭中對長者的尊重文化。

　　在與長者進行溝通時，應注意下列事項：(1)瞭解臺灣傳統家庭價值觀是關鍵。在臺灣的文化中，家庭通常被視為社會的核心，長者在家庭中擁有重要的地位。因此社工在進行溝通時，需要展現對長者的尊重，並且充分考慮他們的感受和想法。(2)有效的溝通策略包括使用開放式問題來促進交流。例如，社工可以問：「您對於最近的家庭聚會有什麼看法？」而不是直接要求長者遵從某個指令。這樣的方式不僅能讓長者自由表達意見，還能讓他們感受到自己在家庭中的價值和重要性（王寶英、陳俊佑主編，2018）。

　　爰此，在傳遞訊息的過程中，使用簡短、清晰的語言，並根據長者的反應調整溝通策略。因為溝通時要注意語調和速度，避免過快或過於強勢的表達，以減少誤解和衝突的發生，這樣可以更有效地建立

信任和理解。

(三)維持良好的非語言溝通

　　良好的非語言溝通策略是維持有效溝通的關鍵因素。社工在與長者溝通時，非語言的表達如眼神接觸、肢體語言和語氣也起著重要的作用。良好的非語言溝通可以增強口頭訊息的傳遞，讓長者感受到關懷和支持。例如，適度的身體距離和友好的姿態可以使長者感到舒適，從而更願意開放心扉。

　　依據美國社工協會（NASW）（National Association of Social Workers, 2015）指出，在與長者進行非語言溝通時，應注意下列事項：

◆友好的態度與眼神接觸

　　與長者交流時，保持友好的態度和適當的眼神接觸可以增強信任感。非語言行為如微笑和適當的身體接觸（如握手或拍拍肩膀）也能有效促進溝通。這些行為向長者傳達關心和尊重，有助於打破代溝。

◆姿態和舉止

　　合適的身體姿態和手勢可以進一步增強訊息的傳遞。例如，點頭或使用手勢來輔助說話，可以使長者更容易理解所談的內容。這些非語言信號可以表達同理心，讓長者感受到被重視。

◆語言的簡化與明確性

　　使用簡單明瞭的語言，並將話語分爲短句，能夠幫助長者更好地理解對話內容。特別是對於認知障礙的長者，使用是非題引導他們回答，會更加有效。

第八章　特殊群體的會談技巧

◆環境的影響

創造一個安靜且舒適的環境，能夠減少噪音和干擾，讓長者能夠更專注於交流的內容。此外，保障隱私也是促進良好溝通的要素之一，尤其是在討論涉及個人隱私的話題時。

◆調整溝通方式

根據長者的生理和心理狀況，靈活調整溝通方式是非常重要的。瞭解長者的需求，例如對話速度和語調的調整，能夠讓交流更加順暢。例如，對於聽力較差的長者，說話時需要注意語調，避免讓對方誤解。

(四)理解與融入家庭文化

臺灣的家庭價值觀通常強調家庭的和諧和對長者的尊重。在進行會談時，社工應該瞭解長者的家庭背景及其在家庭中的角色，並在溝通中融入這些文化元素。這不僅能讓長者感受到文化認同，也有助於建立信任關係。

在探討社工與長者之間的有效溝通策略，特別是對於臺灣傳統家庭文化的理解與融入，呂寶靜（2013）與陳錦慧（2021）認為，我們可以從幾個關鍵概念入手：(1)長者與傳統家庭文化的理解：臺灣傳統家庭文化強調孝道、家庭和諧以及長者的智慧。在這種文化背景下，社工在與長者交流時，必須尊重這些傳統價值觀，並且理解長者在家庭中的角色。這樣的理解不僅能幫助社工更好地與長者建立信任關係，也有助於提供更具文化敏感性的服務。(2)有效溝通的策略：文化敏感性、傾聽與理解及建立信任（詳細之內容如前段所述）。(3)融入家庭文化：在與長者交流時，社工也需考量家庭成員的影響。家庭成員往往在長者的決策過程中扮演關鍵角色，因此，社工應邀請家庭成

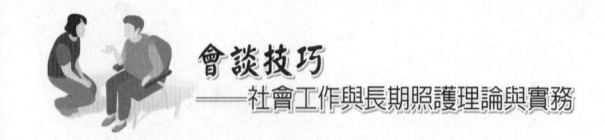

員共同參與會談,確保所有相關意見均得到重視,這樣不僅能增強長者的參與感,還能促進家庭的和諧。

三、處理家庭衝突的技巧

臺灣的家庭價值體系深受儒家文化影響,重視家族的和諧與面子(face)文化。此類價值影響了家庭成員之間的互動,例如對長者的敬重以及在衝突情境中優先維持家庭的名聲。家庭溝通的模式通常依賴「親屬權威」與「集體利益」的概念,這使得在處理衝突時,如何尊重傳統並適度融入現代觀念顯得尤為重要。

在會談技巧上,社工通常會運用家庭溝通模式(family communication patterns, FCP)理論來促進家庭內部的理解。FCP理論指出,不同的家庭有各自獨特的溝通風格,這些風格對成員之間的互動以及衝突的處理起著重要作用(McLeod & Chaffee, 1973)。Koerner和Fitzpatrick(2006)進一步闡述了FCP理論在不同家庭溝通風格中的應用,並探討了該理論如何影響家庭成員之間的情感與理解。例如,傳統的「保護型」家庭會傾向於讓年長成員或家長做決定,並鼓勵其他成員遵從,以減少衝突的可能性。然而,這樣的方式在年輕一代中可能會導致抑制溝通的效果,甚至加深內部壓力。因此,社工在輔導中需著重在尊重長者的意見同時,幫助年輕成員適當表達自我意見,從而促進整體的家庭和諧。

針對傳統家庭中的衝突處理,社工亦可能使用「和解技巧」以及「角色交換法」,幫助家庭成員在不同的角色中換位思考,以此來增強理解。透過此法,家庭成員能夠理解不同的角色需求與壓力,從而提高對衝突的容忍度與解決意願(Koerner & Fitzpatrick, 2006)。另外Koerner和Fitzpatrick(2006)亦提出:「支持性共同育兒」(Co-parenting)情境中,夫妻雙方若能共同分擔家庭角色並減少責任分配

第八章　特殊群體的會談技巧

上的矛盾,則能有效提升整體家庭滿意度。

四、促進長者自我表達的技術

在社工實務中,促進長者自我表達的會談技巧尤為重要,尤其是在理解其家庭價值觀與需求時。此類技巧不僅幫助長者表達自我,還能使社工更深入理解他們的生活背景與文化信念。針對長者的會談技術多聚焦於創造一個開放且包容的環境,以鼓勵他們分享個人經驗、價值觀及需求,從而增強自我決策能力。

有效的會談技巧包含以下四個關鍵:(1)營造安全的表達空間:建立信任是長者自我表達的基礎。社工需創造一個尊重且非評判的環境,使長者感到安全,願意分享他們的想法與感受。這種空間的創造,有助於提升長者的自信與自尊(Barsky, 2019)。(2)引導並給予支持:通過開放性問題、積極聆聽和反映情緒的技術,社工能鼓勵長者深思他們的生活價值觀(Egan, 2014)。以此技術引導長者深入思考和表達他們的家庭價值觀,促使他們在自我表達中更具信心,並且感到自身的需求被理解和尊重。(3)強調自我決策與自主性:鼓勵長者在會談中提出自身意見與需求,並讓他們感受到在決策過程中的自主性(Lundy, 2007)。此過程促進了長者的自我決定感,有助於提升他們的自尊與獨立性,尤其是在他們希望保留家庭價值的議題上。(4)文化敏感性與同理心:對於社工而言,理解長者的文化背景、家庭價值觀與生活習慣至關重要。應用文化敏感性的技術,能幫助社工在尊重長者生活價值觀的前提下,適當引導並支持其自我表達,並避免不必要的衝突或誤解(Barsky, 2019; Egan, 2014)。

有關促進長者自我表達的技術的實務案例,筆者以本身在執行國立嘉義大學人文創新與社會實踐計畫為例,深入探討在推行USR精神下,如何有效促進長者自我表達與參與。以嘉義縣布袋鎮的好美社區

為場域，針對該地長者進行心理衛生活動或關懷介入時，筆者發現，營造一個安全且尊重的表達空間，是促進長者自我表達的首要步驟。在這樣的空間中，長者能感受到被理解與重視，進而建立起自信與自尊，這對於提升他們的心理健康與社會參與尤為重要。在實踐中，作者運用了一系列策略來促進長者的自我表達。首先，透過有意識的環境設計，例如選擇安靜、舒適且熟悉的場地進行會談，並確保語言溝通的便利性（如使用臺語或其他方言），減少長者的心理壓力。其次，在互動過程中，作者強調以積極傾聽和開放性問題為核心的對話技巧，引導長者分享自己的經歷、感受及生活價值觀。例如，作者會使用引導性問題，如「您覺得什麼事情讓您感到最有成就感？」或「您希望在日常生活中獲得什麼樣的幫助？」這些問題不僅幫助長者進一步探索自我，也能讓他們更自然地表達內心需求。

此外，會談過程中特別強調長者的自我決策與自主性，避免過度主導或替代長者發聲。例如，當長者表達某些對生活安排的偏好或對家人互動的看法時，筆者透過文化敏感性的理解與同理心回應，適時給予支持與建議，但絕不替代他們做決定。這樣的互動方式能讓長者感受到尊重，進一步提升他們對自身選擇的信任與肯定。最後，為避免衝突或誤解，筆者在會談中注重語言的使用與情緒的細膩觀察。例如，對於某些敏感話題，會採取迂迴的方式進行引導，並透過非語言的支持（如點頭、微笑）來表達理解與鼓勵。這種細緻且溫暖的互動方式，使得長者在面對外界關懷時，能更自然地敞開心扉，提出自己的意見與需求。

五、綜合資源的連結

在社工實務中，有效的會談技巧能協助長者表達自身價值觀和需求，特別是當其家庭價值觀深受臺灣傳統文化影響時，文化敏感性顯

得尤為重要。臺灣的長者通常堅持代際支持和家庭為本的價值觀，但隨著家庭結構和政策變遷，傳統照護模式逐步轉向社會支持體系。對社工來說，整合文化、家庭價值與政策變革的資源，並運用適當的會談技術來支持長者的自我表達，成為不可或缺的專業能力。

首先，建立信任與安全的溝通空間有助於長者在會談中更自在地表達自己（Barsky, 2019）。這種尊重和無偏見的環境創建，能有效增強長者的自信，促使他們分享自身經歷和家庭價值觀，並幫助他們在決策過程中感受到自主性（Egan, 2014）。在此基礎上，社工也可運用積極聆聽、開放性提問和情緒反映等技巧，引導長者探討其家庭價值觀，並增強他們的自我表達能力。

過去幾十年間，臺灣從以家庭為基礎的長者照護逐步轉向公共支持體系，此舉不僅反映政策演變，也展示了文化價值與公共支持之間的動態平衡。近年來，隨著社會需求的增長和政策改變，臺灣的長照服務體系已逐漸增強社會化的資源配置，降低了家庭對長者照護的負擔（Payette & Chien, 2020）。顯示臺灣的長照政策也反映了傳統家庭價值與社會福利結構之間的融合。

六、反思與評估會談效果

在社工中，會談技巧如反思和評估技術對於理解長者的傳統家庭觀具有關鍵作用，尤其是當長者在快速變遷的社會中尋求情感支持和自我表達時。透過這些技巧，社工能協助長者深入探討和表達其文化價值觀，並提供長者與其家庭之間的情感連結。

首先，「反思」的技術在會談中扮演了重要角色，它可以透過回應內容、情感及意涵，幫助長者更加清楚地理解和表達自己對家庭的價值觀（Barsky, 2019）。例如Egan（2014）指出：社工可以通過反思長者的感受，激發其自我認識，進一步探索其生活經驗和情感連結。

根據反思技巧的相關研究，這種技術能增強會談的情感深度，讓長者更加投入並表達自己對傳統家庭價值的看法。此外，「反思」還可以利用回應來增強會談的意義，促使長者思考家庭結構的變化如何影響其自我定位和文化認同。

「評估」的技術同樣重要，它主要用來衡量會談效果，如長者在表達家庭價值觀和需求時的自我效能及情感舒適度（Egan, 2014; Payette & Chien, 2020）。評估技術的應用，可以幫助社工瞭解長者在會談中是否達到目標，如能否表達家庭價值觀，或對其家庭定位的理解是否有所加深。這種評估過程可以依據長者的回饋和觀察其在會談中的互動情況來進行，從而幫助工作師調整會談策略，並增加其文化敏感度。

第三節　身心障礙和長照需求者的會談技巧

依據「國際健康功能與身心障礙分類系統」（International Classification of Functioning, Disability and Health, ICF），身心障礙是指在功能或結構方面的損失，這些損失可能會影響個體的日常生活與社會互動出身心障礙者在社會中可能會遭遇的限制（World Health Organization, 2024）。長照需求者則是指需要持續性照護的個體，通常是因為年齡增長、疾病或殘障等因素，使其在自我照顧方面面臨困難。這些需求者的照護需求可能包括日常生活活動（activities of daily living, ADLs）的進食、上下床、洗澡、穿衣、上廁所等；工具性日常生活活動（instrumental activities of daily living, IADLs）的購物、洗衣、煮飯、做輕鬆家事、戶外走動、打電腦、理財、服藥等；認知功能的定向感、記憶、抽象思考、判斷、計算、語言能力等（張宏哲等，2023）。社工的角色，他們不僅提供直接的支持，還協助需求者

第八章　特殊群體的會談技巧

與家庭、社區及其他資源建立連結。社工需要理解身心障礙者與長照需求者的獨特需求，並根據其背景和環境設計相應的照護計畫。

會談技巧是社工在與身心障礙者及其家庭進行溝通時所需的基本技能。這些技巧包括主動聆聽、同理心、正確提問及提供適當的反饋。社工必須能夠創造一個安全的環境，讓服務對象能夠自由地表達他們的想法和感受。所以談到有關身心障礙和長照需求者的會談技巧時，依據World Health Organization（2024）與張宏哲等（2023）的建議，至少應遵守：

一、主動聆聽與同理心的能力

主動聆聽是一種深度的聆聽技巧，社工透過此技能能夠更好地理解服務使用者的需求與情感狀態（Eriksson & Englander, 2017）。這不僅僅是聽到服務使用者的話語，更要理解其背後的情感及意義。這樣的互動能夠增進信任感，讓服務對象感到被尊重和理解，主動聆聽包含不僅專注於語言內容，還留意語調、肢體語言及情緒（Brown, 2015）。這樣的技能對於具有溝通挑戰的需求者來說尤為關鍵，特別是在身體或情感受到限制時。

同理心能力是會談中不可或缺的部分。社工需要能夠站在服務對象的立場上，理解其生活中的挑戰及需求。當社工能夠展現出同理心時，服務使用者的滿意度和合作意願會顯著提高。同理心讓服務對象得到情感支持，並促使工作者設身處地理解需求，具備同理心的社工能有效提升服務對象的心理健康和生活品質，這在與身心障礙和長照需求者互動時特別重要。

具體來說，身心障礙和長照需求者在面臨生活挑戰時，往往需要社工的支持來管理情緒壓力和生活問題，而同理心與主動聆聽則成為理解其深層需求、建立信任的核心工具。此外，主動聆聽與同理心也

協助社工發展具文化敏感度的服務方式，這一點在不同背景與需求的服務對象之間尤爲重要。

二、正確的提問技巧與提供適當的反饋

有效溝通的核心，也是建立信任關係、理解需求，以及促進積極對話的基礎。以下是正確提問及適當反饋的一些方法：

(一)開放性提問

提問是引導會談的關鍵，在與身心障礙或長照者互動時，社工需要使用開放式問題來促進對話，鼓勵服務使用者分享更多的經驗與感受。這類問題通常不會只以「是」或「否」回答，而是需要對方表達更多細節。例如，問「您希望我們如何幫助您提升生活品質？」等開放式問題，能鼓勵需求者深入探討，進一步瞭解其實際需求與期望。又如問「您覺得這種情況對您影響如何？」比「您覺得這樣好不好？」更能引導服務使用者深入思考。

由此可知悉，在會談過程中，及時且適當的反饋能夠幫助服務使用者更好地理解自己的情況和情感。社工應注意使用正面及建設性的語言，幫助服務使用者建立自信，並引導其朝向更健康的思維模式。

(二)積極傾聽與非語言反饋

溝通時，積極傾聽是一項重要技能，特別是在與語言表達能力受限的服務使用者溝通時。非語言反饋，如點頭、眼神接觸、微笑等，可以傳達理解與支持，進一步強化需求者的信任感和舒適度。Online Learning College（2024, Oct 28）研究指出：這些行爲能夠提升需求者的安全感並促進溝通。

第八章　特殊群體的會談技巧

(三)適當的反饋與鼓勵

適當的反饋不僅能肯定對方的表達，還能增強需求者的信心。在交流中給予積極且具體的反饋，如「我很高興聽到您今天感覺不錯」，能幫助需求者感到被理解和支持，從而促進其參與感（Online Learning College, 2024, Oct 28）。

(四)自我表達的支持工具

對於溝通能力受限的個體，輔助及替代性溝通系統（augmentative and alternative communication, AAC），亦稱溝通輔具，提供了多元化的自我表達途徑，包括圖片交換系統（picture exchange communication system, PECS）、手語及視覺輔助工具等（Tetzchner & Grove, 2003）。這些輔具透過非語言方式促進溝通，不僅提升了個體在自我表達上的靈活性，亦強化了互動的效率與效果。近期在國內新北市板橋榮譽國民之家的一起長照案例中，社工運用AAC系統協助一位具有語言障礙的高齡個體，有效幫助其清晰地表達需求，充分展現了此類工具在增進需求表達與溝通中的應用價值（黃村杉，2023年11月22日）。

三、環境與文化敏感性

「文化能力」（cultural competence）是美國社工協會（NASW）提出的一項標準，該標準要求社工在執業過程中考慮服務對象的多元文化因素，例如種族、性別、宗教信仰和身心障礙狀況等，並強調應具備文化謙遜的態度。這意味著社工在會談中不僅應展現對個體文化的理解，也需要以開放心態持續學習，並在實踐中反思自身的文化偏見。這樣的文化敏感度可以幫助社工創造包容和安全的會談環境，進而促進服務對象的自主與社會參與（National Association of Social

Workers, 2015）

　　身心障礙者的需求往往受到文化背景和社會環境的影響，因此社工在進行會談時需要具備文化敏感性。這意味著他們需要尊重不同背景下服務使用者的價值觀和信念，並根據其特定情況調整溝通方式。根據「文化敏感性」的理論，社工需理解服務對象所處的文化背景，並認識到不同文化對身心障礙的多樣理解，包括對尊嚴、自主和權利的尊重。在進行會談時，社工應以文化敏感性為核心，強調去除偏見，避免將個人或社會因素過度概念化為障礙，而是重視服務對象的生活體驗及社會定位。

　　同時，批判性文化能力（critical cultural competence）和反壓迫實務（anti-oppressive practice）也被廣泛應用於殘疾社區的社工中。這些模式鼓勵社工避免將身心障礙者視為「需要幫助」的對象，而是作為平等的合作夥伴，並集中精力於移除障礙、促進社會包容。特別是「無關於我們，便不能決定我們」（nothing about us without us）的信念，強調服務對象的自主權和決策參與性，適用於會談環境的設計及實踐過程中。

第四節　移工和跨文化會談技巧

　　移工（migrant workers），通常是指因工作機會而移居到其他國家的工人。這些工人常面臨文化差異、語言障礙及社會排斥等挑戰，因此，社工需具備相應的跨文化溝通技巧，以協助他們更好地適應新環境。

第八章　特殊群體的會談技巧

一、移工的跨文化挑戰

　　在社工處理移工議題和跨文化會談時，移工面臨的跨文化挑戰主要包括語言障礙、文化差異、歧視和適應新環境的壓力。這些挑戰會影響移工的心理健康，並可能導致焦慮、迷失感和自我認同困難等問題。文化衝擊不僅影響移工的心理健康，還對他們的社會整合產生阻礙，需要社工透過跨文化會談技巧來協助他們應對這些問題。社工在提供跨文化會談服務時，應協助移工處理文化衝擊，包括協助其理解並適應當地文化的期望和行為規範（Kanel, 2012）。

　　具體而言，移工在適應新的社會環境時經常經歷文化衝擊，其中包括焦慮、迷失和困惑等心理困擾。社工在跨文化會談中應重視「文化敏感性」與「文化適應」的技巧，以協助移工逐步克服這些困難，並增進其自尊與自信。在這種情況下，文化適應的技巧成為有效的跨文化對話的核心，能幫助移工逐步適應新的文化環境，並與當地社區建立積極的互動關係。Zapf（1991）指出，學習當地語言和與本地人建立互動，對於移工的適應過程具有重要的作用。而Sue（2006）更進一步提到，文化敏感性包括社工的自我反省、對不同文化的深度認識及靈活調整干預方法的能力，這些都能有效促進跨文化的溝通與適應。

　　此外，跨文化溝通時需重視語言的文化意涵及其交流過程中的障礙。Hall和Hall（1990）指出，社工在與不同文化背景的移工溝通時，應注意高情境與低情境文化的區別。例如，高情境文化的個體通常依賴共同的文化背景，而低情境文化則需要更為詳細的資訊傳遞。為了達成有效溝通，社工應理解並適應不同的文化背景，避免誤解與排斥感的產生。

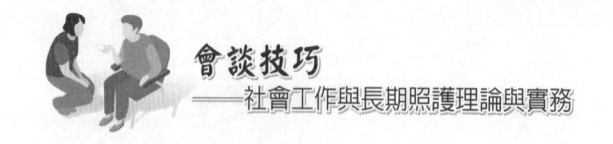

二、跨文化會談技巧

Dousin與Sulong（2022）的研究指出，跨文化交流中常見的挑戰包括語言障礙、文化誤解及社會隔閡。所以社工在跨文化會談中需要具備文化敏感性和文化適應能力。這不僅要求工作師瞭解服務使用者的文化背景，還需要在會談中有效地整合多元文化觀點以達成共識。具體跨文化會談技巧包括語言的選擇和使用、理解高低語境的文化差異，並針對服務使用者需求採取個別化的溝通策略（Sue, 2006）。

綜合前述Banks & Banks（2019）、Lum（2011）及Matthews（2008）的會談觀點，歸納出跨文化會談技巧的核心至少應遵守：(1)文化敏感性：社工必須對不同文化的價值觀、信仰和行為有深入瞭解。文化敏感性可以幫助他們更好地理解移工的需求與期望。(2)有效的溝通技巧：使用簡單且明確的語言，並注意非語言的溝通方式（如肢體語言、面部表情等），是促進理解的關鍵。社工應該鼓勵移工表達自己的感受與想法，並對其所面臨的挑戰表示同理心。(3)建立信任：信任是有效溝通的基石。社工應透過持續的支持和尊重來建立與移工之間的信任關係，這有助於促進開放的對話。(4)應對衝突的能力：在跨文化的互動中，衝突是不可避免的。社工需具備解決衝突的能力，並能夠在不同文化的框架內找到共同的解決方案。

爰此，對移工而言，建立良好的跨文化關係不僅能減少焦慮，還能提升他們的生活滿意度。這些挑戰需要社工透過實務操作與理論學習來有效應對。

三、文化適應與支援策略

隨著全球化的加速，愈來愈多的移工面臨文化差異與適應挑戰，

社工的工作便是協助他們融入新的社會環境,並有效地表達其需求和價值觀。社工應協助移工建立支持系統,例如透過連結當地的文化團體,讓移工在支持的環境中更有效地適應生活。這也包括促進與當地人互動的機會,以減少文化隔閡(Zapf, 1991)。此外,社工應強調學習當地語言和參與文化活動的重要性,以此促進移工的自我價值感和歸屬感。

移工在異國工作和生活,通常面臨語言障礙、文化差異及社會孤立等挑戰。依據Egan(2014)的研究,跨文化會談技巧能夠幫助社工更有效地理解和支援這些移工,特別是在建立信任關係和理解其背景與需求時,這些技巧如主動聆聽和反思可以大大提高會談的效果。

綜合Fong(2009)及李聲吼(2007)的觀點,有關文化適應與支援策略上至少應遵守:(1)文化敏感性訓練:社工需要接受專門的文化敏感性訓練,以瞭解不同文化的背景與需求,這有助於提供更加適切的支援。這種訓練能夠使社工人員在面對不同文化時,更能靈活應對並展現尊重。(2)建立支持網絡:協助移工建立與當地社區的聯繫,增進社會支持系統。研究顯示,當移工擁有良好的社會支持時,其適應能力和心理健康會顯著提高。(3)提供心理支持:根據文化適應理論,社工可以透過心理支持和情感支持,幫助移工面對適應過程中的壓力與挑戰。這不僅包括專業的心理諮詢,也涉及與同伴的互動與交流。(4)利用社區資源:社工應該充分利用社區內的各種資源,如文化活動、語言課程等,這都能有效幫助移工融入新的環境,增強其文化認同感。

四、跨文化會談中的語言和溝通

在全球化的背景下,跨文化會談已成為社工實務中的關鍵議題。尤其針對移工這一群體,語言和溝通的有效性直接影響其適應與融合

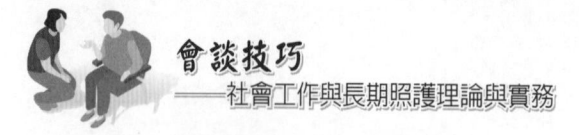

的成效。社工應具備深厚的跨文化溝通能力,以促進移工在新環境中的整體福祉。語言作為溝通的核心,必須具備清晰性和可理解性。此外,在必要情境中引入專業翻譯服務,能有效降低語言障礙的影響,進一步促進雙向溝通(Parry, 2004)。同時,社工需瞭解「高語境」與「低語境」文化中訊息傳達的差異,並對各文化中的潛在含義保持敏感,以減少跨文化溝通中的誤解(Hall & Hall, 1990)。根據我國勞動部勞力發展署(2024)的建議,有效的跨文化會談需要從以下四個方面著手:

(一)克服語言障礙

移工在異地生活中普遍面臨語言障礙,這不僅影響其日常生活和職場溝通,也限制其尋求社會支持和資源的能力。研究顯示,社工應採取多元語言支援策略,協助移工在會談中理解並表達需求。具體措施包括使用簡單易懂的語言、輔助圖示、專業翻譯服務等。為了進一步增強溝通效果,社工還可考慮提供雙語文件和教學手冊,增加移工對當地語言的熟悉度,從而減少語言障礙對其生活的影響。

(二)展現文化敏感性

在跨文化會談中,文化敏感性是社工必須具備的基本素養。理解並尊重移工的文化背景、價值觀和習俗是有效溝通的基礎。對於主流社會對移工的偏見或刻板印象,社工可通過文化教育和跨文化交流活動來增進理解,消除偏見。例如,舉辦多元文化交流活動或分享會,加深主流社會對移工文化的理解,進一步促進移工與當地社會的融合,建立互信。

(三)掌握具體的溝通技巧

在跨文化會談中,運用適切的溝通技巧是促進有效互動和建立

信任的關鍵。以下是幾項能顯著改善社工者與移工溝通品質的具體技巧：

◆ **主動傾聽**

主動傾聽是跨文化溝通中不可或缺的一環。社工應以尊重與真誠的態度耐心聆聽移工的表達，避免過早下結論或中斷對方的敘述，讓移工感受到被理解和重視。例如，當移工分享生活挑戰時，社工可以通過重述或反饋其核心觀點，確認自己的理解無誤，同時展現關注和支持。主動傾聽不僅有助於深入瞭解移工的需求和困難，還能為提供具針對性的服務方案奠定基礎，促進其在陌生文化中的適應。

◆ **非語言溝通**

非語言溝通是克服語言障礙的重要輔助手段。在語言能力有限的情況下，肢體語言、面部表情及姿勢等非語言訊號，能傳遞出關懷、接納與支持。例如，適當的微笑、點頭或身體微微前傾，都能表達出真誠的傾聽意圖，讓移工感受到會談的安全性和溫暖感。同時，避免過於強烈或不適宜的表情和動作，例如交叉雙臂或頻繁看手錶，以免造成距離感或誤解。社工在會談中還需注意文化差異對非語言溝通的影響，例如，在某些文化中，直視對方眼睛可能被視為不禮貌，需靈活調整行為方式以避免冒犯。

◆ **適應性溝通**

跨文化會談中，移工的語言能力、文化背景及溝通習慣可能差異巨大，因此社工應具備靈活的適應性溝通技巧。當發現移工對某些詞彙或概念不熟悉時，應適時採用簡單明瞭的語言，避免使用過於專業或地方性的表達。除此之外，社工可通過觀察移工的表情、反應及非語言訊號，判斷對方是否充分理解，並根據實際需要調整語速、

語調，或使用簡單的重述來確保訊息的清晰傳達。例如，當移工顯得困惑時，社工可以耐心重申或換種方式解釋，確保移工能真正掌握訊息。同時，鼓勵移工提問，提供清晰解答，以建立有效的雙向溝通。

(四)支援系統

除了掌握個別的溝通技巧，社工在服務移工時，應建立多層次且全面的支援系統，以回應移工的多元需求，幫助他們更好地融入當地社會，提升整體生活質量。以下為幾個重要的支援系統構成要素：

◆語言學習資源

語言是移工融入新環境的關鍵工具，也是克服社會隔閡的重要橋梁。社工可以協助移工獲取免費或低成本的語言學習機會，例如與地方政府、非營利組織或教育機構合作，開設社區語言班、線上語言課程或語言文化交換活動。除了正式的課程安排，社工還可組織志願者進行一對一或小組語言輔導，針對移工日常生活所需的實用語言進行定制化教學，例如如何在市場購物、就醫或申辦文件時進行交流。此外，透過提供相關的學習資源，如語言教材、學習應用程式，移工可以隨時隨地提升語言能力，減少因語言障礙導致的孤立感與無助感。

◆生活適應指導與法律資源

移工初到一個新環境，往往對當地的生活方式與法律規範感到陌生。社工應提供相關的生活適應指導，例如如何使用公共交通、尋找醫療資源、申請政府補助等，幫助移工快速上手日常生活。同時，透過與法律機構合作，提供法律知識講座和諮詢服務，讓移工瞭解其工作權益、勞動保障及移民政策，避免因資訊不足而面臨不公平的待遇或法律糾紛。這些資源能增強移工對生活的掌控感與安全感，幫助他們在新環境中站穩腳跟。

第八章　特殊群體的會談技巧

◆文化適應工作坊

　　移工在跨文化環境中常面臨價值觀、習俗和社會規範的衝突，因此社工可定期舉辦文化適應工作坊，為移工介紹當地的文化特色、生活習慣和社會期待，例如常見的禮儀、餐飲文化和節日傳統等。工作坊還可採用情境模擬的方式，幫助移工理解在特定情境中的行為準則，降低文化誤解的風險。此外，這些活動還能促進文化交流與理解，例如邀請當地居民分享文化經驗，或安排移工展示自身文化，增強文化間的互動與融合，使移工能以自信與積極的態度面對文化差異。

◆跨文化社區支持網絡

　　建立一個穩定的社區支持網絡，對於促進移工的心理健康與社會融入至關重要。社工可透過組織跨文化交流活動，如社區聚餐、體育比賽或手工藝工作坊，讓移工與當地居民或其他移工建立聯繫，拓展社會支持系統。在支持團體中，移工可以分享生活經驗與適應策略，並獲得情感上的安慰與實際的建議，進一步提升其歸屬感。此外，社工還可促成「新移工導師計畫」，安排已經適應當地生活的移工協助新移工，透過經驗傳承與同行支持，減輕他們在適應期的孤立感。

　　跨文化會談中的語言與溝通是社工與移工之間建立信任與支持的關鍵要素。通過克服語言障礙、展現文化敏感性、運用特定的溝通技巧以及建立全面支援系統，社工能夠促進移工在臺灣的適應和融合，從而增進其身心健康和生活品質。在日益多元的社會環境中，社工應不斷提升自身的跨文化溝通能力，提供包容且有效的服務，成為移工適應新生活的堅實後盾。

第五節　非自願服務對象的會談技巧

在社工領域中，針對非自願服務對象（involuntary clients）指的是那些並非自願接受服務的人士。這些服務使用者可能因法律強制、家庭問題或其他外在因素而被迫接受社工的介入。例如，法院命令的強制勒戒的藥物濫用者、被強制參與輔導的青少年，或因家庭干預而接受服務的服務使用者，皆屬於此類。這些非自願服務對象通常對社工的介入持懷疑、抵觸或冷漠的態度，這使得建立信任關係和有效溝通變得更加困難。針對這樣的情境，社工需要運用特定的策略來建立信任，並確保會談的有效性和倫理性。

根據林勝義（2023）和Hepworth等人（2017）的研究，非自願服務對象常見的心理特徵包括：(1)對服務存有疑慮，認為機構的介入是不必要且具侵犯性；(2)缺乏改變動機；(3)認知上常出現社會不公平的強烈感受；(4)對社工可能採取負向的應對態度。這些行為特徵可能包括：拒絕合作、自認無需改變、合理化自身行為、對需求追求即時滿足、表面順從等。基於此類特性，會談技巧的設計應聚焦於信任建立、降低抵觸情緒並提升參與動機（如許臨高、顧美俐，2016）。

有效的會談技巧應依循以下五項原則：(1)建立尊重與聯結；(2)應用動機式訪談技巧（motivational interviewing, MI）；(3)聚焦服務使用者優勢與個別化支持；(4)賦予選擇感與自我決策感；(5)調整會談步調，避免爭辯。Rooney與Mirick（2009）在研究指出，當社工在處理非自願者的服務對象時，建議其應採用以任務為中心的方法（task-centered approach），同時輔以動機性會談技巧（motivational interviewing），以協助這些對象更好地參與會談過程。此方法有助於幫助對象認識到改變的必要性，並透過小目標的設置來提高他們的

參與動力。在社工中,任務為中心的方法和動機性會談技巧是重要的介入策略,尤其適用於短期問題解決和改變動機不足的對象。這兩種方法均重視對象的積極參與,但在具體運用和核心理念上有所不同。以下將針對這兩種方法進行詳細說明(宋麗玉主編,2002;曾華源主編,2013;Miller & Rollnick, 2012; Reid & Epstein,1972; Tolson et al., 2003):

一、任務為中心的方法

任務為中心的方法(task-centered approach)由W. J. Reid和L. Epstein於七〇年代提出,旨在透過針對性、短期的介入,協助對象解決當前具體且迫切的問題。此方法強調在有限的時間內設立具體可行的目標,並支援對象按部就班地達成目標,藉此強化其應對生活挑戰的能力。核心原則如下:

(一)問題聚焦

任務為中心的方法以對象當前最迫切的需求為重點。社工與對象共同釐清困難點,進行有針對性的問題分析,確立主要待解決的問題。例如,針對經濟困難、住房不穩等迫切需求,社工可協助制定具體行動計畫,以階段性方式逐步緩解困難,幫助對象在可控範圍內獲得具體改善,建立其對生活的掌控感。

(二)目標設定

在任務為中心的介入中,社工協助對象設定具體、可量化且時效性明確的目標,並將其分解為具體步驟。這樣的設定過程使對象能清晰地瞭解目標進展,從而增強成就感和動力。將總體目標分為階段性步驟,讓對象在逐步實現的過程中,感受到自己的成長與努力成果,

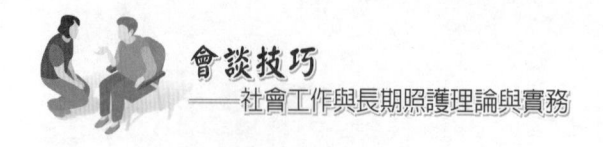

降低對於問題的壓力,並有效提升自我效能。

(三)短期和動作導向

此方法強調短期內實現明確的成效,通常在數週到數個月內完成。社工會給予階段性的支持,確保對象在完成每個步驟時獲得適當的反饋,讓對象持續保持動力,並減少面對挑戰時的無助感。此動作導向的方式在短時間內促進顯著的改變,特別適合那些面臨急需解決的具體困難的對象,能有效應對時間壓力。

(四)增強自我效能

社工在介入過程中,透過正向支持與回饋提升對象的自信心,使其在完成任務後具備延續變化的能力。當對象逐步完成目標後,會獲得持續的自我效能感,這有助於其在未來生活中面對挑戰時擁有更高的應對能力。透過增強自我效能,對象不僅能達成當前目標,還可維持其學到的解決問題的方法,形成長期的穩定。

二、動機性會談技巧

動機性會談技巧(motivational interviewing)由W. R. Miller和S. Rollnick於八〇年代發展,旨在通過激發對象內在的改變動機,促進行為的積極轉變,特別適用於動機不足、抗拒改變或缺乏信心的對象。動機性會談強調非對抗性的互動方式,社工藉由引導對象的自我探索,逐步激發對象的內在動機。核心原則包括:

(一)表達同理心

動機性會談中,同理心是社工理解對象的核心工具。工作者需以支持性與尊重的方式傾聽對象的情緒和思考,避免評判,以創造安

全的交流環境。這種態度有助於降低對象的防衛心理，使其更願意深入探討內心的掙扎與矛盾，為改變奠定堅實的基礎。當對象感到被理解，便會對改變持更開放態度。

(二)增強對立面

動機性會談鼓勵對象表達對改變的矛盾情感，這種「對立性探究」方法允許對象自發性地深入探討現狀的成本與改變的潛在益處。社工透過引導問題幫助對象思考改變的價值，使對象得以自主評估生活的改善可能，從而激發更具內在動機的行動。

(三)培養自我效能

動機性會談高度重視自我效能感的建立，即幫助對象相信自己有能力實現改變。社工透過引導對象回顧過去成功的經驗，探索已有的資源與能力，以提升對象的信心。培養自我效能的關鍵在於激勵對象相信自身具備應對變化的能力，並將其引向積極行動。這種方法有助於對象在改變過程中逐步積累信心，減少對外界支持的依賴。

(四)促使改變性陳述

動機性會談強調引導對象主動表達改變的動機和計畫，這種「改變性陳述」（change talk）有助於對象強化對自身行動的承諾。當對象以自身的語言表達改變的理由，往往會增加其行動意願。社工可通過提問促使對象具體描述改變的目標和行動計畫，進一步深化行動動力。

三、小結

任務為中心的方法與動機性會談技巧各自具有獨特的應用情境與

介入目標。任務為中心的方法強調具體問題的短期解決，以快速見效的方式處理對象的急需，而動機性會談則專注於增強對象的內在動機與自我效能，適用於長期行為改變的需求。這兩種方法的結合可靈活應用於多樣化的服務使用者需求中。通過社工的專業指導，這些方法不僅能幫助對象形成有效的行動路徑，還能提升其自信和長期解決問題的能力，使之在自我成長中實現穩定與持續的發展。

參考文獻

中華民國社工師公會（2019年4月26日）。《社會工作師倫理守則》。中華民國社工師公會。

王增勇、涂沛璇（2019）。〈從文化缺陷到反壓迫社工——多元文化社工的再想像〉。《社區發展季刊》，165，329-339。

王寶英、陳俊佑主編（2018）。《失智症照顧者使用手冊》。天主教失智老人基金會。

白倩如（2016）。〈催化社會工作實習學生自我學習之作法——兼論實習制度之反思〉。《社區發展季刊》，155，256-267。

何振宇、李國隆、劉信詮、溫世合（2022）。〈臺灣社工倫理審議操作之困境、革新與反思〉。《社區發展季刊》，180，22-35。

吳秀照、趙含章、卓春英（2022）。〈新住民勞動參與狀況及就業服務系統使用分析〉。《社區發展季刊》，78，372-388。

吳信來、張淑英、王秀燕、詹秀員、張玲如（2021）。《社會服務使用者工作》。國立空中大學。

呂寶靜（2013）。〈長期照顧社會工作人力資源發展之展望〉。《社區發展季刊》，141，86-100。

宋麗玉主編（2002）。《社會工作理論——處遇模式與案例分析》。洪葉文化事業有限公司。

李增祿（2012）。《社會工作概論》（七版）。巨流。

李聲吼（2007）。〈多元文化能力在社會工作實務上的應用〉。《社區發展季刊》，117，130-142。

林桓（2016）。〈邁向高齡社會之公共服務發展趨勢〉。《國土及公共治理季刊》，4（1），3-7。

林勝義（2023）。《社會工作引論》。五南。

林萬億（2002）。《當代社會工作——理論與方法》。五南。

林萬億主編（2011）。《災難管理與社會工作實務手冊》。巨流。

社論（2020）。〈社會團體工作的多樣性〉。《社區發展季刊》，140，1-4。
胡中宜、李訢瑜、劉宛欣、吳挺鋒（2020）。〈家庭福利中心社工員面對脆弱家庭之文化能力的反思——基隆市為例〉。《社區發展季刊》，172，268-282。
翁毓秀（2014）。《社會工作會談與溝通技巧》。三民書局。
張宏哲、吳家慧、王潔媛、鄭淑方（2023）。《長期照護概論》。五南。
許俊才、田禮芳（2024）。〈原鄉長照人力對於文化照顧的觀點與看見——以屏東縣為例〉。《社區發展季刊》，185，264-277。
許臨高、顧美俐（2016）。〈第三章社會服務使用者工作的專業關係〉。許臨高（主編）。《社會服務使用者工作——理論與實務》（頁127-180）。五南。
陳玥（2005）。《社會工作》。志光。
陳錦慧（2021）。〈與高齡者互動的溝通策略——以臺灣老年社會語言學研究為例〉。《福祉科技與服務管理學刊》，9（2），199-211。
勞動部勞力發展署（2024）。〈雇主與移工語言溝通與文化適應宣導短片〉。檢索自https://fw.wda.gov.tw/wda-employer/home
曾華源主編（2013）。《社會服務使用者工作》。洪葉文化事業有限公司。
黃村杉（2023年11月22日）。〈板橋榮家輔助溝通系統運用，增進社交互動提昇照護品質〉。臺灣好新聞，檢索自https://today.line.me/tw/v2/article/PGMZjMo
黃姝文（2020）。〈老人社工之專業挑戰〉。《社區發展季刊》，172，355-367。
楊錦青、劉雅雲、楊佩蓉（2020）。〈我國原住民族社會工作專業制度建立及未來發展〉。《社區發展季刊》，169，8-18。
葉光輝、章英華、曹惟純（2023）。〈臺灣民眾家庭價值觀之變遷與可能心理機制〉。伊慶春，章英華（主編）。《臺灣的社會變遷1985～2005——家庭與婚姻》（臺灣社會變遷基本調查系列三之1）（頁29-73）。中央研究院社會學研究所。
衛生福利部（2021）。《高齡社會白皮書》。衛生福利部。

第八章　特殊群體的會談技巧

鄧明宇（2023）。〈老人的心理健康〉。載於田秀蘭（主編），《老人心理學》（三版）（頁7-1至7-22）。華格納。

Active Social Care Ltd. (n.d.). What is meant by privacy and dignity in social care? Retrieved from https://reurl.cc/6d6gMy

Alghorbany, A. & Hamzah, M. H. (2020). The interplay between emotional intelligence, oral communication skills and second languagespeaking anxiety. *3L: Language, Linguistics and Literature*, *26*(1), 44-59.

Arieli, D. & Armaly, O.A. (2022). Nonviolent communication (NVC) based mediation: Practice insight. *Conflict Resolution Quarterly*, *40*(3), 357-366.

Azzopardi, C. (2020). Cross-cultural social work: A critical approach to teaching and learning to work effectively across intersectional identities. *The British Journal of Social Work*, *50*(2), 464-482.

Banks, J. A. & Banks, C. A. M. (2019). *Multicultural Education: Issues and Perspectives* (10th ed.). John Wiley & Sons.

Banks, S. (2020). *Ethics and Values in Social Work* (5th ed.). Palgrave Macmillan.

Barker, R. L. & Branson, D. M. (2000). *Cultural Diversity and Mental Health*. SAGE Publications.

Barker, R. L. (2013). *The Social Work Dictionary* (6th ed.). NASW Press.

Barsky, A. E. (2019). *Ethics and Values in Social Work: An Integrated Approach for a Comprehensive Curriculum* (2nd ed.). Oxford University Press.

Betancourt, J. R., Green, A. R. & Carrillo, E. J. (2002). *Cultural Competence in Health Care: Emerging Frameworks and Practical Approaches*. The Commonwealth Fund.

Brown, B. (2015). *Daring Greatly: How the Courage to Be Vulnerable Transforms the Way We Live, Love, Parent and Lead.* Avery.

Brown, H. D., & Lee, H. (2015). *Teaching by Principles: An Interactive Approach to Language Pedagogy* (4th ed.). Pearson Education Inc.

Canadian Sociation of Social Workers . (2005). *Guidelines for Ethical Practice 2005*. Canadian Association of Social Workers.

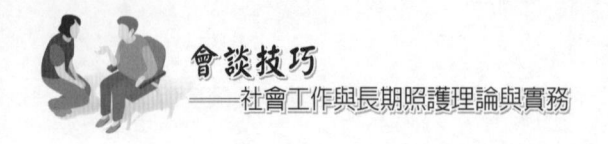

Dominelli, L. (2002). *Anti-Pressive Social Work Theory and Practice*. Palgrave Macmillan.

Dousin, D. & Sulong, S. (2022). Stepping out of the ordinary: Exploring cross-cultural challenges of expatriates in the Kingdom of Saudi Arabia. *Rajagiri Management Journal*, *16*(2), 131-143.

Egan, G. (2014). *The Skilled Helper: A Problem-Management and Opportunity-Development Approach to Helping*. Cengage Learning.

Eriksson, K. & Englander, M. (2017). Empathy in social work. *Journal of Social Work Education*, *53*(4), 1-15.

Evnson, T. & Zust, B. (2006). Bittersweet knowledge: The long-term effects of an international experience. *Journal of Nursing Education*, *45*(10), 412-419.

Fei, X.-T.(1947). *From the Soil: The Foundations of Chinese Society*. University of California Press.

Fong, R. (2009). Culturally competent practice in social work. In D. K. Deardorff & D. Bok (Eds.), *The SAGE Handbook of Intercultural Competence* (pp.350-361). SAGE Publications.

Fook, J. (2002). *Social Work: Critical Theory and Practice*. SAGE Publications.

Fukuyama, F. (1995). *Trust: The Social Virtues and the Creation of Prosperity*. Free.

Gitterman, A. & Germain, C. B. (2008). *The Life Model of Social Work Practice: Advances in Theory and Practice*. Columbia University Press.

Glicken, M. D. (2010). *Social Work in the 21st Century: An Introduction to Social Welfare, Social Issues and the Profession*. SAGE Publications.

Hall, E. T. & Hall, M. R. (1990). *Understanding Cultural Differences*. Intercultural Press.

Healy, K. (2014). *Social Work Methods and Skills.* Palgrave Macmillan.

Heffernan, K. (2006). *The Social Work Process and Its Values.* Macmillan.

Hepworth, D. H. (2006). *Direct Social Work Practice Theory and Skills*. Thomson Brooks/Cole.

Hepworth, D. H., Rooney, R. H., Rooney, G. D. & Strom-Gottfried, K. (2017). *Direct Social Work Practice: Theory and Skills*. Cengage Learning.

International Federation of Social Workers (2018). Global social work statement of ethical principles. Retrieved from https://reurl.cc/VMApvY

Imperium solutions (2023). Building trust and rapport: Essential skills for effective social work practice. Retrieved from https://reurl.cc/34VdKj

James, R. K. & Gilliland, B. E. (2017). *Crisis Intervention Strategies*. Cengage Learning.

Johnson, L. (2018). *Understanding Diversity: A Guide for Social Workers and Educators*. Routledge.

Kadushin, A. & Kadushin, G. (1997). *The Social Work Interview: A Guide for Human Service Professionals*. Columbia University Press.

Kanel, K. (2012). *A Guide to Crisis Intervention*. Cengage Learning.

Koerner, A. F. & Fitzpatrick, M. A. (2006). Family communication patterns theory: A social cognitive approach: In D. O. Braithwaite & L. A. Baxter (Eds.), *Engaging Theories in Family Communication: Multiple Perspectives* (pp.50-65). SAGE Publications.

Ladha, T., Zubairi, M., Hunter, A., Audcent, T. & Johnstone, J. (2018). Cross-cultural communication: Tools for working with families and children. *Pediatrics & Child Health*, *23*(1), 66-69.

Lal Das, D. K. (1991). *Practice of Social Research: Social Work Perspectives*. Rawat Publications.

Lead Academy (2022). Effective communication skills for social workers. Retrieved from https://www.lead-academy.org

Lee, T. R. & Tami Pyfer, T. (2000). *Helping Youth Succeed*. Utah State University Extension.

Limb, G. E., Hodge, D. R., Leckie, R. & Ward, P. (2013). Utilizing spiritual life maps with LDS clients: Enhancing cultural competence in social work practice. *Clinical Social Work Journal*, *41*(4), 395-405.

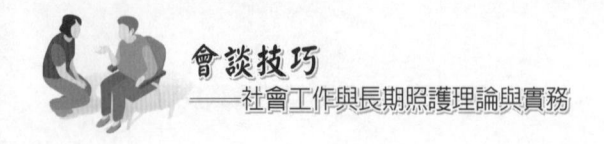

Lin, Y.-Y. & Huang, C.-S. (2016). Aging in Taiwan: Building a society for active aging and aging in place. *The Gerontologist, 56(2), 176-183.*

Lishman, J. (2020). *Communication in Social Work* (2nd ed.). Bloomsbury Publishing.

Lum, D. (2011). *Culturally Competent Practice: A Framework for Understanding Diverse Groups and Justice Issues* (4th ed.). Belmont, CA: Brooks/Cole.

Lundy, L. (2007). Voice' is not enough: Conceptualizing article 12 of the United Nations convention on the rights of the child. *British Educational Research Journal*, *33*(6), 927-942.

Manusov, V. & Patterson, M. L. (2006). *The SAGE Handbook of Nonverbal Communication*. SAGE Publications.

Matthews, D. (2008). *Connections 2008: Focus on Communities*. Kettering Foundation.

McLeod, J. M. & Chaffee, S. H. (1973). *Interpersonal Communication Patterns in Families*. Oxford University Press.

Miller, W. R. & Rollnick, S. (2012). *Motivational Interviewing: Helping People Change* (3rd ed.). Guilford Press.

National Association of Social Workers. (2015). *Standards and Indicators for Cultural Competence in Social Work Practice*. National Association of Social Workers.

Online Learning College. (2024,Oct 28). Effective communication techniques in adult social care. Retrieved from https://reurl.cc/0d3XAM

Parry, J. (2004). Language and cultural competency in counseling immigrant populations. *Journal of Community Psychology*, *32*(4), 456-469.

Payette, A. & Chien, Y.-C. (2020). Culture or ontext? Comparing recent trajectories of elder care development in China and Taiwan. *Asian Journal of Social Science*, *48*, 227-249.

Payne, M. (2006). *Modern Social Work Theory*. Palgrave Macmillan.

Pincus, A. & Minahan, A. (1973). *Social Work Practice: Model and Method*. F. E. Peacock Publishers.

Pope, D., Reynolds, A. & Mueller, J. (2004). *Multicultural Competence in Student Affairs: Advancing Social Justice and Inclusion*. Jossey-Bass.

Reamer, F. G. (2013). *Social Work Values and Ethics* (4th ed.). Columbia University Press.

Reid, W. J. & Epstein, L. (1972). *Task-Ccentered Casework*. Columbia University Press.

Roberts, A. R. (2005). *Crisis Intervention Handbook: Assessment, Treatment and Research*. Oxford University Press.

Rooney, R. H. & Mirick, R. G. (2009). *Strategies for Work with Involuntary Clients* (3rd ed.). Columbia University Press.

Saville-Troike, M. (2017). *Introducing Second Language Acquisition*. Cambridge University Press.

Schön, D. (1987). *Educating the Reflective Practitioner*. Josey-Bass Publishers.

Shulman, L. (2015). *Empowerment Series: The Skills of Helping Individuals, Families, Groups and Communities, Enhanced* (8th ed.). Cengage Learning.

Sharma, P., Sharma, S. & Gitanjali, P. (2010). *Social Work and Social Welfare: New Horizons*. Sublime Publications.

Sinai-Glazer, H. (2020). The essentials of the helping relationship between social workers and clients. *Social Work*, *65*(3), 245-256.

Smith, L. & Johnson, R. (2021). Trust building in social work: A comprehensive approach. *Social Work Journal*, *25*(3), 276-291.

Smith, J., Johnson, M. & Williams, A. (2019). Building trust in e-commerce: Exploring the influence of website design elements on initial trust formation. *Journal of Organizational and End User Computing*, *31*, 52-72.

Social Care Institute for Excellence (n.d.). Privacy and dignity in care. Retrieved from https://www.scie.org.uk/dignity/care/

Sue, D. W. (2006). *Multicultural Social Work Practice*. Wiley.

Sue, D. W. & Sue, D. (2016). *Counseling the Culturally Diverse: Theory and Practice* (7th ed.). John Wiley & Sons.

Sue, D. W., Sue, D., Neville, H. A. & Smith, L. (2007). *Counseling the Culturally Diverse: Theory and Practice* (5th ed.). Wiley.

Tervalon, M. & Murray-Garcia, J. (1998). Cultural humility versus cultural competence: A critical distinction in defining physician training outcomes in multicultural education. *Journal of Health Care for the Poor and Underserved*, *9*(2), 117-125.

Tetzchner, S. V. & Grove, N. (2003). *Augmentative and Alternative Communication: Developmental Issues*. Philadelphia: Whurr Publishers.

Thompson, N. (2021). *People Skills* (5th ed.). Macmillan Education.

Theodosopoulos, L., Evangelos C., Fradelos, L. E., Panagiotou, A., Dreliozi, A. & Tzavella, F. (2024). Delivering culturally competent care to migrants by healthcare personnel: A crucial aspect of delivering culturally sensitive care. *Social Sciences*, *13*(10), 530.

Tolson, E. R., Reid, W. J. & Garvin, C. D. (2003). *Generalist Practice: A Task-Centered Approach*. Columbia University Press.

Wang, S. (2020). Enhancing cultural competence in social work practice. *Journal of Social Work Education*, *45*(3), 312-325.

Westefeld, J. S. & Heckman-Stone, C. (2003). The integrated problem-solving model of crisis Intervention: Overview and application. *The Counseling Psychologist*, *31*(2), 221–239.

Woods, M. E. & Hollis, F. (1999). *Casework: A Psychosocial Therapy*. McGraw-Hill Companies, Incorporated.

World Health Organization (2024). International classification of functioning, disability and health (ICF). Retrieved from https://reurl.cc/g6qblV

Yang, P. S. & Mui, A. C. Y. (2022). *Foundations of Gerontological Social Work Practice in Taiwan*. Yeh Yeh Publishing House.

Zapf, M. K. (1991). Cross-cultural transitions and wellness: Dealing with culture shock. *International Journal for the Advancement of Counselling*, *14*, 105-119.

Zastrow, C. & Kirst-Ashman, K. K. (2016). *Understanding Human Behavior and the Social Environment*. Cengage Learning.

第九章

家庭與資源整合的會談技巧

呂怡慧

- 家庭資源的應用和整合
- 家庭成員的會談技巧

家庭資源的應用和整合通常可以分成以下三個主要面向：經濟與物質資源、人力與社會資源、情感與心理資源三大面向。這三者涉及家庭在應對日常需求、實現長期目標及維持情感聯繫等方面的資源整合策略。經濟與物質資源包括：家庭的收入、儲蓄及資產等，對家庭生活質量有直接影響。有效的財務規劃與資產管理可幫助家庭應對突發事件，保障成員的生活穩定性，也能減輕壓力，提升生活品質（高淑芬，1996）。

人力與社會資源則強調家庭成員的時間、技能和社會關係的運用，合理的分工與協作可提升家庭運作效率和幸福感。此外，情感與心理資源聚焦於家庭成員之間的支持與心理健康，建立良好的溝通管道和情感聯繫，對於應對挑戰至關重要（陳敏佳等，2017）。這三個面向的協同整合不僅有助於強化家庭的整體福祉，還能提升其應變能力，從而最大化資源的有效應用。

第一節　家庭資源的應用和整合

家庭資源的應用和整合通常可以分成以下三個主要面向：經濟與物質資源、人力與社會資源、情感與心理資源；這三個面向構成了家庭資源整合的基礎，互相支援與影響。經濟資源確保家庭生活的穩定，社會資源提供實質支持，情感資源則增強家庭凝聚力，三者結合能更全面地提升家庭的整體福祉，茲分別說明如下：

一、家庭經濟與物質資源的應用和整合

這個面向涵蓋家庭的財務管理、物質資源的分配與運用，包括：家庭收入、支出、儲蓄、投資以及物質資源（如房產、車輛、日常用

第九章　家庭與資源整合的會談技巧

品等）的管理。重點在於如何合理分配經濟資源，確保家庭能夠滿足日常需求並達成長期目標。有效的財務規劃、預算管理以及保險等風險管理措施，在此面向中尤為重要。

(一)預算與財務規劃

制定合理的預算，是家庭財務管理的基礎。家庭應定期評估收入和支出情況，根據實際需求制定月度或年度預算，包括：必要開支（如食物、住房、交通等）和可選開支（如娛樂、旅遊等）。有效的預算能幫助家庭掌握財務狀況，避免超支，確保資金使用的合理性與效率。預算與財務規劃，是家庭經濟管理的基礎。家庭應根據收入和支出來制定合理的預算，這涉及以下幾個步驟：

1. 收入評估：計算家庭的所有收入來源，包括：工資、獎金、投資收益等，並確保準確性。
2. 支出分類：將開支分為固定開支（如房貸、保險）和可變開支（如食物、娛樂），並追蹤每月的支出模式。
3. 目標設定：根據家庭的長期和短期目標（如購房、教育基金、旅行等）來制定相應的財務計畫，確保資金分配符合家庭需求。
4. 預算調整：定期檢查和調整預算，以反映生活方式變化或收入變動，並保留應急資金以應對突發事件。

(二)儲蓄與投資

儲蓄是家庭財務安全的重要保障，應建立應急基金，以應對突發情況（如醫療費用、失業等）。一般建議，將三到六個月的生活費用作為應急儲蓄。此外，家庭應考慮進行長期投資，如股票、債券或基金等，以實現資本增值。明智的投資決策有助於增加未來的財務資

源,支持家庭的長期目標。儲蓄與投資是家庭經濟健康的關鍵組成部分,茲分別說明細項如下:

1. 建立應急基金:建議儲蓄三到六個月的生活費作為應急基金,以應對突發事件如失業或重大醫療支出。
2. 定期儲蓄計畫:透過自動轉帳將每月固定金額存入儲蓄賬戶,這樣可以幫助養成儲蓄習慣並減少花費的誘惑。
3. 長期投資策略:家庭應考慮多樣化的投資選擇,例如:股票、債券、共同基金和房地產。每種投資都有不同的風險和收益潛力,根據家庭的風險承受能力進行合理配置。
4. 定期檢討與調整:每年至少檢視一次投資組合的表現,根據市場變化和家庭目標進行必要的調整。

(三)債務管理

有效的債務管理,能減輕家庭的財務負擔。家庭應定期檢查債務狀況,包括:信用卡、貸款和其他負債,並制定清晰的還款計畫。優先償還高利率的債務可以節省利息支出,同時保持良好的信用記錄,有助於未來獲取貸款時享受更低的利率。有效的債務管理對於保持家庭財務健康至關重要,茲分別說明細項如下:

1. 債務評估:定期檢查所有債務(如信用卡、房貸、車貸),計算利率和到期日。
2. 還款優先級:優先償還高利率的債務,以減少利息支出,並制定清晰的還款計畫,避免拖欠。
3. 與債權人協商:如面臨困難,主動與債權人協商,尋求更改還款計畫或獲得延遲支付的選項。
4. 信用評分管理:維護良好的信用評分,避免不必要的查詢和逾期付款,以確保未來能夠獲得有利的貸款條件。

(四)資源整合與共享

家庭成員之間的資源共享有助於提高物質資源的利用效率。家庭可以共同使用汽車、工具和設備，避免重複購買，節省資金。此外，透過協作和分工，家庭成員之間的互助可以促進情感交流，增強家庭凝聚力（魏書娥，2008）。家庭成員之間的資源共享能提高資源使用效率：

1. 角色分工與協作：根據每位成員的能力和時間安排，分配家務和責任，促進協作，共同完成家庭任務。
2. 共用物品：共享工具、電器和交通工具等，減少重複購買，節省開支。
3. 家庭會議：定期舉行家庭會議，討論資源使用狀況，蒐集成員意見，並優化資源共享計畫。

(五)風險管理與保險

合適的保險計畫是保障家庭經濟安全的重要措施。家庭應評估風險，選擇適當的保險產品，包括：人壽保險、健康保險、財產保險等，以應對意外事件帶來的經濟損失。透過保險，家庭可以減少突發事件對經濟的影響，增強財務安全感。保險是保障家庭經濟安全的重要工具，茲分別說明細項如下：

1. 評估保險需求：根據家庭的財務狀況和生活階段，評估需要哪些類型的保險，例如：人壽保險、健康保險、財產保險等。
2. 選擇合適的保險產品：在選擇保險產品時，應考慮保障範圍、保費和免賠額等因素，選擇符合家庭需求的保險計畫。
3. 定期檢視保險政策：隨著家庭狀況的變化（如出生、購房或退休），定期檢查和調整保險政策以確保其適用性。

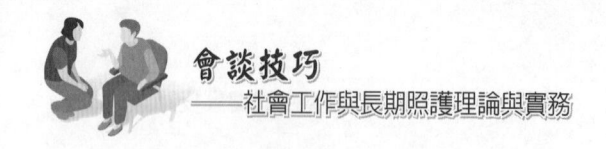

透過以上各種應用和整合策略，家庭能夠在經濟與物質資源的管理上達到更高的效率和穩定性，為家庭成員提供更好的生活條件和未來保障。

二、家庭人力與社會資源的應用和整合

人力與社會資源包括家庭成員的時間、技能、健康狀況，以及外部的支持資源，如社區服務、教育和健康照護機構等。這個面向側重於如何協調家庭成員的角色和責任，分配照顧任務、家務和其他需求，並善用社會支持網絡，如政府補助、社區組織和非營利機構，來幫助家庭減輕負擔，提升生活品質。家庭經濟與物質資源的應用和整合可以包括多個方面，這些方面旨在提升家庭的經濟穩定性和生活品質。家庭人力與社會資源的應用和整合涉及多方面的內容，主要包括以下幾個方面：

(一)家庭人力資源的識別與發展

◆家庭成員的技能與知識

家庭人力資源指的是家庭成員所擁有的各種技能和知識，包括但不限於教育背景、工作經驗和生活技能。這些資源的應用可以幫助家庭有效解決日常問題，列舉如下：

1. 財務管理：家庭成員中擅長理財的人可以幫助制定預算、儲蓄計畫和投資策略。
2. 支持：父母可以利用自己的知識來輔導孩子學習，增強家庭的教育氛圍。

第九章　家庭與資源整合的會談技巧

◆家庭角色與責任分配

家庭內部的角色與責任明確分配，可以提高效率和合作性，列舉如下：

1. 分工合作：家庭成員可以根據自己的專長和時間安排，進行合理的分工，如一人負責家務，另一人負責財務。
2. 情感支持：家庭成員之間的情感支持能促進家庭凝聚力，增強面對外部挑戰的能力（方俊凱，2015）。

(二)家庭與工作平衡

1. 整合家庭需求與職業發展：透過彈性工作安排、家庭友善政策等，促進工作與生活的平衡。
2. 支持家庭成員職業發展：鼓勵家庭成員追求事業，並提供必要的支持與資源。

(三)社會支持網絡

1. 社會支持系統：如親友、鄰里、社區組織等提供的情感、物質或資訊支持，這些資源能幫助家庭應對壓力和挑戰。
2. 社會服務機構：如心理健康服務、社工服務、教育資源等，這些資源能夠提供專業的支持和指導，幫助家庭應對特定問題。

(四)教育與培訓的重要性

◆技能提升

持續的教育和培訓可以增強家庭成員的能力，使他們更有效地利用可獲得的資源，列舉如下：

1. 發展：提供職業技能培訓，幫助家庭成員提升競爭力，增加就業機會。
2. 生活技能訓練：如時間管理、溝通技巧等，能幫助家庭更有效地運用資源。

◆ **心理健康教育**

心理健康教育對於提升家庭的應對能力至關重要，透過以下方式進行（吳麗貞、蘇英華，2013），列舉如下：

1. 壓力管理：教導家庭成員如何應對壓力和情緒，提高心理韌性。
2. 家庭關係輔導：提供家庭輔導服務，改善家庭內部的溝通與合作。

(五) 社區支持系統的建立

1. 社區互助：透過建立社區互助組織，促進家庭之間的資源共享與支持。例如，設立鄰里互助小組，提供育兒、老人照護等方面的幫助。
2. 志願者服務：動員社區志願者為有需要的家庭提供支持，如提供陪伴、輔導和實質性幫助，增強社區凝聚力。
3. 活動：組織各種社區活動，增進居民之間的互動與瞭解，如文化節、運動會等，讓家庭能夠建立更廣泛的社會聯繫。

(六) 社會網絡的建立

1. 家庭與社會的聯繫：透過建立友誼、鄰里關係和社會參與，擴大支持系統，增加社會互動。
2. 社會活動的參與：積極參加社區活動、志願者服務等，提升家庭的社會整合度和凝聚力。

綜合這些方面，家庭可以更有效地應用和整合人力資源與社會資源，以促進家庭的穩定、發展和成員的整體福祉。

三、家庭情感與心理資源的應用和整合

情感與心理資源是維持家庭幸福和穩定的重要基礎，涉及家庭成員之間的情感支持、心理健康、溝通和衝突解決。此面向的重點是建立良好的家庭互動，增強彼此的理解和支持，營造關懷的家庭氛圍（吳曉聞、李玉嬋，2016）。心理健康資源（如心理諮詢、成長團體等）以及家庭成員之間的正向溝通策略，對於提升家庭成員的心理福祉和應對壓力的能力非常重要。家庭情感與心理資源的應用和整合涉及多個層面，包括：情感支持、心理健康、家庭關係的強化以及資源的有效利用。以下是一些主要的領域及其詳細說明：

(一)情感支持系統

情感支持是指家庭成員之間相互提供的情感關懷與支持，這對於家庭的心理健康至關重要（黃梅羹等，1992），具體策略如下：

1. 溝通與理解：促進家庭成員之間的開放溝通，建立彼此理解的氛圍。定期的家庭會議或聚會可以促進交流。
2. 情感表達：鼓勵家庭成員表達自己的情感和需求，增進情感聯繫。例如，透過互寫感謝信或日記來分享感受。

(二)情感與心理資源的整合策略

整合情感與心理資源有助於提升家庭整體心理健康，以下是一些具體策略：

1. 開放溝通：鼓勵家庭成員之間進行開放而誠實的溝通，分享情

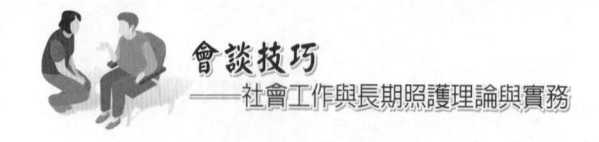

感、需求和挑戰,增進彼此的理解。
2. 共同活動:安排家庭共同參與的活動,例如:遊戲、旅遊或運動,促進家庭成員之間的情感聯繫與合作。
3. 定期家庭會議:定期舉行家庭會議,討論家庭事務、需求和目標,讓每位成員都有機會表達自己的想法和感受(Schuler et al., 2012)。

(三)家庭關係的強化

強化家庭成員之間的關係,是提升家庭整體心理資源的關鍵,具體策略如下:

1. 共同活動:定期安排家庭活動,如戶外運動、遊戲之夜或家庭旅行,增進彼此聯繫和親密感。
2. 建立傳統:創造和維護家庭傳統,如每年的家庭聚會、節日慶祝等,能增強家庭凝聚力和身分認同(孫頌賢,2008)。

(四)社會支持網絡

家庭的情感和心理資源不僅來自於家庭內部,還可以透過社會支持網絡來強化(Leahey & Wright, 2016),具體策略如下:

1. 朋友和鄰居的支持:建立良好的社區關係,讓家庭成員能在需要時尋求外部的支持和幫助。
2. 社區活動:參加社區活動或志願者工作,可以促進社會聯繫,增強心理健康和社會責任感。

(五)危機應對與調適

面對家庭中的危機時,情感與心理資源的應用至關重要(黃梅羹等,1992),具體策略如下:

1. 危機干預：在家庭面臨危機（如疾病、失業或離婚）時，尋求專業的心理支持和社會服務，幫助家庭成員渡過難關。
2. 適應策略：教導家庭成員有效的適應策略，例如：認知行為技巧，以增強在壓力下的應對能力（林明傑、鄭青玫，2008）。

透過這些應用和整合策略，家庭可以更有效地利用情感和心理資源，增強整體的幸福感和應對能力，並促進家庭成員之間的健康關係。

四、小結

在家庭輔導和社工領域中，資源整合是一項關鍵任務，旨在通過連結內部與外部資源來提升家庭的整體功能。家庭不僅是個人生活的支持網絡，更是資源分配與情感互動的核心場域。然而，許多家庭在面對壓力或危機時，可能缺乏足夠的支持系統或有效的應對策略（蕭淑貞等，1999）。通過資源整合，社工能協助家庭動員內部資源（如家人之間的合作和支持）以及外部資源（如社會服務機構和社區網絡），以滿足家庭的多元需求。成功的整合過程不僅需要清晰的目標設定和系統化的資源調查，還需要專業的會談技巧來促進家庭成員之間的溝通與協作，確保整合方案的可行性與可持續性。

家庭與資源整合會談技巧是促進溝通與協作的核心工具，幫助社工在複雜情境中達成共識並制定具體行動計畫。積極傾聽是與家庭成員建立信任的基石，社工需專注於家庭成員的表達，捕捉核心需求並進行適當的情感回應。其次，透過同理心溝通，能展現對家庭處境的理解，這在面對情緒化或抗拒的情境中特別重要。同時，清晰表達則有助於確保家庭成員和資源提供方之間的信息對稱，減少誤解並促進合作（林秋芬等，2014）。此外，在整合資源時，協商與建設性回饋

是不可或缺的技巧，能幫助家庭成員和社工釐清角色與責任，共同應對資源不足或衝突等挑戰。透過有效的會談技巧，能逐步建立透明且高效的合作模式，提升資源整合的成功率。

在實踐中，家庭資源整合會談常面臨多重挑戰，例如：家庭成員之間的矛盾、對外部資源的信任不足或資源的可獲得性限制等。社工需要針對這些挑戰採取相應的應對策略（林淑玉，2012）。針對家庭內部的矛盾，可以運用衝突管理技巧，通過中立的態度和促進式提問，來協助家庭成員表達自身觀點，並尋求共同的解決方案。針對外部資源信任不足的問題，社工可提供具體的案例或數據證明資源的可靠性，並鼓勵家庭成員進行試探性接觸。

此外，為了應對資源可獲得性限制，社工需要具備靈活性，探索更多元化的資源來源，例如：利用社區志願者或開發創新的服務模式。同時，政策層面的支持亦至關重要，例如：建立更完善的資源共享平台或加強相關人員的專業培訓。透過精準的會談技巧與全面的支持體系，社工能夠更有效地促進家庭資源整合，最終透過靈活應用會談技巧與創新資源整合模式，能有效協助家庭面對挑戰，實現更穩定與全面的支持體系。

第二節　家庭成員的會談技巧

一、常見專業人士介入家庭會談的對象及其特質

在一些特殊情境或需要專業協助的情況下，專業人士可能會介入家庭會談。這些專業人士通常包括家庭治療師、心理諮詢師、社工和學校輔導員等。他們協助家庭成員改善溝通、解決衝突，並促進家庭

健康（陳君儀、陳若喬，2017）。以下是不同類型專業人士介入家庭會談的對象和特質：

(一)心理諮詢師或臨床心理學家（Counselor or Psychologist）

1. 介入特質：心理諮詢師或臨床心理學家主要在情緒和心理健康方面進行支持，幫助家庭成員處理壓力、焦慮或創傷等心理問題。
2. 主要對象：家庭中的個別成員（例如：有情緒困擾的成員）或整個家庭。
3. 適用情境：當家庭成員遭遇壓力、情緒低落，或行為問題（例如：成員有成長發展問題）時。
4. 處遇目標：減輕家庭成員的心理負擔，並提高家庭的整體心理健康；協助成員理解和管理自身的情緒，促進情感互動。
5. 會談技巧：諮詢師會使用同理心與正向心理學技巧，協助成員探索自身情緒和需求，增強家庭的情感聯繫。
6. 常用方法：使用認知行為療法（CBT）、正念技巧或壓力管理技巧等，幫助成員應對負面情緒，並引導家人理解成員的心理狀況，提供支持（吳曉聞、李玉嬋，2016）。

(二)社工（Social Worker）

1. 介入特質：社工關注家庭的社會資源和支持，尤其在家庭面臨經濟困難、資源匱乏或家庭暴力等問題時，協助家庭獲得社會資源和支持。
2. 主要對象：主要針對家中有經濟困難或特殊需求（例如：身心障礙成員）的家庭。
3. 適用情境：當家庭需要資源連結，如經濟補助、醫療資源或社區支持，或在應對重大變遷時（例如：喪親、失業等）。

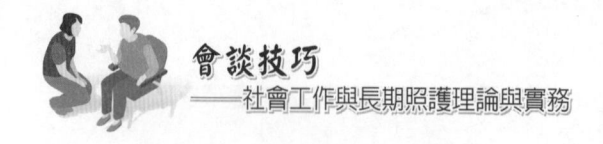

4. 處遇目標：協助家庭成員識別和獲取適合的社會資源，並提供情緒上的支持與指導。
5. 會談技巧：使用需求評估與資源協調方法，協助家庭制定資源運用方案，並定期跟進家庭的進展。
6. 常用方法：進行資源評估、提供社會服務轉介，並開展支持性會談或危機干預，以協助家庭成員減輕壓力。

(三)醫療與心理健康社工（Medical and Mental Health Professionals）

1. 介入特質：這些社工在成員有嚴重心理或生理疾病時介入，為家庭提供專業建議和支持。
2. 主要對象：家庭中有精神健康問題（例如：重度憂鬱症或成癮問題）或長期疾病的成員。
3. 適用情境：當成員需要持續的醫療照護、心理健康治療或成癮康復支持時。
4. 處遇目標：提供家庭理解成員的疾病特徵，幫助其掌握有效的支持和應對方法。
5. 會談技巧：醫療與心理健康社工通常採用精神教育、情緒調節技術、危機干預和家庭支持計畫等方法（Schuler et al., 2014）。
6. 常用方法：以病情講解、治療方案制定和家庭教育為主，並可能建議家庭配合心理諮詢或治療，增強對患者的支持。

在以上情境中，專業人士可根據家庭的具體需求提供專業的支持，幫助成員提升溝通和解決問題的能力，並在必要時提供情緒和心理支持。這些專業協助可以促進家庭功能的改善並提升整體幸福感。

二、社工在不同議題會談提問之問題例舉

(一)社工針對家中有經濟困難或特殊需求（例如：身心障礙成員）的提問

　　社工針對家中有經濟困難或特殊需求的家庭成員，通常會從多角度瞭解家庭狀況，以提供適當的支持和資源，以下是社工可能提問的問題（田禮瑋，2020）：

◆經濟狀況相關問題

1.財務狀況與收入來源：
　(1)您目前的主要收入來源有哪些？
　(2)家庭中是否有固定收入的成員？其收入是否足以應付生活基本需求？
　(3)最近是否有遇到收入減少的情況？如果有，影響是什麼？

2.開銷和支出情況：
　(1)每月的基本生活開支主要有哪些？是否有面臨無法支付的項目？
　(2)除了日常生活費用，是否有需要額外支出的項目，例如：醫療、學費等？
　(3)您在負擔房租、貸款、帳單或其他固定支出上是否有壓力？

3.相關援助與支持：
　(1)您或家庭成員曾經申請過任何經濟援助（例如：低收入補助、社會福利等）嗎？是否有遇到困難？
　(2)您對現有的經濟支持資源是否有充分的瞭解？是否有感到任

何申請障礙或不清楚的？
(3)除了經濟援助，您是否有尋求其他形式的支持，例如食物銀行、社區資源等？

4.未來的計畫與希望：
(1)如果可能，您是否考慮過增加收入的方式，例如：兼職工作、技能培訓等？是否需要協助？
(2)您目前有什麼財務方面的目標或希望？
(3)您目前有哪些實際的挑戰您還無法達成？
(4)是否有需要協助擬定預算或理財計畫，幫助您更好地管理家庭財務？

◆**特殊需求與照顧狀況相關問題**

1.特殊需求成員的基本狀況：
(1)您家中身心障礙成員的主要需求有哪些？
(2)您家中身心障礙成員是否需要特別的醫療或康復服務？
(3)該成員的日常照護是否有特定的挑戰或需求？您需要額外的幫助嗎？
(4)他／她目前是否接受了必要的診斷、治療或康復計畫？

2.照護負擔與支持需求：
(1)家庭中誰主要負責照顧該成員？是否影響到其他家庭成員的生活或工作？
(2)您是否覺得在照護上承受較大壓力？是否有需要支持來減輕照護負擔？
(3)您對現有的照護資源是否熟悉？是否有考慮尋求外部幫助，如日間照護、居家照護……等？

3.資源和服務的需求：
(1)您是否瞭解有哪些資源可以協助身心障礙成員，例如：復健

中心、輔助器具、專業支持……等？

(2)是否曾申請過任何相關的補助、津貼或特殊服務？是否有遇到困難？

(3)您對於子女教育或康復服務有何期待？目前是否面臨資源或支援不足的情況？

4.照護者的自我照顧：

(1)您在照護過程中是否有充足的休息時間？有沒有自己可以放鬆或調整的時間？

(2)是否考慮過接受心理支持或參加家長支持團體，以便減輕照護壓力？

(3)是否有家人或朋友能提供協助？您是否有尋求社工或相關組織的幫助？

◆社會支持與資源連結問題

1.您是否有家人、朋友或社區成員提供支持？這些支持對您有幫助嗎？

2.您是否熟悉當地的社會資源，例如食物銀行、庇護所、心理健康支援等？

3.您希望獲得哪些方面的支持或服務（例如經濟援助、心理支持、復健資源）？

4.您是否有參加過社會團體或支持小組？這類資源是否有幫助？

◆教育與工作需求

1.特殊需求成員目前的教育或職業狀況如何？是否有滿足個人需求的學校或工作支持？

2.是否有過任何職業培訓、特殊教育計畫或安置服務？

3.家庭是否遇到過子女教育或就業安置上的困難？您希望獲得哪

些方面的支持?

4.是否有需要轉介的教育機構、培訓計畫或就業資源來幫助此成員發展技能或提高自信?

◆心理與情感需求（Nadeau, 1998）

1.目前的經濟困難或特殊需求是否對您或家人帶來情緒壓力?主要表現在哪些方面?

2.您和家人如何面對壓力?是否需要情緒支持或心理輔導服務?

3.是否有家人或支持系統可以分擔照顧責任或提供情感支持?

4.您在照顧或面對家庭需求上是否曾有無力感或倦怠感?有沒有自己照顧自己的計畫?

◆計畫與未來需求

1.您目前對家庭或成員的主要關切或目標是什麼（例如：減輕經濟壓力、獲得更好的醫療照護……）?

2.是否有什麼具體的未來需求或長期規劃（例如：子女教育或成員的生活安排等等）?

3.如果能得到合適的支持，您希望家庭生活或成員的健康情況有什麼改變?

4.您有沒有具體的需求或疑問，希望我（社工）可以協助您進一步瞭解或解決的?

◆資源與服務的使用情況

1.您是否清楚當地的社會福利服務（例如：經濟援助、醫療補助、交通補助等）?是否有曾使用過?

2.您對於目前的資源或福利制度有什麼樣的感受?是否滿足您的需求?

3.您或家庭成員有否遇到過申請社會福利服務困難（例如，申請流程、資格認定、等待時間等問題）（Wright, 2015）？

4.是否有需求協助連結特定資源，例如：法律援助、經濟補助、復健服務或職業重建等？

◆ **長期目標與期望**

1.您對於解決家庭目前的經濟問題或特殊需求的目標是什麼？

2.您認為需要哪些方面的協助，以改善家庭的整體狀況？

3.您對於特殊需求成員的長照計畫有何期望？希望社工如何協助？

4.您對於如何改善家庭生活或增強支持系統是否有具體的想法或期望？

◆ **法律與福利相關需求**

1.您是否需要瞭解或協助申請法律相關資源（如子女監護權、遺產分配）？

2.是否瞭解有哪些福利可以申請？需要協助瞭解福利政策的部分嗎？

3.在過去的經歷中，曾否因經濟或健康困難遇到法律問題？這些部分是否需要幫助？

(二)社工針對家中個別成員（例如：有情緒困擾的成員）的提問

　　社工在會談中，針對有情緒困擾的家庭成員，通常會根據該成員情況和需求設計問題，以深入瞭解其情緒、生活情境、應對方式及支持系統。以下是一些常見的提問類型與範例（Hoge et al., 1989）：

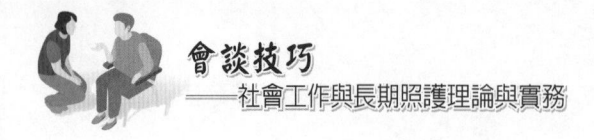

◆情緒狀態探索

1. 最近有什麼讓您感到特別煩惱或壓力嗎？
2. 當您感到情緒低落時，通常會出現哪些感受或想法？
3. 您覺得什麼情況下，您的情緒會特別波動？

◆瞭解情緒與壓力源

1. 最近您覺得什麼情況下特別容易感到壓力？
2. 您現在感覺到的情緒有哪些？它們是什麼樣的感覺？
3. 有什麼特定的事情或事件讓您感到特別困擾？

◆回顧過往經驗（Kissane & Bloch, 2002)

1. 在過去，遇到類似的情緒問題時，您是怎麼處理的？
2. 有沒有發生過讓您難忘的事件，影響了您的情緒？

◆自我情境理解

1. 您是否覺得有某些情況或人會特別引發您的情緒困擾？
2. 您覺得自己在家裏的角色或責任是否影響了您的情緒？
3. 在家庭中，什麼互動會讓您感到被支持或更有安全感？

◆協助情緒表達

1. 在家庭中，您感到自己有機會表達內心的感受嗎？
2. 您覺得和家人談論情緒時，有哪些困難或障礙？
3. 在表達情緒時，有哪些方式讓您感到舒服？

◆自我需求表達

1. 您覺得目前最大的需求或期待是什麼？

第九章　家庭與資源整合的會談技巧

2.有沒有什麼目標是您想達成的，或是想改善的情緒狀態？

3.在家裏，您覺得什麼改變會對您的情緒有正面影響？

◆增強自我認識

1.您覺得情緒困擾對您的生活或人際關係有什麼影響？

2.在面對困難情境時，您的內心通常會有哪些自我對話？

3.您覺得這段情緒困擾是否改變了您的自我看法？

◆瞭解支持系統

1.當您感到情緒困擾時，會和誰談談或尋求幫助嗎？

2.您覺得周圍的人（如家人或朋友）在這段時間給了您什麼支持？

3.有什麼時候您希望他們能做得更好，或希望他們瞭解您的感受？

◆幫助發掘需求

1.您覺得自己目前最需要的是什麼？

2.如果可以改變一件事來改善情緒，您希望那是什麼？

3.您覺得我們可以怎麼一起努力，幫助您應對這些情緒？

◆行為模式和因應方式

1.當您感到不安或憤怒時，通常會怎麼處理或表達？

2.有沒有一些事情讓您覺得可以暫時緩解情緒壓力？

3.您會和誰談論您的困擾？對方的回應如何？

◆探討家庭互動與影響的問題

1.當您感到困擾時，您的家人通常怎麼反應？他們有提供您支持

269

嗎？

2.家庭成員的哪些行為會讓您感到更加舒適或更加不安？

3.您希望家庭成員可以怎樣支持您，或改變哪些行為來讓您更好？

◆資源和支持需求

1.有沒有一些資源或支持讓您感覺能夠幫助自己調整情緒？

2.您期望家人或朋友提供哪些支持？

3.目前是否有想要嘗試的新方法來面對情緒挑戰？

◆檢視應對方式的問題

1.當您感到情緒低落或壓力時，您會用什麼方法來應對？

2.這些應對方式對您的幫助如何？有沒有什麼行為或活動可以讓您感到平靜？

3.您有什麼新的應對方法是您想嘗試的？

◆自我認知與情緒管理（Wright & Leahey, 1999)

1.您覺得自己的情緒是如何發展的？背後有什麼樣的原因？

2.如果您能選擇改變某些情況或行為，您希望從哪一方面開始？

3.在您感到平靜或開心時，通常是因為什麼？

◆制定未來目標的問題

1.在未來，您希望自己在情緒方面有什麼樣的改善？

2.有沒有什麼具體的目標是您想要達到的（比如說更能控制情緒反應或提升心情）？

3.您會希望和家庭成員共同努力達成哪些目標？

第九章　家庭與資源整合的會談技巧

這些問題不僅可以幫助社工瞭解個別成員的情緒狀態，還可以引導他們思考自身的行為模式、需求和資源，進而協助其進行更積極的情緒管理和自我調適。

三、小結

家庭會談是一種促進家庭成員之間溝通、理解與合作的重要工具，特別是在面對衝突、壓力或重大決策時發揮關鍵作用。有效的家庭會談能幫助成員彼此分享想法與感受，從而增強相互理解，解決潛在矛盾，並促進團結（王禎邦、歐陽文貞，2020）。家庭會談的目標通常包括建立開放的溝通環境、尋求共同的解決方案，以及增強家庭的凝聚力和適應能力。這需要考慮不同成員的個性、角色與需求，以確保每個人都能在會談中感受到被尊重與重視（林萬億，2002）。

在家庭會談中，成功的溝通依賴於一系列關鍵技巧。積極傾聽是基礎，透過專注於說話者的內容並回應其感受，能讓家庭成員感受到被理解與支持。清晰表達是另一個關鍵，家庭成員應該以具體且直白的方式傳達自己的需求與期望，避免模糊或含糊其辭而引發誤解。此外，建設性提問能引導對話深入，例如：使用開放性問題來探討問題的核心原因或尋找解決方案。同時，避免指責和批評的語言，專注於描述問題而非攻擊個人，能維持會談的正面氛圍。

在家庭會談中，成員常遇到多種挑戰，例如：情緒失控、角色衝突或無法聚焦於問題本身。面對這些困難，需要採取具體的應對策略來提升會談的成效。會談開始前設定明確的目標和規範（如時間限制、每人發言次序），可以幫助成員聚焦於關鍵問題，並減少不必要的分歧（黃郁超等，2016）。當情緒升溫時，會談主持者或家庭領導者可以採用暫停策略，允許各方冷靜後再繼續對話。此外，使用中立的第三方（如輔導員或家庭治療師）協助會談，對於涉及深層衝突或

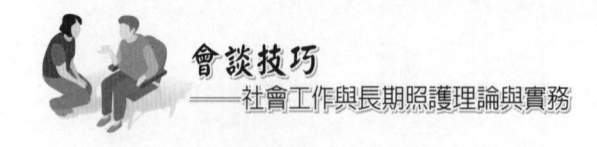

長期問題的情境尤為有效。

　　最終，透過持續練習與學習，家庭成員能夠提升會談能力，建立更具支持性和彈性的溝通模式，從而促進家庭的長期穩定與發展（張菀珍、蘇慧芬，2009）。通過有系統地運用上述技巧與策略，家庭會談能成為促進溝通、解決問題與增強親密關係的有效途徑。

第九章　家庭與資源整合的會談技巧

參考文獻

方俊凱（2015）。〈以家庭為焦點的悲傷治療〉。《安寧照顧會訊》，89，12-13。

王禎邦、歐陽文貞（2020）。〈臺灣社區精神復健機構發展近況及興革建議〉。《中華心理衛生學刊》，33（4），315-340。

田禮瑋（2020）。〈以家庭系統理論評估與介入憂鬱自殺病人家庭的服務使用者報告〉。《社會工作實務與研究學刊》，7，65，67，69，85，87，89。

吳曉聞、李玉嬋（2016）。〈評估家庭功能以篩檢高風險家庭透過家庭悲傷治療化解罹癌危機〉。《諮商與輔導》，363，53-58。

吳麗貞、蘇英華（2013）。〈罹癌母親的憂鬱程度、家庭功能與青少年子女行為之相關〉。《護理暨健康照護研究》，9（2），139-147。

林明傑、鄭青玫（2008）。〈家庭暴力危險分級試辦方案與家庭日方案之檢驗〉。載於社團法人臺灣家庭暴力暨性犯罪處遇協會（主編），《家庭暴力與性侵害防治實務工作研討會》（頁237-283）。社團法人臺灣家庭暴力暨性犯罪處遇協會。

林秋芬、張綠怡、郭淑芬（2014）。〈新照護模式介紹——護理家庭夥伴關係〉。《領導護理》，15（1），9-16。

林淑玉（2012）。〈高風險家庭關懷輔導處遇方案之社工壓力源初探〉。《諮商與輔導》，317，22-25，45。

林萬億（2002）。〈臺灣的家庭變遷與家庭政策〉。《臺大社會工作學刊》，6，35-88。

孫頌賢（2008）。〈尋找協助家庭的施力點——危機與保護因子並重的家庭韌性觀點〉。《應用心理研究》，（39），4-7。

高淑芬（1996）。〈社區長期照護——安樂居模式的科際整合工作團體對護理專業發展的促進〉。《長庚護理》，7（4），77-82。

張菀珍、蘇慧芬（2009）。〈嘉義縣塗溝社區日照中心對高齡者在地老化功

能之研究〉。《明新學報》,35(2),155-173。

陳君儀、陳若喬(2017)。〈意義再建構團體對於癌症喪親者的悲傷介入之成效評估研究〉。《民生論叢》,13,35-71。

蕭淑貞、楊秋月、葉櫻媛、黃瑞媛、陳美雲、吳麗萊(1999)。〈精神病患的家庭結構、疾病症狀與壓力調適之探討〉。*The Kaohsiung Journal of Medical Sciences*,*15*(6),359-371。

Hoge, R. D., Andrews, D. A., Faulkner, P. & Robinson, D. (1989). The family relationship index: Validity data. *Journal of Clinical Psychology*, *45*(6), 897-903.

Kissane, D. W. & Bloch, S. (2002). *Family Focused Grief Therapy: A Model of Family-Centred Care During Palliative Care and Bereavement*. Open University Press: Buckingham.

Kissane, D., Bloch, S., Dowe, D., Snyder, R., Onghena, P., McKenzie, D. & Wallace, C. (1996). The melbourne family grief study I: Perceptions of family functioning in bereavement. *American Journal of Psychiatry*, *153*, 650-658.

Leahey, M. & Wright, L. M. (2016). Application of the calgary family assessment and intervention models: Reflections on the reciprocity between the personal and the professional. *Journal of Family Nursing*, *22*(4), 450-459.

Nadeau, J. W. (1998). *Families Making Sense of Death*. New Delhi, Sage.

Schuler, T. A., Zaider, T. I., Li, Y., Hichenberg, S., Masterson, M. & Kissane, D. (2014). Typology of perceived family functioning in an American sample of patients with advanced cancer. *Journal of Pain and Symptom Management*, *48*(2), 281-288.

Schuler, T. A., Zaider, T. I. & Kissane, D. W. (2012). Family grief therapy: A vital model in oncology, palliative care and bereavement. *Family Matters*, *90*, 77-86.

Wright, L. M. (2015). Brain science and illness beliefs: An unexpected explanation of the healing power of therapeutic conversations and the family interventions that matter. *Journal of Family Nursing*, *21*, 186-205.

doi:10.1177/1074840715575822

Wright, L. M. & Leahey, M. (1999). Maximizing time, minimizing suffering: The 15-minute (or less) family interview. *Journal of Family Nursing*, *5*, 259-273.

第十章

照護計畫和跨專業合作的會談技巧

呂怡慧

- 制定個別化的照護計畫
- 跨專業團隊合作的溝通與談判技巧

長照計畫和跨專業合作中的會談技巧，對於制定個別化照護計畫和促進跨專業團隊合作至關重要。在個別化照護計畫方面，會談技巧的重點在於建立信任關係、釐清服務使用者需求、提供適當資訊，並協商出符合服務使用者期望的照護目標（王俞樺、劉立凡，2020）。照護人員應以同理心傾聽，透過清晰的溝通讓服務使用者和家屬更理解照護過程及其選項，增強參與感和決策支持。

而跨專業合作聚焦在不同專業成員之間的有效溝通與資源整合，避免因觀點不同而產生衝突，並達成共識。透過清晰的意見表達、協商與衝突管理技巧，各專業成員可以有效協調，結合彼此的專長，形成完整的照護計畫，進一步確保服務使用者獲得全方位的支持（蔡闓闓，2007）。綜上所述，這兩大面向的會談技巧對長照中的質量提升與團隊協作，具有重要意義。

第一節　制定個別化的照護計畫

一、照護計畫和跨專業合作會談技巧原則

照護計畫和跨專業合作的會談技巧，因應不同的對象、場域和地域等，會有不同的作為。因此提出幾項基本原則，主要涵蓋以下幾個面向，以便讓社工在工作中擁有理論與實務相結合的判斷依據。

(一)評估與需求分析

◆目標

在照護計畫中，首先需透過評估來瞭解服務使用者的健康狀況、

第十章　照護計畫和跨專業合作的會談技巧

需求和家庭情境。

◆會談技巧

運用開放式問句和積極傾聽技巧，深入瞭解服務使用者的日常生活和期望。社工應共同分析需求，以確保資源有效分配（Hammes et al., 2012)。

(二)溝通與資訊分享

◆目標

確保所有專業人員擁有一致的資訊，以利協同工作，達成最佳的照護效果。

◆會談技巧

應用清晰的表達和摘要確認技巧來避免誤解。定期舉行跨專業會議，讓各領域專業人員更新並分享服務使用者資訊。

(三)目標設定與計畫設計

◆目標

根據服務使用者需求設定具體、可量化目標，並制定適合的照護計畫。

◆會談技巧

與服務使用者及家庭共同設定短期和長期目標，運用協商技巧達成共識。確保目標具有可操作性和可測量性，以便日後檢視成效。在會談中，確定具體、可衡量的照護目標對於整個照護計畫至關重要

279

（許佑任，2005）。跨專業團隊中的每個成員都應清楚瞭解目標，以便在各自的專業範疇內提供針對性的支持。例如，護士可能關注服務使用者的身體需求，而社工則關注心理和社會支持，整體目標需彼此協調一致。

◆任務包括內容

1. 共同目標的制定：所有跨專業團隊成員需共同參與目標設定，根據服務使用者的需求與資源，制定清晰且可達成的照護目標。
2. 階段性目標：將長期目標劃分為短期目標，並在會談中定期檢視和調整，方便追蹤進展並及時作出調整。

(四) 團隊角色與職責分配

◆目標

確保每個專業人員明確瞭解自己的角色與職責，以便高效合作。

◆會談技巧

成功的跨專業合作需要清晰的角色分配，避免工作重疊或疏漏。會談中應明確每位專業人員的責任，讓所有團隊成員瞭解自己如何在計畫中發揮作用。例如：醫師負責診斷與治療決策，物理治療師則專注於服務使用者的康復需求。

◆任務包括內容

1. 明確分工：在會談中清楚分配各專業人員的職責，避免職責重疊或疏漏，確保每位成員的角色明確。
2. 責任承諾：各成員需對分配的任務承諾負責，並在會談中確認個人任務的可行性與資源需求。

(五)團隊凝聚力與信任建立

◆共同決策

促進團隊成員的共同參與與決策，讓所有專業人士對照護計畫有共同的理解與共識，增強團隊凝聚力。

◆相互尊重

尊重不同專業的意見和建議，增強團隊的合作信任感（陳國峰，2011）。

(六)決策制定與衝突管理

◆目標

在跨專業合作中，當遇到不同意見時，能夠做出適當的決策並有效管理衝突。

◆會談技巧

跨專業會談中，面對不同意見或挑戰時，應採用系統性的問題解決方法。團隊成員需學會運用協商、妥協和創新思維來達成共識，從而制定出最佳的照護方案。此外，共同決策過程也能提升團隊協作的整體效能。

◆任務包括的內容

1. 冷靜面對衝突：跨專業會談中可能出現不同觀點，應保持冷靜，避免情緒化反應。
2. 建立尊重氛圍：在會談中尊重每位成員的專業背景，並鼓勵包

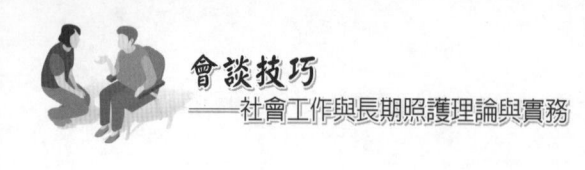

容的態度,避免競爭和對立。

(七)評估與回饋機制

◆目標

定期評估照護計畫的成效,並根據服務使用者反饋進行調整。

◆會談技巧

鼓勵服務使用者和家屬提供實際回饋,並運用積極傾聽和反饋技巧蒐集意見。設置定期檢討機制,根據回饋進行計畫修訂(簡嘉琪等,2011)。

◆任務包括的內容

1. 定期檢討:跨專業會談應包含對照護計畫的定期評估,並根據服務使用者的變化做出必要的調整。
2. 數據與回饋機制:使用數據追蹤服務使用者的進展,並在會談中進行回饋和改進,確保照護效果達到最佳。

(八)文化敏感性與個人化照護

◆目標

考量服務使用者的文化背景及個別需求,提供具體且適合的照護服務。

◆會談技巧

照護計畫需考慮到服務使用者及其家人的文化背景。跨專業團隊應保持文化敏感性,避免僅以單一價值觀對待服務使用者,包括:理

解服務使用者的生活方式、語言需求和文化特定的醫療偏好,並在會談中以尊重和包容的態度討論這些問題(胡靜文等,2012)。

(九)紀錄與文件管理

會談技巧必須包括:規範的紀錄和文件管理,以確保所有成員能隨時查閱計畫的最新進展。透過標準化的紀錄方式,保障信息流通的精確性和一致性。

這些面向構成了照護計畫和跨專業合作的關鍵要素,透過完善的會談技巧來增強專業協作,能有效地滿足服務使用者的多重需求,提高照護計畫的成功率和服務使用者滿意度。

二、照護計畫和跨專業合作的會談技巧

在長照計畫和跨專業合作中,會談技巧在制定個別化照護計畫及促進團隊合作的溝通與談判,扮演著至關重要的角色(陳瑞忻等,2010)。以下是一些具代表性的案例,可以作為討論會談技巧如何在實際情境中發揮作用的範例。

案例一:個別化照護計畫中,服務使用者需求釐清

◆情境背景

一位長期服務使用者,年齡較大且患有多重慢性疾病,對自己未來的生活質量感到焦慮。在與照護團隊的會談中,服務使用者未清楚表達自己對未來治療的期望,只是提出了一些模糊的要求。社工必須運用開放性問題和同理心技巧,讓服務使用者能夠更具體地表達自己的需求。

◆討論重點

1. 會談技巧的應用：社工通過開放性問題（例如：「您對接下來的治療有什麼想法或擔憂？」）引導服務使用者表達情緒，並運用同理心回應服務使用者的情感需求，建立信任關係。通過這樣的方式，服務使用者開始更加坦誠地分享對治療過程的期望，最終訂定出符合服務使用者需求的個別化照護目標。
2. 談判技巧：在服務使用者表達希望減少某些治療程序時，醫療人員需平衡服務使用者的需求與治療的專業性，透過協商，達成一個既能照顧服務使用者身心需求，又符合醫療原則的治療方案。

案例二：個別化照護計畫中，老年服務使用者的慢性病管理

◆案例背景

一位七十歲的女性服務使用者因患有糖尿病和高血壓住院，並且有輕度認知障礙。她的家庭成員對她的照護有不同的看法，一些家屬希望服務使用者能夠接受積極的治療，而另一些則擔心服務使用者的副作用和生活品質，主張採取較保守的策略。

◆會談技巧的應用

在這個情境中，服務團隊（如社工、醫生和營養師）需要與服務使用者及家屬進行多次會談，以確保服務使用者的需求和家屬的期望被充分理解和考慮。透過開放性問題和積極聆聽，社工能夠幫助家屬表達他們的擔憂，同時提供醫學資訊，解釋不同治療選項的風險與益處。此外，醫療團隊應該與服務使用者共同設定具體、可行的健康目標，並在此過程中建立信任和合作（劉慧玲等，2010）。

第十章　照護計畫和跨專業合作的會談技巧

◆結果

透過這樣的會談，服務使用者及家屬達成了共識，制定了個別化的照護計畫，並確定了服務使用者在生活品質和健康管理之間的平衡，最終提高了服務使用者的依從性和整體健康狀況。

案例三：跨專業團隊合作中，多學科協調

◆背景

一位六十歲的男性服務使用者患有中風後遺症，需進行復健治療。服務使用者的照護團隊包括：神經科醫師、物理治療師、職能治療師和社工師等，大家對服務使用者的照護方向有不同意見。神經科醫師強調需要積極的藥物治療，物理治療師希望服務使用者進行密集的復健訓練，而社工師則關心服務使用者的家庭支持系統及社會資源整合。

◆會談技巧應用

在跨專業團隊會議中，團隊成員首先表達自己的專業意見，社工使用積極聆聽技巧來理解不同專業的觀點。面對意見分歧時，團隊成員運用衝突解決技巧，進行建設性討論。最終，團隊確定了一個綜合性的照護計畫，將藥物治療、復健訓練和社會支持資源整合在一起，以確保服務使用者在治療過程中得到全方位的支持。團隊的合作與溝通使得照護計畫能夠符合服務使用者的需求，並促進了服務使用者的康復（施靜泓等，2020）。

◆結果

透過高效的跨專業溝通，團隊成功制定了一個全面的照護計

畫，病人的康復進展良好，並且在出院後也能夠順利過渡到居家照護（Chen et al., 2014）。

案例四：跨專業團隊中，衝突管理

◆情境背景

　　一名罹患末期癌症的服務使用者在住院期間，面臨著與家屬的溝通問題。服務使用者希望繼續接受治療，但家屬因為擔心病情惡化，希望病人選擇安寧照護。醫療團隊中，部分成員支持繼續治療，另一些則提倡安寧照護。這樣的觀點差異導致了團隊內部的衝突，如何管理這些衝突並協同找到最佳照護方案是重點。

◆討論重點

1. 會談技巧的應用：團隊成員在面對衝突時，應運用冷靜的態度和積極聆聽技巧，尊重不同觀點並試圖理解對方立場。醫生需瞭解家屬的情感需求，並提供足夠的病情資訊，幫助他們做出知情決定。同時，團隊應共同討論病人的舒適度與未來的生活質量，平衡治療選擇與病人需求。
2. 談判技巧：當治療方案難以達成一致時，團隊成員需要運用談判技巧進行妥協，通過討論找到一個平衡點，如在服務使用者願意接受的範圍內進行治療，並同時安排適當的安寧照護支援，達到照顧病人身心的最優方案（陳宏仁等，2014）。

案例五：衝突管理中，家庭照顧者與醫療團隊的矛盾

◆案例背景

　　一位重度認知障礙病人的家庭照顧者與醫療團隊之間存在明顯的

第十章　照護計畫和跨專業合作的會談技巧

意見分歧。照顧者希望病人能接受某些療法，而醫療團隊則認為這些療法可能對病人健康不利。家庭照顧者堅持自己的觀點，並對醫療團隊的建議表示不滿。

◆**會談技巧的應用**

在這個情況下，社工需要應用衝突管理技巧來處理照顧者的不滿。醫療團隊成員需要用同理心來理解家庭照顧者的立場，並尋找中立的方式解釋治療選項的風險與效益。這可以通過建立開放的溝通渠道，並使用協商技巧來解決問題。重要的是，醫療團隊要表達尊重並與家庭照顧者共同探討病人的最佳照護方案（鄭企峰等，2018）。

◆**結果**

經過多次有效的溝通和協商，醫療團隊與家庭照顧者達成了共識，服務使用者的照護計畫得到調整，使病人在最大程度上受益，家庭照顧者也對醫療團隊的建議感到滿意。

三、小結

照護計畫是以服務使用者為中心的整合性服務策略，旨在全面滿足健康需求及相關支持系統的建立。其核心價值在於促進服務使用者的生活品質提升，並確保每個階段的照護目標具備明確性與可執行性。隨著現代醫療和社會服務的複雜性增加，服務使用者通常同時需要多專業的協助，例如：醫療、心理、社工與復健服務。有效的照護計畫不僅能整合資源，也能透過多專業的合作最大化服務效益，避免重複與資源浪費（陳美如等，2016）。然而，這需要在計畫初期明確服務使用者需求，並結合相關專業的專長與建議，以達到個性化、目標導向的服務輸出。

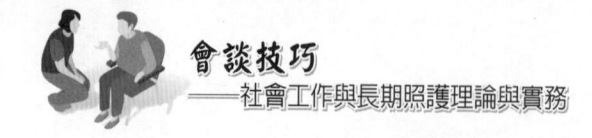

跨專業合作是制定與執行高效照護計畫的基石，會談技巧在其中扮演至關重要的角色。積極傾聽是促進跨專業溝通的基本技巧，透過專注理解和適時回應，可以減少誤解並促進相互信任。清晰表達能確保來自不同專業背景的團隊成員，都能準確理解彼此的觀點與建議。同理心溝通則有助於在處理敏感議題時建立合作氛圍，這對於平衡專業意見和服務使用者需求尤為重要。此外，建設性回饋是提升團隊效率的關鍵，透過明確問題並提出具體改善建議，能有效促進團隊成員的專業發展。跨專業合作的原則包括尊重每位成員的專業貢獻、清晰界定角色與責任，以及以服務使用者需求為導向進行資源分配與決策。

　　成功的跨專業合作需要堅守數個核心原則，包括：以服務使用者需求為中心、尊重專業多樣性、明確分工與責任，以及持續的溝通與改進。團隊必須將服務使用者的需求視為最優先考量，確保每位成員的專業知識能為實現共同目標服務（陳奕翰等，2013）。此外，在尊重彼此專業的基礎上，應建立透明且高效的分工機制，確保責任劃分明確，並在執行過程中持續進行成效評估。然而，跨專業合作的過程並非毫無挑戰，例如專業角色的重疊、溝通不暢以及資源有限等問題。為應對這些挑戰，團隊可採取系統化的合作策略，例如：定期召開多專業會議、設置協調角色，以及為成員提供跨專業培訓，以提升整體協作能力。通過這些努力，跨專業合作能夠實現更具整合性與人性化的照護成果。

第十章 照護計畫和跨專業合作的會談技巧

第二節　跨專業團隊合作的溝通與談判技巧

一、跨專業長期照護團隊合作的溝通與談判技巧的原則

跨專業長照團隊合作的溝通與談判技巧，對於提升照護質量和確保服務使用者得到最佳照顧至關重要（Jha et al., 2013）。以下是一些關鍵的溝通與談判技巧，這些技巧有助於促進團隊協作，解決衝突，並達成共識。

(一)積極傾聽

積極傾聽是有效溝通的基礎。在跨專業團隊中，每位成員的專業意見對服務使用者照護至關重要，因此學會認真聆聽其他團隊成員的觀點，能幫助增進彼此的理解與信任。積極傾聽意味著不僅僅是聽對方的話，還要理解其背後的意圖與需求。這能促進更有效的問題解決和協商（黃少甫等，2020）。

(二)清晰且尊重的表達

跨專業團隊中的成員來自不同領域，對服務使用者的照護可能有不同的看法與建議。學會清晰、簡潔地表達自己的專業觀點，並尊重他人的意見，是有效溝通的關鍵。這不僅能讓團隊成員之間的對話更加順暢，還能避免誤解或對立。

(三)開放性問題與協作式提問

使用開放性問題（例如：您如何看待這個方案？或您認為如何才

能最好地支持服務使用者？）有助於促使團隊成員深入思考並提供更具建設性的回應。這種提問方式也能鼓勵團隊成員分享更多的專業知識和見解，並促進協作，增強問題解決的靈活性和創新性。

(四)情感與需求的識別與表達

跨專業合作中的溝通不僅是技術性或理論性的，還涉及情感交流。不同專業背景的成員可能會有不同的情感反應（如壓力、焦慮、沮喪等），這會影響他們的溝通方式。學會察覺並表達自己和他人的情感需求，能有助於減少團隊成員之間的誤解和衝突，並促進合作（Brinkman-Stoppelenburg et al., 2014）。例如：若某成員感到自己意見被忽視，可以適當表達出這種情感，並尋求他人理解。

(五)建立共同目標（Establishing Shared Goals）

在跨專業合作中，團隊成員可能關注的焦點不同，醫生關注病情控制，社工可能關心病人的心理需求，物理治療師則關心康復進程。有效的團隊合作需要各方在服務使用者照護中找到共同目標，並以此為基礎進行協調和合作（柯莉珊等，2012）。通過共同目標的建立，團隊能夠聚焦於病人的整體健康，而非單一專業的需求，進而提升整體照護效果。

(六)定期溝通與回饋機制

跨專業團隊需要定期進行會議和溝通，回顧照護計畫的執行情況，並討論需要調整的部分。回饋機制有助於及時發現問題並進行調整，保證團隊在長照過程中保持靈活應變的能力（Lin et al., 2014)。定期的溝通不僅能促進成員之間的理解，還能加強團隊的凝聚力，確保照護方案不斷優化。

(七)文化敏感性與多樣性包容

在跨專業團隊合作中,團隊成員來自不同背景,文化差異可能會影響溝通和合作。瞭解並尊重團隊成員的文化背景和價值觀,對促進有效合作至關重要。這不僅適用於團隊成員之間的互動,也適用於服務使用者及其家屬的文化需求,能夠更好地調整照護方案,確保文化適宜性。

跨專業長照團隊合作的溝通與談判技巧,包括:積極傾聽、清晰表達、衝突管理、協商與妥協、設置共同目標、文化敏感與同理心等,都是有效協作的基礎(Carter et al., 2016)。這些技巧不僅有助於解決照護過程中的衝突,還能提升服務使用者照護質量,實現多專業協作的整體效益。

二、照護計畫和跨專業合作會談的提問問題及案例

(一)個別化照護計畫:老年服務使用者的慢性病管理

◆**案例背景**

一位七十歲的女性服務使用者因患有糖尿病和高血壓住院,並且有輕度認知障礙。她的家庭成員對她的照護有不同的看法,一些家屬希望服務使用者能夠接受積極的治療,而另一些則擔心服務使用者的副作用和生活品質,主張採取較保守的策略。

◆**社工向服務使用者及家屬的提問,可能包括之面向及問題**

在這樣的情況下,作為社工,提出的問題應該有助於瞭解服務使用者的具體情況,協助服務使用者及家屬進行有效的溝通,並達成一

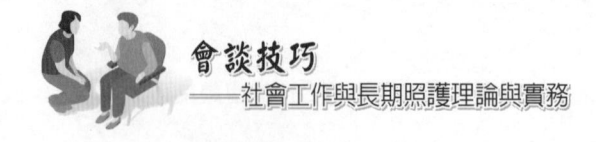

個符合服務使用者需求和期望的照護計畫（李淡江，2018）。以下是可能的問題，這些問題既針對服務使用者的健康狀況，也針對家屬的顧慮與期望：

1. 瞭解服務使用者的健康狀況與治療需求：
   (1) 您能描述一下目前的身體狀況嗎？最近有沒有出現新的症狀或不適？
   (2) 您覺得服務使用者對目前的糖尿病和高血壓治療方案有何反應？她是否對某些治療方法有過敏或不適？
   (3) 服務使用者是否有任何過去的醫療歷史或對某些藥物的過敏反應？
2. 探討服務使用者與家庭的治療期望：
   (1) 家庭成員對治療計畫的期望有哪些不同？能否分享一下每位家屬的主要擔憂或需求？
   (2) 有些家屬希望進行積極治療，另一些則偏向保守療法，您覺得這些選擇對服務使用者的生活質量有何影響？
   (3) 服務使用者是否曾表達過她對治療的看法？她希望如何參與治療決策過程？
3. 釐清服務使用者和家屬的選擇偏好：
   (1) 您們對於積極治療和保守治療之間的選擇有什麼具體的看法？有沒有考慮過治療過程中的風險和利益？
   (2) 如果選擇積極治療，您希望治療方案如何設計？是否有您特別關心的治療方式或方法？
   (3) 如果選擇保守治療，您希望集中於服務使用者的舒適和生活質量，那麼如何能在服務使用者的生活中達到最好的平衡？
4. 討論治療選擇與風險：
   (1) 您對積極治療（如使用藥物控制糖尿病和高血壓）的態度是

第十章　照護計畫和跨專業合作的會談技巧

什麼？您擔心這些治療可能帶來哪些副作用或不適？

(2)如果選擇較保守的治療策略（例如減少藥物使用或進行非侵入性治療），您是否覺得這會對服務使用者的長期健康造成影響？

(3)在治療過程中，您如何看待副作用與病情管理之間的平衡？有沒有一些副作用您特別擔心或希望避免？（Stevens et al., 2013）

5.服務使用者生活質量的考量：

(1)您認爲目前的治療選擇對服務使用者的生活質量有什麼影響？是否有措施可以幫助她在治療過程中維持舒適和獨立？

(2)在服務使用者日常生活中，是否有任何特殊照護需求或調整措施，能幫助她過上更高質量的生活？

6.服務使用者認知障礙的影響：

(1)鑒於服務使用者有輕度認知障礙，我們如何確保她能夠充分理解治療計畫及其選擇？

(2)您認爲服務使用者在決策過程中需要哪些支持？有沒有特定方式幫助她記得服藥或醫療指示？

(3)如何根據服務使用者的認知能力調整溝通方式，讓她能夠理解並參與到照護計畫的討論中？

7.尋求家庭共識：

(1)我知道您的家庭成員對照護有不同的看法，您認爲我們該如何在不同的看法中找到共同的立場，達成一個一致的照護計畫？

(2)您覺得對服務使用者來說，最重要的是什麼？改善健康、減少副作用，還是提升她的生活質量？

(3)如果我們有不同的治療選擇，您希望如何找到一個能平衡積極治療與生活質量的方案？

8.關於服務使用者的決策參與：
  (1)您認為服務使用者對自己健康瞭解程度如何？她是否能夠參與討論治療方案並表達自己的意見？
  (2)如果服務使用者無法完全理解醫療選項，您認為有哪些方式可以幫助她做出最符合她需求的選擇？
  (3)您希望如何幫助服務使用者在這個治療過程中感到有控制感和支持？
9.照護計畫的制定與後續：
  (1)在照護計畫的制定過程中，您是否希望定期檢討服務使用者的情況？如果病情或治療方法需要調整，您希望如何處理？
  (2)您對服務使用者的生活質量有何期待？是否有特定的目標或希望能夠保持的生活方式？
  (3)您覺得在照護過程中，有哪些支持系統能夠幫助家屬更好地照顧服務使用者，例如：社工、護理師或心理支持等？
10.照護計畫的長期規劃：
  (1)您如何看待服務使用者在未來幾個月或幾年內的照護需求？是否需要進一步的長照安排或資源支持？
  (2)若服務使用者的病情變化，我們如何確保照護計畫能夠及時調整，以達到最佳的治療效果？
  (3)在照護過程中，家庭是否需要更多的資源或支持來協助服務使用者進行長期的慢性病管理？

　　這些問題旨在促進服務使用者、家屬與社工之間的開放對話，幫助家屬平衡不同的觀點，並使服務使用者在有充分瞭解的情況下參與照護計畫的制定。通過這樣的討論，社工可以協助確定最適合服務使用者的治療方案，並考慮服務使用者的意願、健康需求以及家庭的期望，從而達成一個綜合性的、個別化的照護計畫。

(二)跨專業團隊中的衝突管理

情境背景：一名罹患末期癌症的服務使用者在住院期間，面臨著與家屬的溝通問題。服務使用者希望繼續接受治療，但家屬因為擔心病情惡化，希望病人選擇安寧照護。醫療團隊中，部分成員支持繼續治療，另一些則提倡安寧照護。這樣的觀點差異導致了團隊內部的衝突，如何管理這些衝突並協同找到最佳照護方案是重點。

在這種情況下，跨專業團隊需要有效地管理衝突，以便在面對服務使用者與家屬需求的不同時，找到一個能平衡服務使用者需求、家屬期望和專業建議的照護方案（United States Renal Data system, 2016）。以下是一些可能的提問，旨在協助團隊成員在處理衝突和達成共識的過程中進行有效的討論和協作：

◆瞭解不同觀點與專業立場

1. 各位對服務使用者的情況有何評估？我們是否都有相同的理解，關於服務使用者的預後和病情發展？
2. 醫療團隊中支持繼續治療的成員，能否詳細解釋支持這一選擇的理由？這樣的治療對服務使用者的生活質量會有何影響？
3. 請支持安寧照護的成員分享一下您的觀點，您認為服務使用者繼續接受治療的風險有哪些，並且安寧照護會對服務使用者提供哪些方面的益處？

◆釐清團隊內部的衝突與顧慮

1. 我們團隊內部有不同的觀點，是否能清楚說明每個人支持某一方案的具體原因？例如：為何有些成員認為繼續治療是最佳選擇？又為何有些成員偏向安寧照護？
2. 有哪些具體的情況或數據支持你們的立場？這些數據是否能幫

助我們解決衝突，找到共識？（Yang et al., 2014）
3. 如何解決團隊內部對於病人治療方案的分歧？是否可以進行更多討論或提供進一步的資訊，協助大家更全面理解病人的需求？

◆探討服務使用者意願與需求

1. 服務使用者在面對這些治療選擇時，有哪些具體的表達或意願？服務使用者是否有清楚的偏好或對治療的期望？
2. 在安寧照護和繼續治療之間，服務使用者的生活質量和心理需求應該如何納入我們的考慮範圍？
3. 如果服務使用者的意見與家屬的期望不一致，我們應如何幫助服務使用者和家屬進行有效的溝通，讓他們能夠理解彼此的立場並做出合適的選擇？

◆團隊衝突的根源分析

1. 我們團隊內部出現了對治療方案的分歧，這是否來自不同專業對服務使用者狀況的不同解讀，還是其他因素（如情感、價值觀等）在影響決策？
2. 我們是否有充分考慮服務使用者的意願和生活質量，還是更多集中在醫療方案和病情的預測上？
3. 是否有其他因素或資訊我們還未考慮到，例如：服務使用者或家屬情感需求、病人過去治療經歷等？

◆服務使用者與家屬需求的平衡

1. 在團隊內部討論時，我們是否有充分考慮到服務使用者和家屬的期望？家屬的顧慮是否也應該成為我們決策的重要部分？
2. 服務使用者是否表達過對治療或安寧照護偏好？如果服務使用

第十章　照護計畫和跨專業合作的會談技巧

者未能表達，我們如何確保尊重她的意願？
3. 如果家屬的意見與服務使用者的意願存在衝突，我們該如何幫助家屬理解服務使用者的需求並達成共識？

◆協調治療選擇

1. 對於服務使用者的治療選項，我們是否有辦法提出一個折衷方案，既能滿足服務使用者希望繼續治療的需求，也能考慮家屬和部分醫療團隊成員對安寧照護的關切？
2. 是否有可能進行試探性治療（例如，短期的緩解治療）來看是否對服務使用者有效，然後再做決定？
3. 在病情惡化的情況下，我們應該如何調整治療方案，以平衡服務使用者的需求和舒適度？

◆增進團隊合作與有效溝通

1. 團隊成員間的觀點差異是否影響了我們的合作，並在處理服務使用者照護時產生了不必要的張力？如何改善我們的內部溝通以促進共識的達成？
2. 我們能否建立一個更加結構化的討論平台，讓每位專業人員都有機會表達觀點，並在此過程中保持開放與尊重？
3. 是否可以設立一個中立的協調人或團隊領導者，幫助引導我們的討論，並在出現衝突時尋找解決方案？

◆決策過程中的共識與責任

1. 如何確保團隊中的所有成員都能尊重服務使用者的意願，同時尊重家屬的擔憂，達成共識？
2. 團隊內部是否能夠明確分配角色，確保每個成員在服務使用者照護過程中都有足夠發言權與責任？

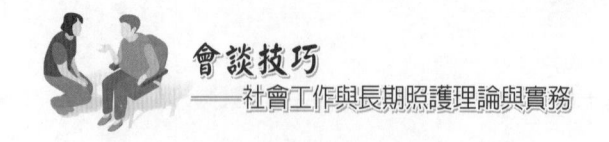

3.我們如何確保這個決策過程是透明的,並且各方對最終選擇決定感到滿意並願意共同推動?(Yu et al., 2014)

◆團隊學習與未來改進

1. 在這次衝突管理過程中,我們有何可以學習的經驗?是否有需要改進的溝通或協作方法,以便未來在類似情況下能夠更有效地達成共識?
2. 我們如何確保團隊在未來面對病情變化或家屬需求改變時,能夠快速而有效地做出反應,並維持高度的協同合作?

◆未來計畫與定期評估

1. 無論最終選擇延續治療還是安寧照護,我們應該如何進行後續的監控與調整?在病人病情變化的情況下,是否需要及時更新照護計畫?
2. 我們能否設定一個時間表,定期回顧病人健康狀況和照護計畫,並根據新的情況進行調整?

這些問題旨在促進跨專業團隊內部的協調,幫助成員正確識別衝突的根本原因,並找到最佳解決方案。通過開放式溝通、理解各方觀點、設計折衷方案和強化團隊合作,能夠有效處理衝突並為服務使用者提供最合適的照護方案。

第十章　照護計畫和跨專業合作的會談技巧

參考文獻

王俞樺、劉立凡（2020）。〈機構照護新思維——臺灣長照機構推動生活自立支援對能力回復與生活品質之成效探討〉。《商略學報》，12（3），211-226。

李淡江（2018）。《長期照護機構實施自立支援照顧模式之歷程》，國立屏東科技大學碩士論文。

許佑任（2005）。《參與家庭醫師整合性照護試辦計畫民眾對醫療服務品質之觀感》，臺北醫學大學碩士論文。

胡靜文、林柏松、張彩秀（2012）。〈個案管理於慢性腎臟病患者自我照顧與生活品質之成效〉。《醫護科技期刊》，14（1），13-28。

柯莉珊、王筱珮（2012）。〈住院老人接受預立醫療照護計畫介入之成效——系統性文獻分析〉。《安寧療護雜誌》，17（1），48-61。

陳宏仁、鳳華（2014）。〈應用行為分析運用於身心障礙機構教保專業之評鑑研究——臺中慈愛智能發展中心為例〉。《身心障礙研究季刊》，12（3），155-174。

陳瑞忻、陳思嘉、陳秋月、周明謹、麥秀琴、黃麗利、張哲銘（2010）。〈慢性腎臟病完整照護計畫介入可延緩腎功能惡化〉。《臺灣腎臟護理學會雜誌》，34（4），34-44。

陳國峰（2011）。《行動醫療表單之設計與探討分析——以居家照護應用為例》，中臺科技大學碩士論文。

陳美如、陳家宏、梁雅惠、林宜芬、林欣儀（2016）。〈跨科室居家照護團隊之成員回饋〉。《北市醫學雜誌》，13（1），61-71。

陳奕翰、蘇麗晶、劉淑娟（2013）。〈長期照護專業間合作策略——以居家營養服務為例〉。《長期照護雜誌》，17（3），223-228。

黃少甫、葉依琳、徐愫萱、楊啓正、曾意婷、黃遵誠（2020）。〈建置病人自主權利法之預立醫療照護諮商決策輔助工具〉。《北市醫學雜誌》，17，66-77。

簡嘉琪、朱芳業、朱樹勳（2011）。〈推動「醫療照護關懷」經驗分享〉。《醫療品質雜誌》，5（1），15-17。

蔡閨閨（2007）。〈臺灣長期照護制度的發展與國際比較——兼論社區物理治療的定位〉。《物理治療》，32（2），45-50。

施靜泓、朱惠瓊（2020）。〈以優勢中心取向為基礎之國中輕度智能障礙生園藝治療團體歷程研究〉。《臺灣諮商心理學報》，8（1），31-59。

鄭企峰、林承霈、蕭勝煌（2018）。〈提升死亡識能以提供高品質晚期癌症照護〉。《北市醫學雜誌》，15，54-60。

劉慧玲、李淑琴、許淑娟（2010）。〈心衰竭病人自我照顧的影響因素〉。《護理雜誌》，57（2），99-104。

劉雅安、張曉婷、林明慧、陳曾基（2020）。〈病人自主權利法與預立醫療照護諮商簡介〉。《臨床醫學月刊》，86（4），598-600。

Brinkman-Stoppelenburg, A., Rietjens, J. A. & van der Heide, A. (2014). The effects of advance care planning on end-of-life care: A systematic review. *Palliat Med*, *28*(8), 1000-1025.

Carter, R. Z., Detering, K. M., Silvester, W. & Sutton, E. (2016). Advance care planning in Australia: What does the law say? *Aust Health Rev*, *40*(4), 405-414.

Chen, Y. R., Yang, Y., Wang, S. C., Chou, W. Y., Chiu, P. F., Lin, C. Y. & Lin, C. L. (2014). Multidisciplinary care improves clinical outcome and reduces medical costs for pre-end-stage renal disease in Taiwan. *Nephrology*, *19*(11), 699-707.

Hammes, B. J., Rooney, B. L., Gundrum, J. D., Hickman, S. E. & Hager, N. (2012). The POLST program: A retrospective review of the demographics of use and outcomes in one community where advance directives are prevalent. *Journal of Palliative Medicine*, *15*(1), 77-85.

Jha, V., Garcia-Garcia, G., Iseki, K., Li, Z., Naicker, S., Plattner, B. & Yang, C. W. (2013). Chronic kidney disease: Global dimension and perspectives. *Lancet*, *382*(9888), 260-272.

Lin, T. Y., Hsu, C. Y., Kao, C. C., Chen, T. W., Chen, H. H., Hsu, C. C. & Wu, M. S. (2014). Incidence and prevalence of ESRD in Taiwan renal registry data system (TWRDS): 2005-2012. *Acta Nephrologica Taiwan Society of Nephrology 28*(2), 65-68.

Stevens, P. E., Levin, A. & Kidney Disease: Improving Global Outcomes Chronic Kidney Disease Guideline Development Work Group Members (2013). Evaluation and management of chronic kidney disease: Snopsis of the kidney disease: improving global outcomes 2012 clinical practice guideline. *Annals of Internal Medicine*, *158*(11), 825-830.

United States Renal Data System. (2016). ESRD in the United States: An overview of USRDS annual data report volume 2. Retrieved from https://www.usrds.org/2016/download/v2_ESRD_16.pdf

Yang, W., Xie, D., Anderson, A. H., Joffe, M. M., Greene, T., Teal, V. & CRIC Study Investigators (2014). Association of kidney disease outcomes with risk factors for CKD: Findings from the Chronic Renal Insufficiency Cohort (CRIC) study. *American Journal of Kidney Diseases*, *63*(2), 236-243.

Yu, Y. J., Wu, I. W., Huang, C. Y., Hsu, K. H., Lee, C. C. & Wu M. S. (2014). Multidisciplinary predialysis education reduced the inpatient and total medical costs of the first 6 months of dialysis in incident hemodialysis patients. *PLoS One*, *9*(11), 1-8.

第十一章

評估會談成效

曾秀雲

- 評估會談的有效性
- 量化和質化評估方法
- 長照會談成效評估之專業發展與展望

會談技巧
──社會工作與長期照護理論與實務

　　隨著臺灣社會逐漸進入超高齡社會，長期照護的需求顯著提升，這對於社工在提供服務時所需的專業技能提出了新的挑戰。因此，本章節將探討評估會談的有效性，著重於長照會談成效評估的相關論述，旨在不僅論述社工中評估會談成效的理論基礎與實務操作，更進一步專注於如何運用量化和質化評估方法，來提升長照服務的品質與效果。此外，本章亦將探討長照會談成效評估的專業發展與未來展望，使社工能夠更有效地應對不斷變化的高齡社會需求。

第一節　評估會談的有效性

　　長照會談主要目的是蒐集重要資訊、決定治療方案或解決問題、協助服務使用者適應生活，改善其生活品質與身心健康。評估長照會談的成效涉及對服務使用者的整體狀況、社工服務提供的品質，以及會談本身的效果等。如何評估會談成效會直接關係到服務使用者的權益，影響照護計畫的制定、實施、調整與資源連結等，以及實踐社工專業化與系統性評估發展。對此，筆者歸納整理以下幾項社工評估會談的有效性的方法：

一、檢視會談目標

(一) 資源盤點與需求評估

　　長期照護涉及多方面的需求評估與資源整合，但礙於長期照護系統資源有限，社工應有效進行資源配置（含正式與非正式社會支持系統），確認資源投入於真正需要的地方，方能達到最大效益；因此，社工在進行長照會談的評估時，應全面瞭解服務使用者的狀態，

第十一章　評估會談成效

並系統性地盤點其可利用的資源和家庭社會功能的影響。評估內容應包括：服務使用者身心健康，社會支持網絡，家庭參與，問題解決與壓力應對能力，個人在職場、家庭、社區等社會角色（如工作者、家長、伴侶）的持續性，以確保全面評估照護效果。

(二)會談目標的設定

一般而言，評估具有蒐集資料，瞭解服務使用者，以及擬定與規劃行動雙重目的（林萬億，2022）。在進行長照會談時，社工應與服務使用者及其家屬共同設定明確的目標，有助於釐清會談評估的重點，例如：改善生活品質、減少焦慮感或增加家庭支持等。在會談過程中，定期檢視這些目標的達成情況，可確保會談的方向和內容符合服務使用者需求。因此，在評估長照會談時，社工可確認每一次會談是否設定具體、可測量、可實現的會談目標，確保照護計畫的適用性與有效性。例如，會談是否解決服務使用者的問題？是否促進計畫推行？

(三)成效評估指標的設定

制定明確且多元的成效指標（包含主觀與客觀指標），是檢視長照會談成效的重要基礎，進而確認是否繼續提供服務。其中主觀指標反映服務使用者及其家屬的主觀感受與經驗，例如，如果會談目的是提高服務使用者的滿意度，那麼便可以滿意度作為會談成效評估的指標；如果目的是增加家庭支持，那麼便可以測量家庭支持的程度。客觀指標則提供可量化的數據，幫助社工評估會談對服務使用者實際功能和生活狀況的影響，包含身體功能、生活自理能力、社會參與的評估。

二、檢視會談品質

社工在檢視長照會談品質時需要從多層面進行全面的檢討與評估，確保會談符合專業標準，並達成服務目標。

(一)會談專業能力

◆長期照護的知能

社工若能熟悉長期照護的理念與模式，善於運用長照工作服務專業知能與相關資源，理解與應用相關法規與政策，可確保服務使用者的權益（蔡碧藍等，2023）。

◆溝通與會談能力

社工可評估會談中傳達的訊息是否清晰易懂，是否根據服務使用者的背景、需求和文化特性，以保持開放態度與服務使用者能理解的方式，給予適切的建議，並極力避免因文化差異而產生的誤解或偏見，方能促進服務目標的實現。

◆跨域協作能力

長期照護涉及多專業合作的領域，諸如醫療、復健、護理、社工、心理等多個學科的專業人員。社工評估會談成效時，需要特別注意不同專業的角色定位，以及彼此間跨域協作是否順暢，信息是否充分共享，決策過程不同的專業意見是否建立共識，進而彼此合作，協助服務使用者連結合適的外部資源（如醫療、社區服務或福利）。

第十一章　評估會談成效

◆反思與應變能力

　　有效的會談應該具有足夠的彈性，可靈活應對臨時出現的問題進行調整。社工進行會談評估時，應檢視過程是否進行滾動式修正，且具有反思與覺察的能力；在多元文化背景下，面對不同文化的價值與思維，社工是否尊重並整合服務使用者及其家庭的文化背景、價值觀和信仰，也是衡量會談有效性的重要因素。

◆督導與改進機制

　　為確保服務品質，應設立清晰且具操作性的標準作業流程（SOP），規範會談的各個階段，包括評估、目標設定、介入及追蹤。此外，邀請其他專業社工或團隊成員，定期以同儕督導或專業督導會議的形式，進行會議紀錄檢討、成效評估與追蹤調查，亦可確保社工專業能力符合專業標準。

(二)以服務使用者為中心

◆以服務使用者為中心

　　長照會談強調尊重服務使用者的自主權，確保服務以人為本、達成實質成效的核心原則。社工評估會談可從服務使用者為中心的角度，傾聽、尊重和理解服務使用者的需求和意願，與服務使用者一起制定可行的目標和計畫，讓服務使用者感受到被重視和支持，並且更有信心面對和解決自己的問題，尤其是那些日常生活需要更多幫助的服務使用者，更需要讓他們參與決策（Bruus et al., 2012; Lafortune et al., 2017）。

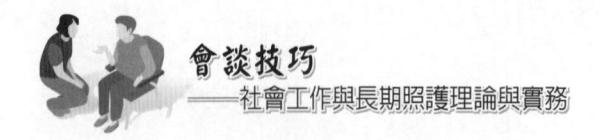

◆社工與服務使用者的共鳴

在會談中運用同理心是社工的核心能力之一,有助於建立信任關係,促進相互理解,增強團隊凝聚力,促進服務效果,並增強團隊合作。對此,社工可透過服務使用者情感層面的回饋與評估,確認服務使用者的主觀感受是否覺得自己被理解和支持,來衡量會談是否達到預期的溝通效果,進而調整會談策略。

◆服務使用者的參與度與滿意度

社工可評估服務使用者在會談中的參與度與滿意度,進一步瞭解服務使用者對長照會談過程的重視。例如:他們是否積極參與討論?是否提出建設性意見?作為評估有效會談的重要指標。

(三)以關係為中心

長照會談也強調以關係為中心,從系統的角度出發,促進服務使用者、家屬和照顧團隊之間的連結與對話,以達共同的目標(Sion et al., 2020; Wong, 2021)。社工除了從服務使用者的視角,也可從家屬與照顧團隊等不同的角度來進行評估,平衡不同利益方的需求,促進多方協作,以提供適當且符合個別需求的支持。例如:服務使用者可能出現認知功能退化或共病問題,影響自我評估的準確性,這時便需要家屬與照顧團隊提供相關資訊,以利後續照顧工作推行。此外,社工在會談時,可關注服務使用者與家庭成員之間的互動,如何在照顧工作中降低家庭衝突,促進家庭成員的協作。如果家屬在長期照護中面臨經濟壓力,社工亦可在會談中探討各種財務支持選項,協助家屬尋求可能的資源(如政府補助、醫療保險等)。

三、檢視評估方法

(一)量化評估

　　社工可利用問卷調查，利用量化指標來評估會談的效果，如針對服務使用者健康的主客觀指標變化，諸如病情穩定性、身心功能恢復情況、日常活動能力等，或服務使用者的滿意度、家屬與照顧團隊的意見等方面進行調查，有助於蒐集大量的資料，反映照護效果，評估會談成效是否達到預期目標。

(二)質化評估

　　Lafortune等人（2017）認為藉由訪問服務使用者與家屬深入瞭解相關信息，或參與觀察記錄他們的互動、情緒表現與日常功能，近距離地獲取一手田野資料，有助於照顧團隊進行醫療規劃。例如，在長照會談中，社工可以觀察服務使用者在會談的前中後情緒與功能改變，包括心理健康、自我照護、移動能力、適應能力、社交互動等方面的變化。社工也可利用深入訪談或焦點團體，邀請服務使用者、家屬與照顧團隊，對會談成效進行不同角度的分享與回饋，以確保會談的有效性。

四、檢視會談成效

(一)會談效果評估

◆即時效果評估

社工在評估會談成效時，應確認該評估是否為一次性的資料蒐集。如果這是橫斷性調查（cross-sectional study），社工需要在會談結束後立即進行評估，以瞭解服務使用者、家屬與照顧團隊對會談過程、內容和結果的即時反應及初步效果，並蒐集他們的建議。

◆長期效果評估

當會談成效評估為縱貫性調查（longitudinal study）時，隨著時間的推移，社工多次評估會談成效，瞭解長期會談帶來的長期影響。例如，檢查服務使用者在會談後的心理健康、行為變化、生活品質提升、心理狀況改善等。

◆階段性動態評估

長期照護的需求也可能會隨時間變化，因此，社工會談成效評估可以根據不同情境或階段的需求，進行動態調整。此評估需要建立有效的回饋機制，確保服務使用者、家屬與照顧團隊的意見能及時被聽取和回應，並根據回饋結果調整照護計畫。社工可以設立每月或每季的評估，持續追蹤照護計畫的執行情況，確認跟進行動是否得到有效執行。

第十一章　評估會談成效

(二)會談改進與結案計畫

◆改進與跟進計畫

　　社工可根據服務的狀況，綜合來自不同來源的回饋，辨識需要調整與改進的方向，進行全面評估，進行必要的調整與改進，包含後續的家訪、定期電話跟進和持續支持。在改進後，社工也可做適當的追蹤，持續評估會談成效，確保會談效果的長期維持，並完善會談流程。

◆資源連結

　　社工可評估服務使用者的財務狀況，以及是否充分瞭解各項資源和服務，以改善生活品質。同時，也須評估會談是否促進服務使用者與其社會網絡的整合，並強化其社會支持系統。如果服務使用者仍然有部分需求未能在會談中完全滿足，社工亦可轉介或連結其他長期照護社會資源，確保服務使用者在結案後能夠繼續獲得支持。

◆適時結案

　　社工可辨識評估目標達成情況，以及服務使用者的自主能力與資源使用狀況，針對是否有持續服務需求與跟進計畫的評估，在確認服務使用者的意願、感受與個人狀態後，適時地結束長照會談。

五、檢視倫理與法律合理性

(一)倫理敏感性

　　長照會談涉及許多倫理問題，如專業關係的界線、案主自決、知

情同意、保密等。然而當服務使用者無法意識到風險，或安全風險凌駕於案主自決之上，社工須在會談中考慮倫理問題，平衡尊重自決與安全，以符合服務使用者的最佳利益（Wong, 2021）。

(二)法律合理性

社工應熟悉並瞭解長期照護相關的法律規範，例如《老人福利法》、《長期照顧服務法》、《身心障礙者權益保障法》、《醫療法》、《全民健康保險法》、《家庭暴力防治法》、《安寧緩和醫療條例》、《病人自主權立法》、《個人資料保護法》等。社工在會談中是否討論並遵循相關的法律要求，是否保護服務使用者的權利，也是評估成效時需要特別注意的。

第二節　量化和質化評估方法

社工透過系統地蒐集和分析會談結果，可更好地理解哪些方法最為有效，並支持實證為基礎調整實踐策略，透過量化與質化評估，從而提升服務品質；此外，服務使用者亦看到自己的進步，進而增強其自我效能感和自信心。

一、量化評估方法

社工運用量化方法評估長照會談成效，可以短時間蒐集大量的資料，透過數據提供明確且客觀的結果，確定長照會談是否達到預期的目標。以下是運用量化方法評估會談成效的步驟：

(一)評估目標

◆設定量化目標

社工確定長照會談的具體目標,並將其轉化為可測量的指標。例如,如果會談的目標是提升服務使用者滿意度,便可進行服務使用者的滿意度評估。

◆選擇適當的測量工具

社工可根據長照會談的內容,選擇適合評估長期照護成效,且可測量的量化工具,如測量服務使用者的身心健康、生活品質、滿意度、行為改變、參與度等具體的成效評估指標。

(二)問卷調查

◆設計問卷

社工利用現有的測量工具,亦可設計結構化的問卷來蒐集服務使用者、家屬與照顧團隊對於長照會談的回饋。問卷應包括封閉式問題(如單選題、複選題、量表)來量化服務使用者對會談的看法。例如,使用李克特量表來衡量服務使用者對特定問題的同意程度。同時,社工也要考量調查時選用的評估工具是否有良好的信度與效度,可真正反映會談的目標。

◆確保樣本的代表性

在進行量化調查時,社工應考量抽樣方法(隨機抽樣或非隨機抽樣)的適配性,以確保所選取的樣本具有代表性,能夠反映整體服務使用者的狀況。這樣的樣本選擇有助於提高研究結果的有效性和推論

的普遍性。

◆資料蒐集

　　社工需確認資料蒐集與分析的單位（以個人為單位，或是以家庭為單位），以及成效評估是否具有持續性（為橫斷性調查，或縱貫性調查），在預計時間內進行問卷調查，並確保蒐集到足夠的回覆率。目前常見的問卷調查方法，可以採用面訪、電訪、郵寄或網路進行問卷調查。

◆控制調查的偏誤

　　社工應注意控制調查過程中的各種偏誤，如樣本選擇偏誤、反應偏誤、社會期望偏誤等，確保問卷設計和調查實施的嚴謹性，減少數據的誤差。

◆倫理考量與隱私保護

　　社工在量化調查過程中，應重視倫理考量，確保服務使用者的隱私得到保護。蒐集和處理數據時要遵守相關法律和研究倫理的規範，告知服務使用者調查的目的和用途，並取得知情同意，同時也要避免對服務使用者造成不必要的壓力或傷害。

(三)統計分析

◆描述統計分析

　　社工可使用平均數、標準差、百分比等描述統計工具來分析蒐集到的數據。例如，計算服務使用者、家屬與照顧團隊對長照會談各個方面評分的平均數，或統計滿意與不滿意的比例。如果有多次會談成效評估的數據，社工可以進行趨勢分析，觀察會談成效在時間上的變

第十一章　評估會談成效

化,並追蹤評估長照會談的效果。

◆差異性統計分析

社工可比較服務使用者、家屬與照顧團隊等不同對象對於會談滿意度的差異,或是在會談前後進行相同測量指標的評估,衡量會談介入是否導致測量指標的明顯變化。

◆關聯性統計分析

社工可分析不同測量指標之間的關聯性,例如社會參度與滿意度之間的關聯,是否社會參與度愈高,滿意度愈高。

◆因果性統計分析

社工可透過迴歸分析、路徑分析或結構方程模式,建立數學模型來預測因果關係。例如,分析服務使用者、家屬與照顧團隊等不同的背景變項,與他們對會談效果不同指標之間的關係,找出可能的因果關係。

(四)解釋報告與後續行動

◆數據視覺化

圖表比單純的文字或數據表更直觀,能快速傳達主要信息。社工可將數據結果轉化為統計圖表（如長條圖、圓餅圖、折線圖等）,使結果更易於理解和解釋,亦有助於服務使用者、家屬及團隊成員理解會談的成效。

◆關鍵發現報告

社工撰寫報告與總結數據分析時,應注意結果是否具有實際意

義，並將分析結果與實際情境相結合，根據這些發現提供具體的建議和改進措施。

◆基於數據的決策

調查結束後，社工可將結果與服務使用者及相關人員分享，根據調查結果調整照護計畫，做出改進會談內容或形式的決策。例如，如果數據顯示某一環節參與度較低，考慮調整該環節的設計，以促進長期照護服務的改善。

◆持續改進循環

將量化評估結果納入持續改進循環，定期檢討和改進會談策略，從而在未來的會談中取得更好的成效。

社工可藉由這些量化方法，更精確地評估長照會談的成效，並為會談的設計和實施具體提供客觀、實證數據支持。

二、質化評估方法

社工運用質化方法評估長照會談成效，可深入瞭解服務使用者、家屬與照顧團隊的感受、經驗和觀點，提供更豐富的背景信息和洞見，以發展持續改進與跟進行動，提升服務品質。以下是如何運用質化方法來評估會談成效的步驟：

(一)評估並選擇適當的方法

◆參與觀察法

在長照會談進行時，社工進行現場觀察，透過語言與非語言的表達（如肢體動作和情感表現），記錄服務使用者、家屬與照顧團隊個

人的行為反應、權力關係與互動方式，有助於理解服務使用者在會談中的真實反應與實際效果。

◆深入訪談

社工與服務使用者、家屬與照顧團隊進行一對一的深入訪談，瞭解他們對長照會談的看法與感受，以及透過會談所帶出的認知、情緒與行為的改變，甚至於藉由個人生命歷程、家庭生態系統與會談經驗的敘事回顧，「深入關注」可幫助服務使用者瞭解其進展和反思，增強他們的參與感和自我效能感，達到充權的效果。

◆焦點小組討論

社工可透過一個或多個焦點團體，藉由服務使用者、家屬與照顧團隊彼此經驗分享，討論他們對會談的看法和經驗，或透過團體動力探討或澄清團體內部的共識或分歧，有助於他們在彼此的故事中獲得啟發。

◆行動研究

社工也可以透過行動研究動態且循環的過程，反思自己的工作過程，進而調整、改進與實踐行動修正計畫，包括調整會談方式、改變照護策略或引入新的資源等，以結合行動與研究，解決長照會談實務上的問題，提高服務效果。

◆內容分析

社工可採內容分析方法，藉由非干擾性研究，分析會談紀錄、活動紀錄、服務使用者日記或信件，及社工的觀察與訪談日誌等作為評估的重要資訊，以識別出常見的主題、關鍵詞，從而辨識服務使用者是否採取建議的行動、情緒是否有所改善、問題解決能力是否增強

等,瞭解服務使用者行為表現與情感表達的改變情形。

(二)蒐集質化資料

◆個案與會談紀錄

　　紀錄提供服務過程的可追溯性,社工可蒐集機構服務的個案與會談紀錄,藉由詳細描繪且清晰記載會談的過程、討論的內容、服務對象的反應和行動計畫,一方面能夠為社工評估提供豐富的資料來源;二方面提供評估成效的客觀證據;三方面可為跨專業團隊提供共享資訊的基礎,促進有效合作與決策。

◆服務使用者日記

　　鼓勵服務使用者、家屬與照顧團隊在會談期間撰寫日記,記錄他們的認知、情緒與行為,有助於服務使用者記錄與釐清個人的改變。而社工蒐集服務使用者日記,可幫助社工從服務使用者的視角,檢視長照會談過程與介入方式是否適當,有助於專業成長和服務品質的提升。

◆訪談與焦點團體

　　在深入訪談與焦點團體的資料蒐集中傾向使用開放性問題,引導服務使用者、家屬與照顧團隊分享他們的真實經驗,並用利用追問的問題,鼓勵服務使用者進一步解釋或提供具體例子,透過服務使用者視角,描述與呈現服務使用者的個人經驗、感受和觀點。

◆觀察與訪談日誌

　　社工應詳細記錄每一次的訪談資料,包含非語言行為觀察(如眼神、表情、姿勢、動作等)、訪談日誌、訪談逐字稿,透過詳細描述

第十一章 評估會談成效

會談中的互動和服務使用者、家屬與照顧團隊的行為反應，確保所有訪談和討論都被充分記錄並轉錄，有助於後續分析，以及未來的長照會談知識傳遞和經驗借鑒。

(三)分析蒐集的資料

◆訪談日誌與內容編碼

社工可針對會談紀錄、服務使用者日誌，或將訪談與焦點團體的訪談日誌與內容進行開放式編碼，將相關內容歸類為不同的主題或範疇，有助於對服務使用者的主觀經驗有深入且全面的認識。

◆訪談資料主題分析

社工對蒐集到的質化資料進行主題分析，識別出重複出現的主題、模式和概念。例如，可以識別出哪些會談元素被普遍認為是有幫助的，或者服務使用者、家屬與照顧團隊對會談的情感反應。

◆確認資料品質

社工可將訪談資料與其他資料來源（如量化數據或其他質化研究）進行三角驗證，或邀請服務使用者、家屬與照顧團隊檢視相關資料，以驗證會談成效的結論，提高分析結果的可信度。

(四)解釋報告與後續行動

◆深度理解服務使用者

質化資料通常以敘述形式報告，包含豐富的文字描述、直接引用訪談逐字稿、詳細的案例分析等，強調情境化理解，並呈現服務使用者的主體經驗。換言之，社工透過質化資料，揭示長照會談中難以量

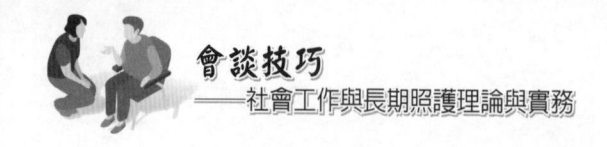

化的方面，例如：服務使用者參與會談的背景脈絡、投入會談個人態度的變化，以及會談經驗分享等。

◆不同觀點的呈現

社工在報告中呈現服務使用者、家屬與照顧團隊不同的觀點，觀點間存有明顯的差異，但各自都很重要（Sion et al., 2020），即可反映出會談對不同個體的影響，並指出會談中哪些部分對特定群體特別有幫助或具有挑戰性。

◆反思學習與持續改進

透過質化方法評估會談，社工可識別需要改進的地方，藉此反思哪些評估方法最有效，如何持續改進評估流程，並提出具體的改進建議，應用在未來的會談和評估中，從而動態調整會談的焦點或介入策略。例如，如何調整會談內容或形式以更好地滿足服務使用者、家屬與照顧團隊的需求，或如何改進會談中的溝通方式，以提升會談效益。

質化方法能夠捕捉到服務使用者的主觀經驗和情感層面，提供深刻的見解，幫助理解長照會談中複雜的人際互動和情感反應，並運用動態評估技術，及時調整會談策略，追蹤會談結束後的服務使用者狀況，從而更全面且長期地評估會談的成效，提供後續支持。

第十一章 評估會談成效

第三節 長照會談成效評估之專業發展與展望

隨著全球人口高齡化加劇、慢性病患增加,以及對人性化照護需求的提升,長照會談的專業化發展將在未來變得更加重要,如何評估與修正這些服務以達到最佳效果,成效評估持續扮演著關鍵角色,以期提供更好的個人化服務。對於長照會談的專業發展與展望,筆者認為可以從以下幾點來進行討論:

一、會談形式與評估工具創新

(一)標準化會談與評估工具

在全球化的背景下,長期照護成效評估的標準化可能成為未來發展趨勢,國際合作將推動建立統一的評估標準和框架,有助於提高評估結果的可比性和全球適用性。

◆**標準化實務指南**

未來長照會談的專業化將朝著制定更加標準化的實務指南發展。這些指南將基於最佳實踐和實證研究,為社工提供具體的操作框架和倫理指引,確保照護會談品質和一致性。

◆**標準化評估工具**

隨著長期照護需求的增加,未來的專業發展將集中在開發和普

及標準化的評估工具,以提高評估的可靠性和一致性。這些工具將被廣泛應用於不同的長期照護環境中,如家庭照護、社區照護和機構照護。

(二)科技與創新的工具與運用

◆數位照護與遠距會談

隨著數位科技的發展,數位化工具將在長照會談中扮演更重要的角色,有助於改善專家提供建議與相關醫療資訊的便利性與公平性(Helmer-Smith et al., 2020)。遠距會談技術的發展,使偏遠地區或行動不便的服務使用者,也能獲得高質量的照護與會談服務,尤其在疫情過後,遠距會談更被視為必要的發展(Murphy et al., 2021)。而數據蒐集與分析技術的進步,亦使社工能夠更精確地評估服務使用者的需求和會談效果。

◆多維度評估工具的發展

未來的專業發展將包括創新和整合多維度的評估工具,以更全面地捕捉服務使用者的多層次需求和會談的多方面影響。例如,結合心理社會評估、功能性評估和文化適應性評估的工具,可以提供更豐富的成效數據。

二、跨學科、跨系統的合作與資料庫建置

(一)跨學科與跨系統的整合照顧

長照會談涉及生理疾病、心理特性、臨終關懷與死亡等相關知識與照顧資源,強調整合案主所需的照顧服務,進行跨學科與跨系統的

合作,包括與醫生、護理師、社工師、心理師、營養師、復健師等不同領域的專業人員緊密協作,以提供整體性的照顧(李佩芳,2020;顏和平、張李淑女,2021)。這種跨學科與跨系統合作模式,以及多角度評估,有助於更全面地評估會談的成效,提供更加綜合、全方位的照護,滿足服務使用者多層次的需求。

(二)數據共享與資料分析

◆數據共享與信息整合

隨著科技的進步,跨學科團隊將更加依賴數據共享與信息整合平台(Haleem et al., 2021),因此,建立協同評估框架,實現服務使用者資訊的即時更新與共用,有助於不同專業之間的評估標準和工具將更好地整合與協作,從而提升照護的效率與效果,提高評估的全面性與一致性。

◆人工智能與大數據分析

隨著科技的進步,數位化和自動化的評估工具將愈來愈普及,只需將相關監控應用程式和智慧型手機放在服務使用者手中,人工智能可以協助社工蒐集、管理與分析大量的服務使用者數據,識別風險因素與發展趨勢,提供個性化的照護建議,同時也幫助醫生有效地進行診斷(Haleem et al., 2021)。藉由AI智能設備、遠距醫療平台或服務使用者的自我報告系統的數據分析,不但可幫助識別長期照護中的趨勢與模式,預測哪些照護方式最有可能對特定服務使用者產生最佳效果,制定出更為個性化和有效的照護計畫。同時,透過數據模式識別高風險情境(如心理健康惡化或家庭支持減弱),亦能達到事前提醒社工採取介入行動之效。

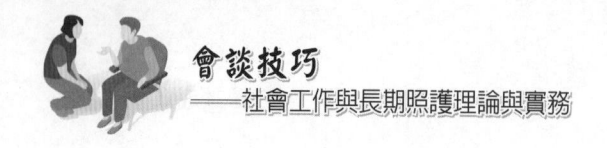

三、加強文化敏感性與個別化照護

社工須結合國際視野和本土實踐,學習並借鑒不同國家和地區的成功經驗,推動本土長照會談與評估的專業化發展,制定更為適合本土社區的評估方法和實踐策略,從而提升會談的整體效能。

(一)文化敏感性培訓

在多元文化背景下,未來長照會談與其成效評估應更加注重文化敏感性,確保評估工具和方法能夠適應不同文化群體的需求。社工必須理解並尊重不同文化背景下的價值觀、信仰和習俗,從而調整評估方法,甚至提供額外的支持與協助(如雙語翻譯或文化中介服務),方能提供更加個別化和貼心的照護服務。

(二)個別化照護計畫的發展

隨著對服務使用者需求的深入瞭解,未來長照會談將更加強調個別化的照護計畫,通過個別化評估,瞭解其需求、偏好和目標,方能根據每位服務使用者的獨特背景、需求和目標,來量身定制評估標準和指標,並靈活調整以適應不斷變化的需求,提供更有針對性的後續支持。

四、倫理挑戰與社會正義的推動

(一)應對倫理挑戰

隨著技術的進步和長期照護需求的增加,社工將面臨更多的倫理挑戰,例如在個人隱私權、知情同意和自主權等方面。未來成效評

估須更加透明,並強化問責的評估流程,確保社工的實踐符合倫理標準,能夠為服務使用者的權利和福祉提供保障,做出符合倫理標準的決策。尤其關於末期照護與善終計畫,是否討論過病人的預立醫療指示、善終服務需求(如安寧緩和照護)等委任代理人或法律文件的準備,確保服務使用者在生前的願望能夠得到尊重。

(二)社會正義與平等照護

未來的長照會談將更加注重推動社會正義,即在資源分配、服務提供上優先滿足弱勢群體的需求,確保每個人都能平等地獲得高品質的照護服務,減少不公平現象。社工將在政策倡導中發揮更積極的作用,避免以單一視角提供照護建議,推動政策變革以縮小照護資源分配的不平等。

總結來說,評估長照會談成效評估是一項系統性且動態的過程,在評估方法上涉及量化與質化多樣化的評估策略,可以從服務使用者為中心或以關係為中心的角度出發,通過跨學科合作、多元文化敏感及科技創新等手段,進行服務整合照顧、資料庫建置與資源共享,利用AI技術進行大數據自動化處理,或利用AI推薦適合的資源與策略,幫助社工更加精確地評估長照會談的成效,並不斷改進服務品質,最終實現長期照護的全面發展。此外,社工將更加關注倫理挑戰、社會正義和政策影響力,從而確保未來長期照護能夠更好地服務服務使用者,並促進整體社會的福祉。

參考文獻

李佩芳（2020）。〈從整合照顧發展檢視臺灣社區整合照顧系統之建置〉。《臺灣社區工作與社區研究學刊》，10（2），91-134。

林萬億（2022）。《當代社會工作——理論與方法》。五南。

蔡碧藍、侯佳惠、張淑紅（2023）。〈有溫度的Care：從長照人才的核心能力培育開始——以溝通力與同理心的OSCE課程設計為例〉。《臺灣社區工作與社區研究學刊》，13（3），93-144。

顏和平、張李淑女（2021）。〈老人日間照顧中心社工專業角色之探究〉。《社會發展研究學刊》，28，1-38。

Bruus, I., Varik, M., Aro, I., Kalam Salminen, L. & Routasalo, P. (2012). Patient centeredness in long term care of older patients–a structured interview. *International Journal of Older People Nursing*, *7*(4), 264-271.

Haleem, A., Javaid, M., Singh, R. P. & Suman, R. (2021). Telemedicine for healthcare: Capabilities, features, barriers and applications. *Sensors International*, *2*, 100117.

Helmer-Smith, M., Fung, C., Afkham, A., Crowe, L., Gazarin, M., Keely, E. & Liddy, C. (2020). The feasibility of using electronic consultation in long-term care homes. *Journal of the American Medical Directors Association*, *21*(8), 1166-1170.

Lafortune, C., Elliott, J., Egan, M. Y. & Stolee, P. (2017). The rest of the story: A qualitative study of complementing standardized assessment data with informal interviews with older patients and families. *The Patient-Patient-Centered Outcomes Research*, *10*, 215-224.

Murphy, M., Scott, L. J., Salisbury, C., Turner, A., Scott, A., Denholm, R. & Horwood, J. (2021). Implementation of remote consulting in UK primary care following the COVID-19 pandemic: A mixed-methods longitudinal study. *British Journal of General Practice*, *71*(704), e166-e177.

Sion, K., Verbeek, H., de Vries, E., Zwakhalen, S., Odekerken-Schröder, G., Schols, J. & Hamers, J. (2020). The feasibility of connecting conversations: A narrative method to assess experienced quality of care in nursing homes from the resident's perspective. *International Journal of Environmental Research and Public Health*, *17*(14), 5118.

Wong, K. L. Y. (2021). How do social workers working in long-term care understand their roles? using British Columbia, Canada as an example. *Journal of Gerontological Social Work*, *64*(5), 452-470.

第十二章

會談的倫理和法律問題

鍾惠娥

- 社會工作與長照會談的倫理原則
- 社會工作與長照會談的法律問題和規範性

會談技巧
──社會工作與長期照護理論與實務

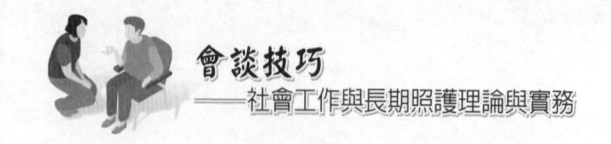

隨著社工領域的不斷擴展與演進，社工在與服務使用者進行各類會談時，面臨著愈來愈多的倫理和法律挑戰。尤其是在長照服務中，社工的角色不僅限於提供支援與輔導，還包括倡導服務使用者的權益，並確保他們的基本需求得到保障。這一過程中，倫理原則與法律規範的理解和應用顯得尤為重要。在當前的社工環境中，社工必須遵循明確的倫理準則，以指導他們在複雜情境下的決策。此外，法律框架對於社工的職業實踐也提出了明確的要求，讓社工在遵循法律的同時，能夠為服務使用者提供安全與有效的支持。基於這些考量，本章旨在深入探討社工在實務中面對的倫理原則及法律問題，提升社工對相關議題的理解與應用能力。透過本章的探討，期望能加強社工在各種場域中提供專業服務的能力，並促進在面對倫理與法律挑戰時的自信與判斷力。

第一節　社會工作與長照會談的倫理原則

在社工實踐中，社工承擔著支援、輔導與倡導的核心責任，尤其在與服務使用者及其家庭進行會談時，常常面臨各種倫理及法律挑戰。無論是在一般社工會談或是長照服務會談中，確立明確的倫理原則極其必要，這不僅有助於提升服務品質，亦能有效保障服務使用者和社工雙方的基本權益。在長照服務的情境中，社工更需要面對特定的倫理挑戰，例如如何在保障老年人或身心障礙者的基本需求的同時，尊重其自主權和選擇權。在社工領域，對於倫理原則與道德困境的研究已相當深入。例如，美國社工協會（NASW）的《倫理準則》（Eye on Ethics），社工必須尊重服務使用者的隱私，除非該資訊對服務提供或評估為必要（National Association of Social Workers, 2024）。而臺灣對社工對其會談之服務使用者之保密原則亦入法之，臺灣的

第十二章　會談的倫理和法律問題

《社會工作師法》第十五條法規指出：「社會工作師及社會工作師執業處所之人員，對於因業務而知悉或持有他人之秘密，不得無故洩漏」（《社會工作師法》，二〇二三年六月九日），及《社會工作師倫理守則》第二章守則的社會工作師對服務對象的倫理守則之1.6.條：「社會工作師應保守業務秘密」（中華民國社工師公會，二〇一九年四月二十六日）皆為業界提供了重要的倫理指導。

此外，Dolgoff與Loewenberg於二〇〇〇年所提出的倫理原則，以及Reamer於2005年的倫理框架，對社工的專業倫理進行了系統性與結構性的探討。這些原則的持久性和適用性，使其在當前的長照服務會談中仍然具有重要意義。深入研究這些學者的理論，能幫助社工更清晰地理解道德考量，並有效地處理面臨的複雜情境。這不僅提升了社工的專業判斷能力，還促進了對服務使用者的尊重與理解。以下將針對上述兩個倫理原則進行說明，並探討如何將其運用於實際的會談中。

一、Dolgoff和Loewenberg的倫理原則

Dolgoff與Loewenberg（2000）提出的倫理原則為社工提供了重要的指導，確保在滿足服務使用者需求時以倫理為核心，維護服務的適當性與公平性，並在面對複雜情況時作出符合倫理的決策，保障服務使用者的權益和尊嚴。社工應隨時反思並將這些原則融入實際操作中，以提升專業性和服務品質。

(一)保護生命原則

生命安全為首要任務，社工對服務使用者的生命安全負有重要責任。例如，在家庭訪視時，若發現潛在的傷害風險，應及時採取行動保護服務使用者；若在長照服務會談中察覺到長輩可能面臨虐待或忽

視，社工應協助安排必要的保護措施，並協助轉介至更安全的照護機構或相關支援服務。

(二)差別平等原則

此原則強調對弱勢群體提供更多支持和協助。在臺灣的社工實務中，長照服務的服務使用者可能面臨更大的社會和經濟挑戰，社工需要考慮服務使用者的社會地位，優先保障較為弱勢的一方，確保資源的公平分配。

(三)自由自主原則

在不對自己或他人造成傷害的前提下，尊重服務使用者的自決權。在會談過程中，社工應鼓勵服務使用者自由表達自己的意見。如果在長照服務會談中涉及到監護宣告的議題，社工亦應特別留意此方面，並支持服務使用者之監護者做出適合的選擇。

(四)最小傷害原則

社工應選擇對服務使用者傷害最小的決策。這要求在面對倫理困境時，考慮各種選擇的潛在影響，並優先採取對他們影響最小的行動。若是在長照服務會談中，社工需要綜合評估不同照護模式的利弊，以確保選擇不會對服務使用者或主要照顧者造成過大的心理和情感壓力。

(五)生活品質原則

此原則提醒社工注意個人及社會的整體生活品質。在會談中，應考量如何透過支持和資源分配，來提升服務使用者的生活品質。若是在長照服務會談中，社工需要探索各種支持服務，例如心理健康資源、社交活動以及合適的醫療照護，藉此改善服務使用者的日常生活

和整體福祉。同時，社工還應定期評估服務使用者的需求，以便及時調整資源配置，幫助他們達到更高的生活品質。

(六)隱私保密原則

保護服務使用者的隱私是社工的重要職責。他們需要確保在會談中讓服務使用者的個人資訊受到保護，避免不必要的公開或洩露。在長照服務情境中，特別要注意保護服務使用者的健康記錄和生活細節，以保持其尊嚴。

(七)真誠對待原則

社工應以真誠的態度面對服務使用者，這樣有助於建立信任並促進有效的會談。而在長照服務會談中，真誠的交流能夠幫助服務使用者更好地理解可用的資源及其選項，並積極參與到自己的照護計畫中。

Dolgoff和Loewenberg的這些原則彼此相輔相成，強調社工在服務過程中應將服務使用者的安全和福祉放在首位。透過這些倫理原則，社工能確保資源的公平分配、尊重個人意見、降低傷害，並提升服務的專業性與信任感（Sopova, 2022），最終促進社會整體的幸福與和諧，特別是在長照服務的背景下，這些原則能幫助確保服務使用者獲得最佳的照護體驗與生活品質。

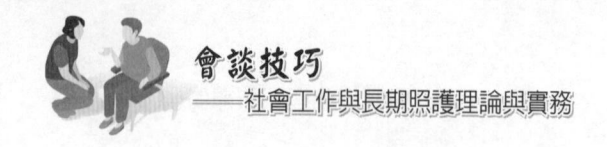

會談對話實例

Dolgoff和Loewenberg的倫理原則

一、角色設定

小玲：一名遭受家庭暴力的婦女。

社工：一位社工，負責小玲的案件。

社工：小玲，今天能見到妳真是太好了。我想我們聊聊最近的情況，妳還好嗎？

小玲：最近真的很糟，我的伴侶有時候會對我發火，我感覺很害怕。

二、保護生命原則

社工：聽到這樣我真的很擔心妳的安全。妳的安全對我來說非常重要，有沒有想過找個安全的地方暫時待著？

小玲：我不知道我能去哪裏，我的朋友們都不知道我的情況。

三、差別平等原則

社工：我懂，有時候在這樣的情況下會感到孤獨，但我們可以找到一些資源來幫助妳。妳有權得到保護和支持。我可以幫妳聯繫一些庇護所或資源，妳覺得怎麼樣？

小玲：我不太確定，這樣會不會讓事情變得更糟？

四、自主原則

社工：我完全理解妳的擔憂。妳有權決定接下來該怎麼做，我在

第十二章　會談的倫理和法律問題

這裏是想幫助妳，無論妳決定什麼，我都會支持妳。

五、傷害原則

小玲：可是如果我真的要離開，我的孩子會怎麼辦？

社工：這是我們需要認真考慮的。我們可以找一些方法來確保妳和孩子的安全，並努力把可能造成的傷害降到最低。

六、生活品質原則

小玲：這種情況讓我很焦慮，根本無法想清楚。

社工：我明白，這樣的壓力對任何人來說都是困難的。我們可以一起討論一些方法，來改善妳的情況，比如心理支持或其他資源。

七、隱私保密原則

小玲：我真的不希望我的私事被外面的人知道。

社工：妳放心，我們所有的對話都會保密。妳的隱私是我的首要任務，任何事情只有在妳同意的情況下我才會透露。

八、真誠對待原則

小玲：謝謝妳，跟妳談話讓我覺得自在多了。

社工：聽到這樣我真的很高興。我在這裏就是為了幫妳，不會對妳有任何評價。只要妳準備好，我們可以一起想辦法改善妳的情況。

335

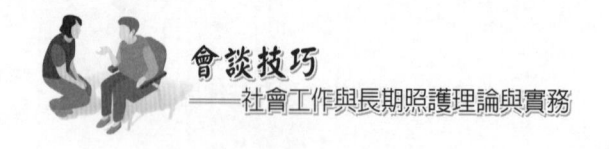

會談對話實例

Dolgoff和Loewenberg的倫理原則

一、角色設定

高齡長輩：一名需要長照服務的長輩，由於健康狀況不佳，正在尋找合適的照護服務，名叫阿壽。

社工：一位社工，負責阿壽的長照服務案件。

社工：阿壽，今天見到您我很高興。您這段時間過得如何？

阿壽：最近有點不舒服，經常感到疲倦，家裏的事情也做不動，覺得自己快不行了。

二、保護生命原則

社工：阿壽，您提到的不舒服讓我很擔心。您的安全與健康是最重要的。如果您覺得有任何危險的情況或需要立即幫助的地方，請告訴我。

阿壽：有時候，我在廚房裏突然感到眩暈，真的很擔心會跌倒，但又不想一直麻煩家人。

三、差別平等原則

阿壽：我沒有很多錢，使用長照2.0服務應該蠻貴的吧？

社工：我懂您的擔心，經濟狀況確實會影響到照護的選擇。但其實長照2.0計畫提供了很多資助方案，就是為了幫助像您這樣需要服務的人。我們可以一起看看您的情況，看看您是否符合相關的補助資格，然後找出最適合您的資源來支持您。

四、自由自主原則

社工：阿壽，您有權利決定自己想要的照護方式。您可以儘量表達自己的想法和需求，如果有任何問題，我們可以一起探討解決方案。

阿壽：我很害怕我繼續這樣下去，我的小孩會把我送去機構。

社工：我聽到您這樣說，真的很能理解您的擔憂。我們可以一起來探討您目前的狀況和需求，找到能讓您和家人都感到安心的解決方案。無論是調整居家照護的方式，還是尋求其他支持，我都會在這裏幫助您，確保您的想法和需求被尊重。

五、最小傷害原則

阿壽：如果我需要進入護理機構，我真的很擔心我不適應那裏的環境和人，也擔心我沒有足夠的錢。

社工：我完全理解您的擔憂，這是很多人都會面臨的情況。我們可以一起探討各種選擇。另外，我們也可以看看有哪些經濟資源可以幫助您。最重要的是無論最終決定如何，您都會得到充分的支持和尊重。

六、生活品質原則

阿壽：我一直喜歡下棋，但現在身體不太方便去活動。

社工：下棋是一個很好的興趣，我們可以一起討論一些適合您的

方式。如果需要，我們也可以幫助您聯繫相關的社區資源，讓您能夠在舒適的環境中享受下棋的樂趣。

七、隱私保密原則

阿壽：我不想讓別人知道我的事情，我也不想麻煩我兒子太多，我怕他們會覺得我很煩。

社工：這部分您不用擔心，維護隱私是我們非常重視的事情。您在這裏分享的任何訊息都是保密的，我會確保只有在得到您的同意後，才會與相關人士分享。如果您擔心麻煩到家人，我們可以一起探討如何以更輕鬆的方式來尋求支持，讓您能夠享受幫助而不會感到負擔。

八、真誠對待原則

阿壽：謝謝您，和您聊一聊讓我覺得安心很多。

社工：您不必客氣，阿壽。協助您是我工作的重點。請隨時告訴我您的想法和感受，不論是好的還是困難的，我會全力幫助您。我們可以一起找出最適合您的解決方案，讓您在接下來的日子裏感到更自在和安全。

第十二章　會談的倫理和法律問題

二、Reamer的倫理框架

Reamer（2018）的倫理框架為社工提供了一套系統化的指導原則，使其在面對複雜的倫理問題時，能夠進行明確的思考和分析。這一框架在他的著作《*Social Work Ethics: A Theoretical Framework for Decision Making*》中得到了詳細闡述。這一框架不僅有助於確保社工實踐的一致性和專業性，還能保障服務使用者的基本權益。以下將對Reamer的倫理框架進行深入探討，重點關注其核心原則及在實踐中的應用（Reamer, 2018）。

(一)生存權優先

生存權是Reamer框架中的首要原則，強調在所有倫理考量中，服務使用者的基本生存需求必須優先滿足。在會談中，社工首先應該高度關注服務使用者的生存權，並優先瞭解他們的基本需求。這包括詢問服務使用者的安全感、居住環境及健康狀況。社工應充分傾聽，並針對服務使用者面臨的具體威脅，如家庭暴力或經濟困境，提供必要的支持和資源。例如，社工可以引導服務使用者尋找安全庇護所或其他支持服務，確保他們的基本生存需求受到滿足。

(二)幸福權與自由權的平衡

在Reamer的框架中，幸福權和自由權需取得平衡。社工在會談中需要尊重服務使用者的選擇與自由，並協助他們在追求幸福的過程中找到平衡。在探討服務使用者的需求時，社工應鼓勵他們表達自己的想法和感受，避免強迫他們做出某種決定。透過開放式問題，社工可以引導服務使用者反思自己的選擇，使其感受到掌握生活的控制權，同時也能讓社工更好地理解他們的需求。

(三)遵守法律的義務

Reamer強調,社工在專業實踐中必須遵循法律。法律不僅是社工的框架,也是保障服務使用者權益的重要工具。在會談中,社工需明確傳達遵循法律的必要性,並幫助服務使用者理解相關法律對其權益的保護。如果服務使用者面臨法律問題,社工可以協助他們找到法律諮詢或支援服務,確保他們在法律框架下獲得必要的保護。

(四)個人自由意願下遵守法律

社工在道德決策中需要尊重服務使用者的自由意願。即使法律對行為有限制,社工也應重視服務使用者的選擇,幫助他們在法律範圍內自主安排生活。社工在會談中應以服務使用者的自由意願為重,幫助他們在法律約束下作出自主的選擇。社工可以提供資訊與選擇,讓服務使用者能夠在法律範疇內作出對其最有利的決定。例如,如果服務使用者想要離開一段有害的關係,社工應協助他們探索安全而合法的方式來實現這一目標,並鼓勵他們表達自己的需求與擔憂。

(五)以服務使用者為中心的工作方式

Reamer的框架特別強調服務使用者的意見和需求在決策過程中的重要性。在會談過程中,社工應該不斷與服務使用者進行溝通,瞭解他們的想法和回饋。這種以服務使用者為中心的方式,可以增強他們的參與感,讓他們覺得在這個過程中擁有一個主導的角色,也有助於個別化服務的提供。

(六)公益大於個人私利

Reamer的倫理框架強調公共利益的重要性,社工在專業實踐中必須將公益置於個人私利之上。社工在會談中需始終將服務使用者的需

求和整體社會的福祉置於首位。在面對道德困境時，社工應考慮如何平衡個人利益與服務使用者及社會的需求。在討論方案或資源時，社工應主動將注意力集中在如何對社會最弱勢的群體提供支持，並尋求長期有效的解決方案。

　　整體而言，Reamer 的倫理框架提供了清晰且具實踐導向的倫理準則，使社工能夠在面對各種倫理情境時，進行理性分析、全面考量並提出恰當的解決方案。透過此框架，社工不僅能在日常工作中更有效地支援服務使用者，還能在更高的層面上推動社會的公平與正義，承擔其在社工領域的重要使命。這些倫理考量不僅影響社工的專業實踐，還事關服務使用者的福祉與權益，因此在每一次會談中均應予以謹慎對待（Reamer，2022）。

三、倫理兩難抉擇過程

　　在社工實務中，倫理兩難情境經常出現，讓社工面臨困難的抉擇。由於社工涉及多元複雜的社會環境，且不同利害關係者的需求和期望可能存在矛盾，特別是在長照服務的背景下，社工在做出決策時必須謹慎和周全。社工在面對困境時的判斷步驟可參照法律條文，如《社會工作師法》第十四至十七條。這些條文為社工提供了一個道德與法律的框架，以協助其進行專業判斷。全面瞭解這些法律規範可以幫助社工更有效地執行任務，並確保行動符合專業標準（陳慧女，2022）。

　　為了妥善處理此類情境，專家Reamer（2018）提出了一個系統化的決策過程，包括以下七個步驟，這些步驟可作為社工進行倫理決策的指導框架：

(一)釐清倫理的議題

首先，社工需明確識別與此情境相關的倫理議題，包括服務使用者的權益、社工的專業責任，以及法律框架等。特別是在長照服務中，需考量到服務使用者的生活品質、健康狀況以及尊嚴。同時，也需探討可能存在的社工價值衝突，例如自我判斷與服務使用者意見之間的矛盾。這一過程將幫助充分理解面臨的倫理挑戰及其複雜性，進而為後續的決策步驟奠定基礎。

(二)找出所有可能被此倫理決策影響的人

在作出決策前，社工需確認所有受到此倫理決策影響的個體及群體，如服務使用者、其家屬、同事、社會機構及社會大眾等。在長照服務中，尤其要注意服務使用者的家庭成員及其情感支持，因為他們的意見和需求也會影響服務使用者的福祉。此過程強調了利害關係的重要性，使社工能全面考慮每個相關者的需求和感受，避免在決策中出現偏差或遺漏。

(三)找出每位利害關係人，評估利弊得失

在確定所有受影響者後，社工需針對每位利害關係人的情況進行全面的利弊分析。不僅考量每個行動的短期後果，更要分析其長期影響，尤其是在長照服務的情境中，這關乎服務使用者的生活品質與持續支持。此步驟的核心在於客觀評估每個選擇對不同利害關係人的影響，並激勵社工保持開放的心態。

(四)檢視贊成或反對每種行動的理由

在考量所有可能的行動方案時，社工應評估支持與反對每個方案的具體理由，涵蓋道德、實際和情感等層面。在長照服務中，這尤其

第十二章　會談的倫理和法律問題

重要,因為服務者必須平衡病人的需求與其他利益相關者的期待。有條理的分析及其背後的倫理理論對於最終決策是非常關鍵的,因為這不僅幫助社工梳理脈絡,也為說服他人提供科學依據。

(五)徵詢同事、同儕和專家意見

在做出最終決策之前,社工應主動徵詢來自同事、同儕或專家的意見和建議,特別是在長照服務的情境下,專業團隊的支持與意見對於制定有效的照護計畫是不可或缺的。集思廣益能開拓視野、增強決策的多樣性和深度,並增加決策的透明度和接受度,並且該過程有助於社工更有效地應對潛在挑戰,提升團隊合作的效率。

(六)抉擇並記錄過程

基於上述的分析和討論,社工需要做出最終決策,並詳細記錄整個過程。特別是在長照服務中,保留這些紀錄不僅是為了追蹤決策的邏輯和依據,還能在未來需要時作為保護自身的依據。完整的文檔在面對檢查時能提供有力支持,並展示社工對倫理決策的認真態度。

(七)監督、評估和記錄此抉擇行動所帶來的後果

決策執行後,社工應定期監督和評估其結果,並記錄所帶來的影響。在長照服務中,這一回饋過程尤為重要,因為持續的評估能幫助調整照護計畫,以更好地滿足服務使用者的需求。這些評估資料可供未來的業界實務參考,促進社工在實務上的持續改進,並強化對服務使用者及其家庭的關懷,最終提升整體社工的專業水平。

綜上所述,以上七個步驟構成了一個循環的倫理決策過程,旨在幫助社工在面對倫理兩難時,做出周全且有根據的選擇。透過這一系統化的框架,社工能夠在複雜情境中保持專業性,提高決策的品質,最終增進服務使用者的生活品質與福祉。

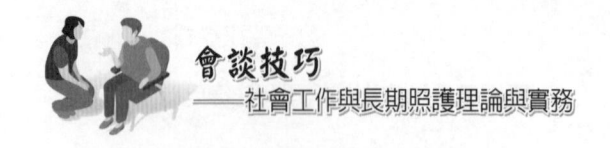

四、ETHIC五項倫理決策

在社工實務中，面對複雜的倫理兩難情境，進行明智的倫理決策至關重要。除了上述專家Reamer所提出的倫理決策過程之外，另一位學者Congress於二〇〇〇年也針對社工工作提出的五項倫理決策框架——ETHIC，為社工提供了一個系統化的指導方法，幫助他們在做出關鍵決策時進行深思熟慮。這五個步驟如下（Congress, 2000）：

1. E–確認事件（examine）：明確界定所面對的倫理困境，深入瞭解事件的背景與影響因素。
2. T–理解相關的倫理原則（think）：分析問題的倫理層面，考量相關的倫理原則，如尊重、自我決定與職業責任等。
3. H–假設所涉及的價值觀（hypothesize）：假設影響決策的價值觀，並探索這些價值觀之間可能出現的衝突。
4. I–辨識可行的選擇（identify）：探討各種選擇方案，評估其潛在影響與後果，並比較不同方案的優劣。
5. C–諮詢並制定行動計畫（consult）：根據前期分析與評估的結果，與相關利益相關者討論，制訂具體的行動計畫，以確保選擇的可執行性並預見可能的挑戰。

綜合以上Congress的ETHIC倫理決策框架，為社工在面對倫理挑戰時提供了有效的工具，無論是在長照領域還是其他社工領域，社工經常需要應對複雜的倫理問題，包括照護品質、病患自我決定權以及家庭需求等。透過這五個關鍵步驟，社工能夠在不同的環境中做出周全且理智的決策，為其服務使用者提供更為優質的服務，提升社工的專業性和道德責任感。這一框架不僅幫助社工應對當前長照領域中的挑戰，還促進了社工領域的持續進步和發展。

第十二章　會談的倫理和法律問題

五、小結

　　本節深入探討了社工與長照服務會談中的倫理原則，特別強調了Dolgoff與Loewenberg及Reamer的倫理框架對於社工在實踐中面對倫理挑戰的重要性。社工需兼顧各種法律規範與倫理原則，進行明智而周全的決策，以有效保障服務使用者的基本權益及生活品質。透過Dolgoff與Loewenberg的七項倫理原則，社工能夠建立安全的對話環境，尊重使用者的自主權，並協助他們獲得必要的支援。同時，Reamer的倫理框架提供了系統化的決策過程，幫助社工在複雜的倫理兩難中進行有效分析，加強專業性與正義感。此外，Congress的ETHIC倫理決策框架以其五個關鍵步驟，為社工提供了理智決策的工具。

第二節　社會工作與長照會談的法律問題和規範性

　　在社會實務工作中，社工面臨著多種法律問題與規範性要求，這些範疇涵蓋了兒童福利、家庭服務、心理健康、社區發展及老年照顧等。本章節將深入探討在社工領域中，社工需要特別關注的各種法律問題和規範性要求，同時提供相應的實務建議。透過這些實務建議，社工能夠在提供服務的過程中，更有效地保護自己與服務使用者的雙方權益。

一、法律問題

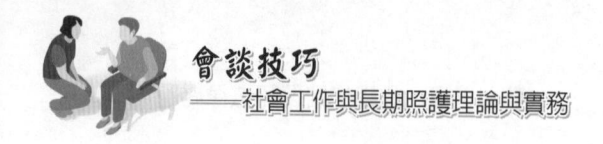

(一)知情同意

◆概念

　　知情同意是社工在進行會談開始之前，必須向每一位服務使用者清楚地說明照護計畫的主要內容和重要訊息，這些訊息包括將要提供的服務的具體內容、服務的程序、可能存在的風險，還有期待得到的結果（陳慧女，2022）。只有在他們充分理解這些訊息之後，服務使用者才能自主、自願地做出是否參與的決定。在臺灣，許多法律對知情同意有明確的規定，例如《精神衛生法》、《身心障礙者權益保障法》、《病人自主權立法》、《長期照顧服務法》、《安寧緩和醫療條例》、《醫療法》和《老人福利法》都強調在進行醫療或服務之前，需取得服務對象的知情同意，進一步保障其權益及自主性。

◆實務建議

1. 使用明確的語言：與服務使用者進行會談時，社工應該避免使用專業術語和複雜的表達方式，應該把所有相關訊息用簡單易懂的語言表達清楚，這樣服務使用者才能輕鬆理解所傳達的內容（林萬億，2022）。
2. 書面記錄：在整個知情同意的過程，社工應該詳細記錄下來，並要求服務使用者在相關文件上簽名，以確認他們已經理解並同意相關的服務內容，這些文件將在未來成為法律依據，對雙方都非常重要，見**表12-1**。

第十二章　會談的倫理和法律問題

表12-1　知情同意書範例

> ### 知情同意書
>
> 　　本機構提供之服務為針對＿＿＿＿對象（例如：兒童、青少年及其家庭）之社會工作服務。本機構會就服務內容及其可能產生之影響進行詳細說明，並且將保護每位參加者的所有資料，除非以下情形之外，不會無故洩漏任何個人資料。
>
> 1. 在社工研究並確認當事人本人、他人或社會可能面臨明顯風險的情況下，本機構將資料提供給法定單位。
> 2. 參與者如為未成年者或無行為能力者，將需要法定代理人知情同意。
> 3. 若法律限制需要提供工作意圖之最有效推進，則維護當事人之最佳利益之下，將資料提供給相關法律單位。
> 4. 若參與者有特殊需求，則機構將需要採取措施提供相應的支援。
>
> 參與者在工作結束期間，將遵循指示，如有需求不便者，會事先通知。
>
> 　　同意人姓名：＿＿＿＿＿＿＿＿＿　日期：＿＿＿＿＿＿＿＿＿
> 　　監護人姓名：＿＿＿＿＿＿＿＿＿　日期：＿＿＿＿＿＿＿＿＿
> 　　社工姓名：＿＿＿＿＿＿＿＿＿　日期：＿＿＿＿＿＿＿＿＿

(二)個人資料保護

◆法律依據

　　根據《個人資料保護法》，社工有責任妥善保護服務使用者的個人資料，這包括防止這些資料被未經授權的人員使用或洩漏，以保障服務使用者的隱私權。

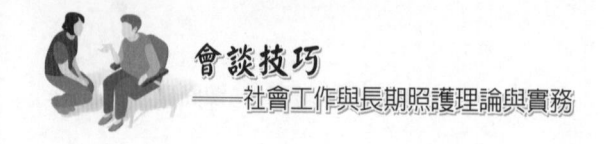

◆實務建議

1. 資料蒐集的必要性：社工在蒐集個人資料時，應該只蒐集那些執行服務所需要的資料，並且在開始蒐集這些資料之前，應該告訴服務使用者這些資料的具體用途，讓他們明白自己的個人訊息會如何被使用。
2. 數據安全措施：社工應該採取適當的技術方法來保障服務使用者的個人訊息，例如對數據進行加密和設置相應的使用權限，以確保這些訊息不會被未經授權的人隨意使用（蔡芳文，2018）。

(三)服務使用者的權益保障

◆基本原則

根據《社會工作師法》、《老人福利法》，以及《身心障礙者權益保護法》，每一位服務使用者都應該享有充分的尊重權、知情權和選擇權，這是基本的倫理和法律要求。

◆具體措施

1. 尊重自主性：在會談過程中，社工應主動徵求服務使用者的意見，保障他們的選擇權，這有助於增強參與感和信任感。
2. 預防虐待：社工應建立有效的監控機制，定期評估服務使用者的安全狀態，以防止任何形式的虐待或忽視情況的發生，確保服務使用者在接受照護時能得到安全的環境（Goodridge et al., 2021）。

(四)專業責任

◆概念

　　社工必須遵循相關的法律法規和行業的專業倫理，對自己的專業行為負責任，這也是作為專業助人工作的基本義務。根據《社會工作師法》，社工應遵守專業倫理，提供安全且有效的服務。在實踐中，社工還應建立良好的專業關係，與相關機構及法律專家保持密切聯繫，以便在面對複雜的法律問題時，能夠及時獲得支持和指導。

◆實務建議

1. 持續進修：社工應當定期參加與法律和倫理相關的培訓，以不斷提升對自身法律責任的認知和敏感度，確保自己具備處理法律問題的能力（陳慧女，2022）。
2. 案例反思：透過案例分析和小組討論等方式，社工應進行反思，這樣能夠增強應對法律問題的能力，並促進專業發展。

(五)監護權與代理決策

◆角色明確性

　　在服務使用者無法自主決策的情況下，社工必須確認法定代理人的身分及角色，以保障服務使用者的權益（譚蓉瑩、郭冠甫，2021）。根據《民法》，法定代理人應依法律規定行使代理權。另根據《精神衛生法》，若精神疾患患者無法表達意願，則需依據法定程序以其法定代理人之身分進行適當的決策，以確保其權益受到保障。

◆ 具體流程

1. 瞭解法律規範：社工應仔細瞭解監護及代理權力的相關法律規定，以確保在服務使用者無法做出決策的情況下，能夠依法確認法定代理人的身分和權限。這將有效保障服務使用者的權益，並在提供服務時，確保社工能有效協助服務使用者，並使其行動合規且可靠。
2. 訊息通報機制：如果代理人的角色或身分發生變更，社工應及時通知相關的專業人士，以便他們能根據新的訊息調整照護計畫。

(六) 法律風險管理

◆ 風險識別

社工應考慮為所提供的專業服務投保，以降低未來的潛在法律風險。

◆ 建議措施

1. 專業責任保險：目前在臺灣的醫療領域已經建立了專業責任保險制度，然而社工領域尚未實施此類保險。社工應考慮為其提供的專業服務投保專業責任保險，以降低未來可能面臨的法律風險，並保障自身及服務使用者的權益。建議未來能在臺灣推動此項制度，以促進社工的專業發展及服務品質。
2. 全國社工人員暨強化社會安全網所聘專業人員自費型團體意外保險：這項保險方案為社工人員提供額外的意外保障，以應對執業過程中可能發生的意外事故，提升在工作環境中的安全感及保障程度。社工應考慮參加此保險，以確保在執業期間能獲

得更全面的保護。
3. 法律風險管理培訓：定期參加有關法律風險管理的培訓，以增強法律意識及風險應對能力。
4. 社工人員執業安全方案：
   (1) 目的：此方案旨在為社工創造一個更安全的執業環境，減少在服務過程中可能面臨的風險與挑戰。
   (2) 實務建議：社工應積極參加該方案提供的各項培訓與資源，並實施方案中建議的安全措施，例如輔助工具的使用與緊急情況下的應對流程，以提高安全意識，並減少潛在的職業風險（陳慧女，2022）。

二、規範性要求

(一) 法律法規遵循

◆必要性

　　社工在提供長照服務的過程中，必須遵循與之相關的法律法規，例如《長期照顧服務法》、《身心障礙者權益保障法》以及《老人福利法》。這些法律條文的遵守不僅是對法律的尊重，也是保障服務的合規性和維護服務使用者權益的重要基礎。

◆執行策略

1. 定期檢視：社工應定期更新對法律法規的理解，積極參加各類研討會與培訓，以提高自身的法律意識及專業知識。這些活動不僅可以提升工作者的法律素養，還能幫助社工在會談中準確回答服務使用者及其家屬的法律問題，進而增強服務使用者的

信任感和滿意度。另外，瞭解最新的法律變化和行業規範，確保在實務中正確把握法律需求（陳慧女，2022）。

2. 法規手冊編製：應制定一份簡明易用的法律法規手冊，社工可以在日常工作中作為查詢和參考的工具，特別是在會談過程中隨時能查閱相關法律要求。這本手冊應該涵蓋所有相關的法律條文和實施細則，以便於快速查找和瞭解法律要求，並在實際談話中提升服務的專業性和準確性。

(二) 專業倫理

◆道德責任

社工必須嚴格遵循專業倫理準則，充分尊重每一位服務使用者的基本人權和尊嚴。根據《社會工作師法》，服務使用者應享有平等對待的權利，這不僅是社工的職業操守，也是對服務使用者的基本尊重和理解。

◆實務建議

1. 設立倫理委員會：建議成立倫理委員會，為社工提供專業的倫理指導和支持。根據《社會工作師法》，社工應遵循專業倫理標準，並在面臨倫理困難時尋求適當的指導。這個委員會可以幫助工作者在面臨倫理困難時，提供建議及解決方案，同時強調在會談過程中保持倫理標準，確保工作者能夠在職業行為中恪守道德準則。

2. 自我反思：鼓勵社工定期進行自我反省，審視自己的工作行為和決策過程，確保在每一個環節都能遵循高標準的專業倫理。自我反思不僅能增強自身的專業素養，還能促進職業生涯的持續成長，特別是在會談技巧和對服務使用者的理解方面進行深

第十二章　會談的倫理和法律問題

入的反思和改進。

(三)服務品質標準

◆品質保障

　　社工有責任確保所提供的服務，包括長照服務，符合既定的品質標準，這樣才能切實滿足服務使用者的基本需求，讓他們在服務的過程中感受到安全與關懷。根據《社會工作師法》以及《長期照顧服務法》和相關法規，社工應遵循專業標準和品質要求，以確保所提供的各項服務品質符合規範，進而保障服務使用者的權益。

◆實施方法

1. 服務品質評估：應定期對服務品質進行評估，透過問卷調查或面對面訪談的方式蒐集回饋意見，並根據這些回饋不斷改進服務品質。這樣能夠確保服務的有效性，並及時作出調整，以符合服務使用者的期望。
2. 制定改進計畫：根據評估的結果，社工應制定具體的改進計畫，針對發現的問題和不足，著手提升服務的整體品質，並特別注重在會談過程中的交流與回饋，以增強服務使用者的參與感和滿意度。這樣不僅能夠提升服務的品質，還能促進社工與服務使用者之間的信任與合作，進一步提高服務使用者的滿意度。

(四)繼續教育與專業發展

◆職業進修

　　社工應持續參加各類教育與培訓，增強自己在法律及倫理方面的

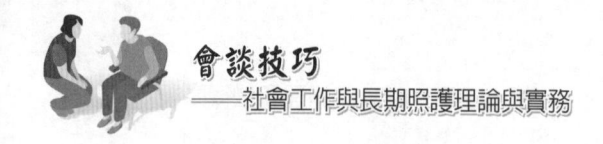

知識和能力。這些進修不僅是職業要求，也是職業發展的重要途徑。

◆行動計劃

1. 設計個人進修計畫：社工應根據自身的職業需求及行業變化，選擇合適的課程和主題進行深入學習，提升專業能力。這樣才能在不斷變化的環境中保持競爭力。
2. 專業網絡建立：社工應積極加入相關的專業社群，參與專業交流與討論，特別是在會談技巧和策略上進行深入交流，以拓展自己的專業資源和支持系統。與同行的互動不僅能提供幫助，還能分享經驗與知識，促進彼此的成長，特別是在提升會談的效果和品質方面。在這樣的環境中，社工能夠相互學習，提升自己在會談和協調中的專業能力，最終更好地服務於社工實務。

(五)評估與協調

◆持續評估

社工需要定期評估服務使用者的需求和狀況，並根據評估的結果調整服務方案，確保服務始終保持針對性與實效性。

◆具體措施

1. 跨專業合作：組建一個多專業的協作團隊，透過定期會議進行合作，這樣可以確保服務使用者的多方面需求獲得有效滿足，充分發揮各專業的優勢。
2. 靈活調整會談：根據服務使用者的需求和狀況變化，社工應及時調整會談內容，以確保所提供的服務始終適合且有效。在社工實務的各個層面，社工面臨著眾多法律問題和規範要求，因

此需要特別重視相關法律。社工必須深入理解這些法律規範，並隨時掌握最新的法律知識，才能在各種服務範疇中有效運用這些知識。透過持續的學習與反思，社工不僅能確保提供高標準的服務品質，還能有效保障服務使用者的基本權益。

三、小結

在社工實務的各個層面，社工必須時刻面對許多法律問題和規範要求，這些問題覆蓋各種服務範疇，包括長期照護領域。社工應當深入理解並隨時更新相關法律知識，以便在會談過程中能夠清楚解釋法律權益及相關政策。透過不斷學習和自我反思，社工將能夠維持高標準的服務品質，並有效捍衛服務使用者的基本權利。在法律與倫理的指導下，社工能在會談中建立良好的信任關係，從而為每位服務使用者提供更為優質的支持。這樣的做法將進一步推動社工實務的長期發展，確保服務使用者在一個安全的環境中獲得所需的照護與幫助。

參考文獻

《民法》（2021年1月20日修正公布），https://law.moj.gov.tw/LawClass/LawAll.aspx?pcode=B0000001

《老人福利法》（2020年5月27日修正公布），https://law.moj.gov.tw/LawClass/LawAll.aspx?pcode=D0050037

《安寧緩和醫療條例》（2021年1月20日修正公布），https://law.moj.gov.tw/LawClass/LawAll.aspx?pcode=L0020066

《社會工作師法》（2023年6月9日修正公布），https://law.moj.gov.tw/LawClass/LawAll.aspx?PCode=D0050125

《身心障礙者權益保障法》（2021年1月20日修正公布），https://law.moj.gov.tw/LawClass/LawAll.aspx?pcode=D0050046

《長期照顧服務法》（2021年6月9日修正公布），https://law.moj.gov.tw/LawClass/LawAll.aspx?pcode=L0070040

《病人自主權利法》（2021年1月20日修正公布），https://law.moj.gov.tw/LawClass/LawAll.aspx?pcode=L0020189

《個人資料保護法》（2023年5月31日修正公布），https://law.moj.gov.tw/LawClass/LawAll.aspx?pcode=I0050021

《精神衛生法》（2022年12月14日修正公布），https://law.moj.gov.tw/LawClass/LawAll.aspx?pcode=L0020030

《醫療法》（2023年6月28日修正公布），https://law.moj.gov.tw/LawClass/LawAll.aspx?PCode=L0020021

中華民國社工師公會（2019年4月26日）。〈社會工作師倫理守則〉。中華民國社工師公會。

沈慶鴻（2020）。「跨域合作，學用合一──會談技巧課程『教』與『學』的翻轉」教學成果報告。教育部教學實驗研究計畫。

林萬億（2022）。《當代社會工作──理論與方法》（第五版）。五南。

陳慧女（2022）。《法律社會工作》（第四版）。心理出版社。

第十二章　會談的倫理和法律問題

蔡芳文（2018）。〈多層級連續性長照服務與科技創新運用〉。《社區發展季刊》，161。117-129。

譚蓉瑩、郭冠甫（2021）。〈失智症照護與成年監護制度之跨域結合〉。《靜宜法學》，10，51-89。

Congress, E. (2000). *Ethical Decision-Making in Social Work*. NY: Springer Publishing Company.

Dolgoff, R. & Loewenberg, F. (2000). Ethics in social work: A review of the literature. *Social Work*, *45*(5), 408-420.

Goodridge, D., Roger, K., Walsh, C. A., PausJenssen, E., Cewick, M. & Liepert, C. (2021). Service providers' use of harm reduction approaches in working with older adults experiencing abuse: A qualitative study. *BMC Geriatrics*.

Mattison, M. (2000). Ethical decision making: A function of social work practice. *Social Work*, *45*(1), 42-54.

National Association of Social Workers (2024). Social workers in congress.

Reamer, F. G. (2006). Ethics in social work: A review of the literature. *Social Work*, *51*(1), 20-32.

Reamer, F. G. (2018). *Social Work Ethics: A Theoretical Framework for Decision Making* (5th ed.). Columbia University Press.

Reamer, F. G. (2022). The need for ethical decision-making in social work practice. *Social Work*, *67*(2), 162-165.

Sopova, D. (2022). Ethical principles of social educator activity. *The Modern Higher Education Review*.

社工叢書

會談技巧——社會工作與長期照護理論與實務

主　　編／鍾惠娥、蔡元隆
作　　者／余錦芬、呂怡慧、高辰吉、曾秀雲、蔡元隆、鍾惠娥
出 版 者／揚智文化事業股份有限公司
發 行 人／葉忠賢
總 編 輯／閻富萍
地　　址／新北市深坑區北深路三段258號8樓
電　　話／(02)8662-6826
傳　　真／(02)2664-7633
網　　址／http://www.ycrc.com.tw
 E-mail ／service@ycrc.com.tw
 ＩＳＢＮ／978-986-298-449-9
初版一刷／2025年6月
定　　價／新台幣480元

＊本書如有缺頁、破損、裝訂錯誤，請寄回更換＊

國家圖書館出版品預行編目（CIP）資料

會談技巧：社會工作與長期照護理論與實務 = Interviewing skills : social work and long-term care theory and practice/余錦芬, 呂怡慧, 高辰吉, 曾秀雲, 蔡元隆, 鍾惠娥著；鍾惠娥, 蔡元隆主編. -- 初版. -- 新北市：揚智文化事業股份有限公司, 2025.06
　　面；　公分. -- (社工叢書)

ISBN 978-986-298-449-9（平裝）

1.CST: 社會工作　2.CST: 長期照護　3.CST: 面談　4.CST: 溝通技巧

547　　　　　　　　　　　　　　　114005404

Note...

ns...

Note...